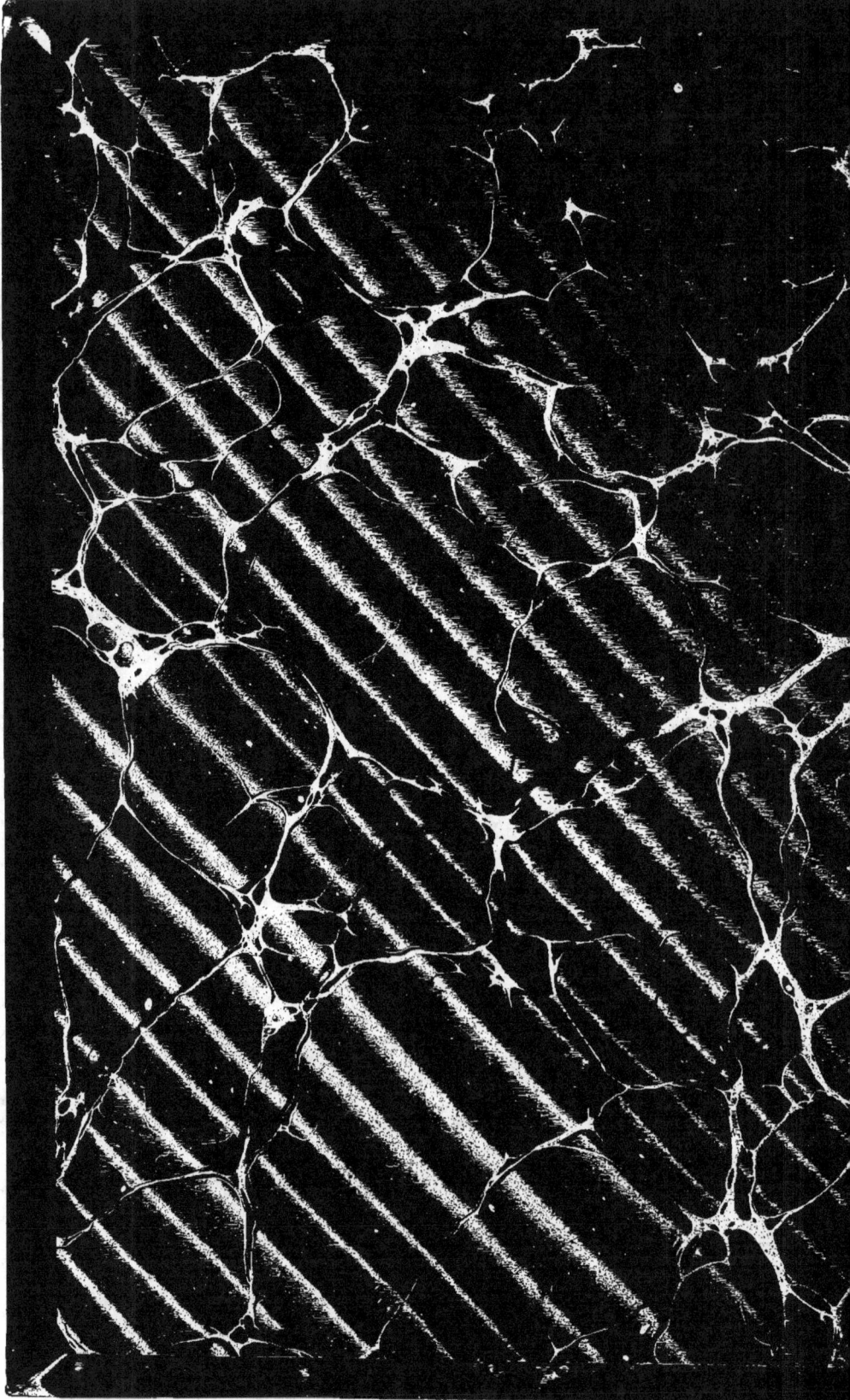

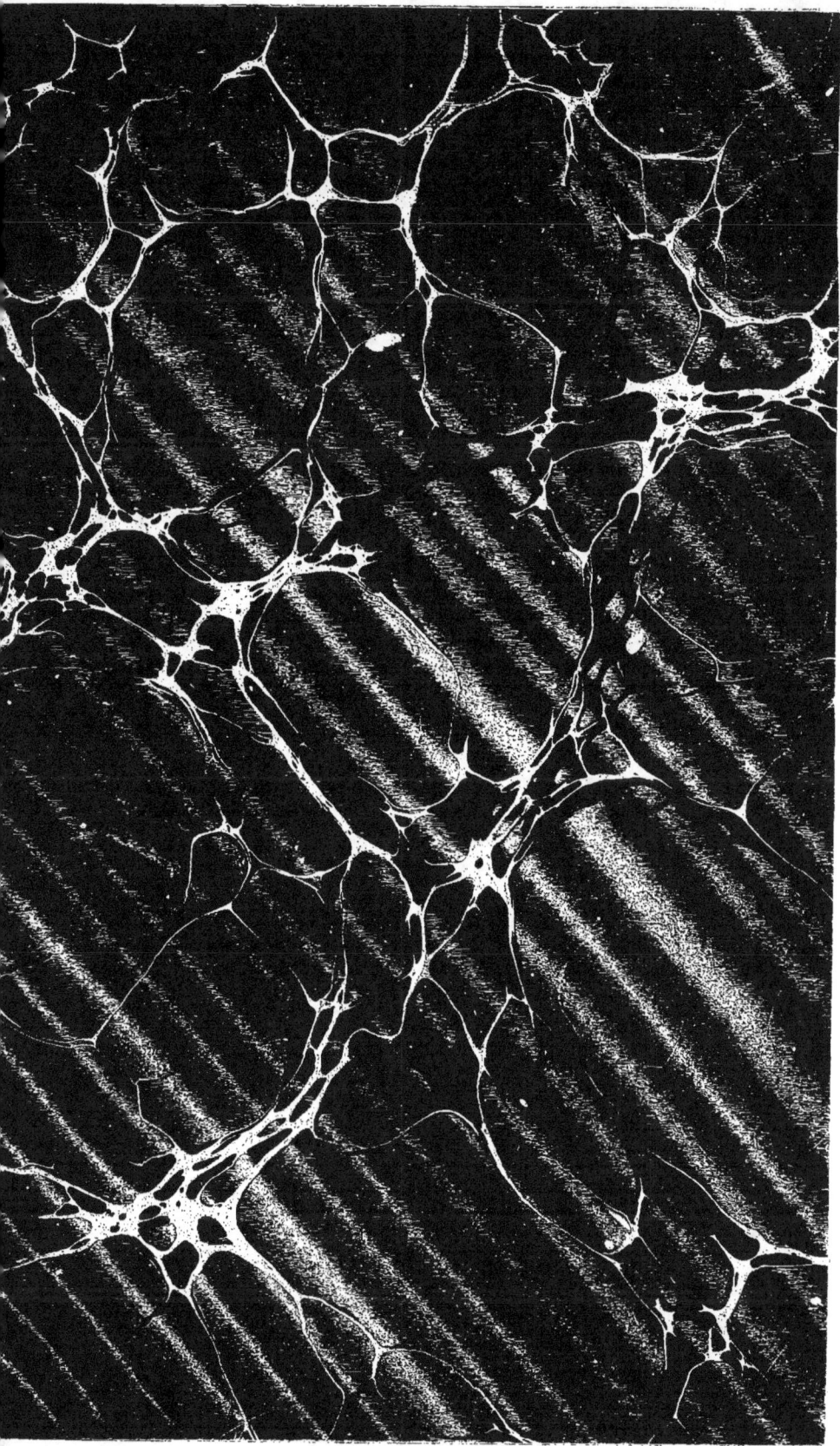

LA

FORTIFICATION A FOSSÉS SECS.

LA FORTIFICATION A FOSSÉS SECS

PAR

A. BRIALMONT

COLONEL D'ÉTAT-MAJOR.

TOME SECOND.

BRUXELLES

E. GUYOT
IMPRIMERIE MILITAIRE
rue de Pachéco, 12.

C. MUQUARDT
Henry MERZBACH, successeur
libraire de la Cour & de S. A. R. le Comte de Flandre.
MÊME MAISON A LEIPZIG.

1872

ERRATA.

TOME II.

Page		ligne	
73	dernière ligne et		*Au lieu de :* La fig. 2, pl. V, représente,
» 74	ligne	1	*Lisez :* Les fig. 1 et 2, pl. V, représentent.
» 77	»	17	En regard de la ligne, *mettez* les lettres *n, n'*.
» 78	»	3	*Ajoutez :* (La lettre *v* manque au dessin, à la partie supérieure de l'élévateur.)
» id.	»	15	*Au lieu de :* plus de 5,000 yards, *lisez :* moins de 5,000 yards.
» 79	»	10	*Au lieu de :* pl. VL, *lisez :* pl. VI.
» 80	»	1	En regard de la ligne *mettez* la lettre *f*.
» id.	»	22	*Ajoutez :* (La lettre *v* manque au plan, dans l'angle inférieur de droite du magasin aux projectiles.)
» 85	»	18	*Au lieu de :* profil AB, fig. 5, *lisez :* profil AB, fig. 3.
» 87	»	28	» profond, » fond.
» 123	»	13	» reproduiront, » produiront.
» 124	»	2	» 14 mètres, » 15 mètres.
» 132	»	3	*Ajoutez :* (Voir fig. 3.)
» 137	»	9	*Au lieu de :* 2 sur 1, *lisez :* 3 sur 1.
» 139	»	11	» des contre-gardes, *lisez :* de la contre-garde.
» 140	»	1	» qui la contourne, *lisez :* qui le contourne.
» 153	»	18	» défense, *lisez :* défensive.
» 156	»	17	*Au lieu de :* Afin qu'on ne puisse pas reprendre ce dehors, au moment où l'ennemi s'en emparera, *lisez :* Afin qu'on puisse reprendre ce dehors, quand l'ennemi s'en est emparé.
» 160	»	21	*Ajoutez :* (Ce passage ne figure pas au profil HG.)
» 177	»	17	*Au lieu de :* autour, *lisez :* tant autour.
» 202	»	9	» front de tête, *lisez :* front de gorge.
» 226	»	13	» ponts-levis, » pont-levis.
» 242	»	14	» fossé, » pont.
» 251	»	28	» Mittheilingen. » Mittheilungen.
» 283	»	11	*Ajoutez :* (Voir fig. 1.)
» 286	»	23	» (Le plan n'indique pas cette galerie.)
» 293	»	8	*Au lieu de :* x', *lisez :* x.
» 295	»	12	» C » C'.
» 316	»	30	» c', c' » c, c.
» 357	»	10	» d'une » d'un.

SOMMAIRES DES CHAPITRES

DU TOME II.

CHAPITRE V.

Modifications du tracé bastionné et du tracé polygonal, proposées pour éviter les inconvénients reconnus ou attribués à ces tracés.

La solution du problème de la fortification ne consiste pas dans l'application du 3ᵉ tracé de Vauban. — Impossibilité de corriger les défauts de ce tracé. — Ce que l'on gagnerait à transformer le retranchement général en cavalier. — Combinaison qui consiste à exhausser et à prolonger les courtines pour former une enceinte polygonale à grand commandement. — Description d'un front qui réalise cette combinaison ; défauts qu'il présente. — C'est surtout à cause de l'impossibilité de supprimer la tenaille, sans découvrir l'escarpe de la courtine, que le tracé bastionné est inférieur au tracé polygonal. — Ce dernier s'impose comme une nécessité inhérente à l'emploi de l'artillerie rayée. — Frappés de la difficulté de soustraire aux feux plongeants les batteries qui flanquent la caponnière, quelques ingénieurs ont cherché à composer les fronts polygonaux sans caponnières. — Description d'un de ces fronts ; défauts qui empêchent de l'admettre. — Description d'un front semi-polygonal, publié par le colonel du génie autrichien Tunckler. — Autre front mixte, emprunté aux études du même ingénieur. — Examens de ces fronts. — Conclusions. . . . 1

CHAPITRE VI.

Organisation des remparts et des batteries de côte. — Traverses casematées. — Batteries cuirassées.

Influence d'une bonne organisation des remparts sur la durée de la défense des places. — Nécessité d'employer d'une manière plus générale le tir à barbette. — Avantages et inconvénients du tir à embrasure. — Faits constatés pendant la guerre de 1870-1871. — Moyens proposés pour couvrir et pour soustraire à la vue de l'ennemi, les servants des pièces à barbette : gabions, bonnettes, rideaux en branchages, etc., etc. — Défauts des embrasures, constatés pendant la défense de Sébastopol. — Nécessité d'exhausser les affûts de siège et de place de manière à réduire la profondeur des embrasures à 30 ou à 50 centimètres. — Propriétés des affûts à éclipse. — Il convient d'établir, entre les pièces, des banquettes pour la mousqueterie. — Une partie de l'armement doit être composée de pièces légères, faciles à déplacer. — Tout front d'attaque doit avoir quelques canons de très-gros calibre : cette nécessité existe surtout pour les fronts de tête des forts détachés. — Les remparts ont besoin d'avoir un grand nombre d'abris : l'expérience des derniers siéges ne laisse aucun doute à cet égard. — Organisation d'un rempart exposé à l'enfilade : traverses, parados. Largeur du terre-plein. Abris pour les pièces et pour les servants. Magasins d'approvisionnement. — Organisation d'un rempart exposé seulement aux coups directs et aux coups d'écharpe : traverses, pare-éclats, largeur du terre-plein, etc. — Dispositif pour pièces établies : 1° sur affût de campagne, 2° sur affût de siége exhaussé, et 3° sur affût à éclipse. — Diverses espèces de traverses casematées; projets de l'auteur. — Organisation du rempart pour pièces tirant par embrasures et devant avoir un champ de tir de 60 degrés (type russe) : avantages et inconvénients que présente ce type; il n'est préférable à celui de l'auteur que pour les batteries de côte non cuirassées. — Avantages que présente le tir indirect. — Casemates pour canons et batteries blindées à établir sur les remparts. — Casemate cuirassée, proposée par le capitaine Schumann, pour canons rayés de 12 et de 24. — Type proposé par l'auteur, pour canons de 8 à 11 pouces. — Casemates en bois, proposées et exécutées en Allemagne. — Casemates de même espèce, employées dans la défense de Belfort. — Coupoles en fer laminé; idem en fonte durcie. — Batteries de mortiers : leur emplacement et leur construction. — Organisation des batteries de côte : Type de batterie pour affûts Moncrieff, éxécuté à Cork et sur d'autres points des côtes de la Grande-Bretagne. — Type de batterie avec embrasures cuirassées, proposé par le colonel Inglis. — Batterie de côte modèle, adoptée en Angleterre. — Description d'un des forts cuirassés de la rade de Portsmouth. 49

CHAPITRE VII.

Caponnières et masques d'embrasures.

Moyens proposés par l'auteur pour flanquer le fossé de la caponnière et supprimer les angles morts qui existent dans la plupart des fronts polygonaux à fossés secs. — Emploi de masques à tunnels pour couvrir les batteries flanquantes : conditions auxquelles doivent satisfaire ces masques; boucliers en fer laminé, pour protéger les têtes des voûtes; blocs de granit pouvant en tenir lieu. — Masques avec boucliers en fonte durcie; cas où il est avantageux de substituer, aux casemates avec masques à tunnels, des batteries cuirassées ou des batteries à la Haxo. — Description d'une batterie cuirassée de mitrailleuses, proposée par l'auteur. — Flanquement des coupures ou des fossés au moyen desquels on établit la séparation entre les masques et la contrescarpe. — Disposition qui permet de supprimer ces coupures et de réduire le nombre des batteries flanquantes du front à quatre, réunies dans un seul ouvrage, sous la surveillance d'un commandant unique. — Cas où l'on peut remplacer les ailerons par des masques en terre. — Tracé, profils et détails des caponnières. — Diverses espèces de caponnières. — Types de caponnières, exécutés ou proposés en Angleterre, en Allemagne et en Russie. — Examen de ces types. 81

CHAPITRE VIII.

Fronts polygonaux proposés par l'auteur.

Les fronts polygonaux exécutés jusqu'ici ne satisfont pas aux conditions du problème. Les uns sont défectueux sous le rapport du tracé, les autres sous le rapport du profil, d'autres encore sous le rapport de l'organisation des batteries flanquantes et des communications. Parmi les fronts proposés et non exécutés, il y a lieu de signaler un front pour site élevé, publié par le colonel Tunckler. — Description et examen de ce front. — Divers types proposés par l'auteur, à savoir : 1° Deux fronts de 1,000 mètres de longueur avec ravelins appliqués, très-complets et traités comme sujet d'études, pour l'explication des principes. — 2° Trois fronts de même longueur, avec ravelins avancés, traités de la même manière. — 3° Deux fronts de même longueur, mais beaucoup plus simples, pour l'enceinte de sûreté d'un grand pivot stratégique. — 4° Un front de 500 mètres avec ravelin avancé. — 5° Un front de 400 mètres avec ravelin appliqué. — Deux fronts plus simples, de même longueur, pour de petites places ou de grands forts détachés. 115

CHAPITRE IX.

Forts polygonaux proposés par l'auteur.

Principes généraux auxquels les forts détachés doivent satisfaire. — Application de ces principes à plusieurs types de forts. — 1er *type* : fort détaché faisant partie d'un grand camp retranché, et ne pouvant pas être attaqué pied à pied. — Fort de camp retranché pouvant être attaqué pied à pied. — 3° Fort de camp retranché, organisé pour de puissants retours offensifs. — 4° Fort détaché sans caponnières ; idem avec caponnières mobiles. — 5° Deux espèces de forts ouverts à la gorge. — 6° Grand fort isolé, ou faisant partie d'une place purement militaire . . . 171

CHAPITRE X.

Fortification provisoire ou mixte.

I. Conditions générales auxquelles doit satisfaire la fortification provisoire ou mixte. — Quelques idées nouvelles sur les éléments de cette espèce de fortification. — Emploi de contrescarpes en maçonnerie. — Propriétés des grilles et des réseaux en fils de fer. — Propositions du major Schumann pour exécuter rapidement des abris et des communications souterraines en fer, en tôles et en briques. — Forts provisoires de Dresde, construits en 1866. — II. Camp retranché sur la rive gauche du Danube, construit la même année; description de ce camp; détails d'exécution; garnisons et armement des ouvrages; composition de l'armée qui occupait le camp à la fin de juillet; examen critique de l'ensemble et des détails. — III. Description d'un des forts improvisés de Washington, construits pendant la guerre de sécession; détails qui distinguent ces ouvrages. Précautions prises pour éviter l'humidité, etc. — IV. Abris, magasins et autres éléments de fortification provisoire, proposés par le général Julius von Wurmb. — V. Forts provisoires de Bellina et de Città-Vecchia, construits à Vérone en 1866 ; description et examen de ces forts. Leurs principales dispositions ont été appliquées à deux des forts provisoires de Paris (les Hautes-Bruyères et Montretout). — VI. Type de fortin mixte, proposé par l'auteur ; précautions à prendre pour mettre certaines parties du revêtement de contrescarpe à l'abri des feux plongeants. — VII. Enceintes de sûreté mixtes ; idées générales et projets divers du colonel Tunckler. Enceinte provisoire, proposée par l'auteur pour un noyau de camp retranché. — VIII. Enceinte provisoire d'une *place du moment* ; deux types de front préconisés par un ingénieur allemand. — Modifications que l'auteur propose d'y apporter. 245

CHAPITRE XI.

Forts construits ou proposés en Autriche.

Description et appréciation du fort Rodolphe de Vérone. — *Idem* d'un des derniers forts construits à Cracovie. — *Idem* d'un petit fort projeté pour être construit sur les bords d'une rade ou dans les intervalles d'un camp retranché. — *Idem* d'un fort exécuté pour la défense d'un des ports de l'Adriatique. — *Idem* d'un fort sans réduit, proposé par le colonel du génie Tunckler. — *Idem* d'un projet modifié du même auteur. — *Idem* d'un grand fort avec réduit. 297

CHAPITRE XII.

Forts construits ou proposés en Angleterre et en France.

1° Forts détachés de Portsmouth ; 2° Fort construit dans l'île de Bermude (à Hamilton); 3° Fortin construit à Montréal, pour servir de réduit à un fort mixte, à créer au moment de la guerre ; 4° Forts de Metz et de Langres. 315

CHAPITRE XIII.

État de la fortification en Prusse.

L'art de la fortification n'a pas fait de grands progrès en Prusse depuis une vingtaine d'années. Circonstances auxquelles on doit attribuer ce fait. — Idées nouvelles qui se sont produites après les guerres de Bohême et de France. — Organisation des camps retranchés permanents et des camps retranchés provisoires. — Propositions du major Schumann. — Type de fort, donné dans le cours de fortification de l'Académie militaire de Berlin. — Examen et discussion. 347

ANNEXES.

N° I. Expériences faites à Shoeburyness contre le bouclier de Millwall . . 383
N° II. Expériences faites à Shoeburyness contre le bouclier du colonel Inglis, composé de plaques de 5 pouces, séparées par des couches de béton de fer. 383
N° III. Attaque de la tête de pont de Borgo-Forte, d'après le rapport officiel du comité du génie autrichien (voir *Mittheilungen*, etc., VIII° cahier, 1867). 384
N° IV. Tir vertical. — Lettre du général Lefroy (publiée dans le *Times*, du 21 avril 1870) 389
N° V. Situation du fort Montrouge, le 22 janvier 1870. (Extrait de la *Marine au siége de Paris*, par l'amiral baron de la Roncière le Noury.) . . 391
N° VI. Affût du vice-amiral Labrousse, au 4° secteur, bastion 40. (Extrait de la *Marine au siége de Paris*, par le vice-amiral de la Roncière le Noury.) 393
N° VII. Armement mobile des places. (Extrait de l'*Étude technique sur le service de l'artillerie dans la place de Belfort*, par le capitaine de la Laurencie. — Utilité de déplacer souvent les pièces dans une place assiégée. — Pièce de 12 de siége, du sommet de la caserne. — Emploi de pièces légères dans la défense de Bellevue 395
N° VIII. Résistance des murs épais au tir indirect de l'artillerie. (Extrait de l'*Étude technique sur le service de l'artillerie dans la place de Belfort*, par le capitaine de la Laurencie 398
N° IX. Extrait du mémoire intitulé : Projet des réfections les plus nécessaires aux fortifications des villes, citadelles et châteaux de Casal en 1681, par Vauban 402

CHAPITRE V.

MODIFICATIONS DU TRACÉ BASTIONNÉ ET DU TRACÉ POLYGONAL, PROPOSÉES POUR ÉVITER LES INCONVÉNIENTS RECONNUS OU ATTRIBUÉS A CES TRACÉS.

SOMMAIRE :

La solution du problème de la fortification ne consiste pas dans l'application du 3e tracé de Vauban. — Impossibilité de corriger les défauts de ce tracé. — Ce que l'on gagnerait à transformer le retranchement général en cavalier. — Combinaison qui consiste à exhausser et à prolonger les courtines pour former une enceinte polygonale à grand commandement. — Description d'un front qui réalise cette combinaison; défauts qu'il présente. — C'est surtout à cause de l'impossibilité de supprimer la tenaille, sans découvrir l'escarpe de la courtine, que le tracé bastionné est inférieur au tracé polygonal. — Ce dernier s'impose comme une nécessité inhérente à l'emploi de l'artillerie rayée. — Frappés de la difficulté de soustraire aux feux plongeants les batteries qui flanquent la caponnière, quelques ingénieurs ont cherché à composer des fronts polygonaux sans caponnières. — Description d'un de ces fronts; défauts qui empêchent de l'admettre. — Description d'un front semi-polygonal, publié par le colonel du génie autrichien Tunckler. — Autre front mixte, emprunté aux études du même ingénieur. — Examen de ces fronts. — Conclusions.

I

Un grand nombre d'ingénieurs français ont cru que la solution rationnelle du problème de la fortification consiste à revenir au troisième tracé de Vauban.

Il suffit de jeter les yeux sur le front primitif de Neuf-Brisach (voir pl. 1, fig. 16) et sur ce front modifié, tel que nous l'a transmis Thomassin, secrétaire de Vauban (voir pl. 1, fig. 11), pour être convaincu que ni l'un ni l'autre ne font disparaître les défauts inhérents au tracé bastionné. Ils en créent même un qui n'existait pas dans le front primitif de 1668. Ce défaut, sans importance du temps de Vauban et qui est de découvrir la courtine du retranchement général (par la suppression de la tenaille), serait aujourd'hui d'autant plus grave qu'il n'y a pas moyen d'y porter remède :

1° Parce que le fossé du retranchement étant flanqué par les batteries casematées des tours, la tenaille ne peut être rétablie sans intercepter ce flanquement;

2° Parce que le fossé devant la courtine du retranchement est trop large pour qu'il soit possible de défiler l'escarpe du retranchement, alors même qu'on diminuerait sa hauteur et qu'on approfondirait le fossé;

3° Parce que le fossé des faces d'une tour devant être battu par les pièces casematées du flanc de la tour opposée, on ne peut diminuer la largeur du fossé de la courtine sans renoncer à cette condition, à laquelle Vauban tenait beaucoup et qui assure à son tracé une propriété des plus importantes.

Le front de Neuf-Brisach présente, du reste, un autre défaut qu'on est étonné de rencontrer dans la dernière conception d'un ingénieur qui avait acquis une si grande expérience de la guerre des siéges. Il existe, en effet, entre la tenaille et les bastions détachés, des trouées de cinq toises de largeur, par lesquelles on peut, des batteries du couronnement du chemin couvert de la demi-lune, faire brèche au retranchement général, détruire en partie les flancs de celui-ci ou, tout au moins, amonceler des décombres devant les embrasures de leurs casemates. Ce défaut eût été moins grave, si Vauban n'avait pas donné des flancs à la demi-lune.

Le général Prévost de Vernois et d'autres ingénieurs ont proposé diverses modifications au front de Neuf-Brisach, qui améliorent sensiblement ce front; mais aucun n'est parvenu à faire disparaître le défaut qui résulte de la suppression de la tenaille du retranchement général.

Les auteurs qui ont proposé de convertir ce retranchement en cavalier, pour battre la campagne au-dessus des dehors, n'ont pas tenu compte du rôle qui lui est assigné dans la défense. Vauban voulait, avec raison, le soustraire aux feux éloignés de l'attaque, pour qu'il conservât son artillerie jusqu'au moment où l'assiégeant s'emparerait des bastions détachés; or cette condition importante ne serait pas remplie, si le retranchement commandait de 4 à 5 mètres les crêtes extérieures, auquel cas son artillerie serait contre-battue de loin et occuperait en outre une position trop dominante pour qu'elle pût atteindre les contre-batteries établies à la gorge des bastions détachés (sur le bord de la contrescarpe du fossé du retranchement).

Plus logiques sont les ingénieurs qui proposent de conserver le tracé bastionné simple, mais d'exhausser les courtines et de les prolonger de manière à former un cavalier général.

Nous avons essayé de réaliser cette combinaison dans la fig. 7, pl. I, en tirant le meilleur parti possible du tracé bastionné et en adoptant un profil qui mette l'escarpe à l'abri des coups plongeants, aussi complétement qu'il est possible de le faire dans ce tracé.

La tenaille couvre l'escarpe de la courtine, et les trouées de ses fossés sont masquées par les orillons des bastions; mais le revêtement des queues de la tenaille reste exposé aux projectiles qui rasent les extrémités de ces orillons.

D'un autre côté, la tenaille empêche qu'on ne flanque le fossé des faces au moyen de casemates établies dans les flancs des bastions. Si, pour atténuer cet inconvénient, on donnait à la tenaille des flancs casematés, sa courtine s'éloignerait tant de la contrescarpe qu'on ne pourrait plus en soustraire le revêtement aux coups plongeants de l'attaque.

Nous croyons préférable de renoncer à ces flancs et de supprimer l'escarpe de la tenaille, pour que l'artillerie des flancs des bastions puisse battre tout le fossé, condition à laquelle il sera souvent impossible de satisfaire complétement et qui, dans tous les cas, ne se concilie pas avec la nécessité de mettre la tenaille à l'abri des attaques de vive force.

Au lieu de construire les bastions à la manière ordinaire (voir B^{on} A), ce qui exposerait leurs flancs à l'enfilade, nous avons supposé (voir B^{on} B) que les faces seront prolongées au delà des flancs et qu'elles commanderont ceux-ci de 3 mètres. En outre, pour mettre les flancs à l'abri des feux de revers, et les faces à l'abri des feux d'enfilade, nous avons établi, en capitale du bastion, une traverse à la Choumara, s'élevant à la hauteur de la crête de la courtine, c'est-à-dire 5 mètres au-dessus de la crête des flancs.

Ainsi modifié, le tracé bastionné pur devient une espèce de tracé polygonal avec caponnières aux angles ; tracé inférieur au tracé polygonal pur, en ce sens que les caponnières-bastions à ciel ouvert sont de véritables nids à bombes et qu'elles n'ont pas de flancs bas, si précieux pour la défense des fossés.

Nous avons composé d'autres types de fronts bastionnés, en essayant de satisfaire aux principes généraux indiqués dans le chapitre précédent (1) ; mais tous offrent les défauts que nous venons de reconnaître au front de la pl. I, fig. 7.

C'est surtout à cause de la nécessité de couvrir contre les feux plongeants toutes les parties de l'escarpe, que le tracé bastionné est aujourd'hui, plus que jamais, inférieur

---

(1) Voir entre autres les fig. 10 et 11 de la planche XVI de nos *Études sur la défense des États*, et, pour les dehors, les fig. 11 et 15 de la planche XXX du même ouvrage.

au tracé polygonal. Cette nécessité rend la tenaille inévitable; or la tenaille enlève au tracé bastionné l'avantage de la simplicité et de l'efficacité du flanquement.

Plus on examinera cette question, plus on sera convaincu que le tracé polygonal s'impose comme une nécessité inhérente à l'emploi de l'artillerie rayée. Il sera désormais impossible de l'éviter sans affaiblir la valeur intrinsèque des places.

Nous sommes loin de prétendre cependant que l'application de ce tracé n'offre pas des inconvénients et des difficultés; on verra plus loin que nous les signalons avec la plus grande impartialité et que nous cherchons à y parer le mieux possible.

Nous reconnaissons même que tous les fronts polygonaux à fossés secs, exécutés jusqu'ici, ont des défauts; mais nous espérons prouver que ces défauts ne sont pas inhérents au tracé et qu'on peut les faire disparaître facilement, dans le cas des fossés secs comme dans le cas des fossés pleins d'eau.

Quelques ingénieurs, frappés de la difficulté de soustraire aux feux éloignés de l'attaque les batteries qui flanquent le fossé de la caponnière, ont cherché à composer des fronts polygonaux sans caponnières.

D'autres, ne pouvant pas se résigner à passer d'emblée du tracé bastionné, dont ils s'étaient constitués les défenseurs, au tracé polygonal qu'ils avaient combattu, ont proposé des fronts mixtes qui n'ont plus tous les défauts du premier type, mais qui ne possèdent pas non plus toutes les propriétés du second.

Nous croyons devoir exposer quelques-uns de ces

essais, pour donner à nos lecteurs la conviction qu'il n'y a pas de juste milieu à prendre entre les deux tracés.

La fig. 7, pl. X, représente un type de front polygonal sans caponnière, proposé en 1867 par M. Moriz Brunner, officier du génie autrichien (Voir les *mittheilungen* du comité du génie, 6ᵉ livraison). C'est une espèce de front bastionné à quadruples flancs, dont la perpendiculaire $b'' d'$ est égale à environ $1/_{36}$ du côté extérieur R S, lequel a 1368 pieds ou 432 mètres de longueur. Les faces $f b'$ et $c d$ sont dans le même alignement et flanquées par les mêmes batteries $a f, a f$; les faces $b b'$ convergent sur le point b'' (milieu du front), et sont flanquées par les batteries $b c, b c$.

Ces données se justifient par la nécessité de tracer les flancs de manière qu'ils ne tirent pas les uns contre les autres.

La véritable originalité du front consiste dans la disposition et dans le tracé des batteries flanquantes.

La fig. 10, pl. X, fait connaître le détail de ces batteries, qui se composent chacune de deux embrasures i et j, disposées en retraite l'une sur l'autre et percées dans les murs de masque obliques $a f$ et $b c$ (Voir fig. 7). Une 3ᵉ embrasure g sert à défendre l'approche des deux premières et l'entrée de la poterne Y.

Cette disposition est compliquée comme tracé et faible comme construction ; elle a de plus l'inconvénient de réduire la saillie des flancs au point que, ne prenant plus aucun revers sur les parties flanquées, leurs feux peuvent être interceptés par l'éboulement d'une partie de l'escarpe.

D'un autre côté, cette disposition prive la défense de l'avantage qui résulte d'un double étage de feux flanquants dont l'un soit au niveau du terre-plein du rempart. Elle réduit le flanquement à un étage casematé qui peut être soustrait à l'action des batteries éloignées tirant contre l'escarpe, mais qui n'a pas assez de canons pour lutter avec la contre-batterie et dont les feux seront, du reste, masqués par la rampe de la brèche.

Cette manière de flanquer une escarpe au moyen de casemates en ressaut, avait déjà été indiquée dans un livre publié en 1825 par l'ingénieur hollandais *Merkes Van Gendt* (1). Elle n'est pas admissible pour un front d'enceinte, ni pour un front de fort pouvant être attaqué pied à pied.

La même observation s'applique aux poternes Y par lesquelles doivent se faire les sorties. Elles ne sont pas suffisamment couvertes pour qu'on puisse s'en servir après le couronnement du glacis, leur débouché étant vu de ce couronnement.

La meilleure partie du front est le chemin couvert; non-seulement il se prête aux grandes sorties, mais il peut encore être défendu pied à pied, grâce à quatre blockhaus en maçonnerie, d'un bon profil et qui se protégent l'un l'autre au moyen de deux canons tirant par des masques d'embrasure.

La fig. 5, pl. X, fait connaître les détails de ces blockhaus et la disposition des mines forées, qui servent à en défendre l'approche.

Les communications de la place de rassemblement avec le fossé capital sont larges et faciles ; on peut les interrompre au moyen d'un *Ha! Ha!*

---

(1) Voir *Inleiding tot de beoefening der vesting-bouwkunde*. T. 2, pl. II, fig. 5 et 5 b.

Au centre du front se trouve une caserne défensive (formant cavalier), analogue à celles qui occupent le milieu des fronts d'Anvers. C'est encore une disposition excellente, en ce qu'elle permet d'assurer la défense intérieure du corps de place et de loger les défenseurs à proximité des points où ils doivent agir.

II.

La fig. 3, pl. XXI, représente un type de fortification semi polygonale, extrait d'un ouvrage publié à Vienne en 1869, par le colonel du génie Tunckler (1).

Le côté extérieur, $a\,a'$, a 300 toises de longueur, et la perpendiculaire $C'\,C$ est égale à $1/_{11}$ de ce côté.

La tête e de la caponnière ne dépasse que de quelques pieds l'alignement des saillants a, a'. Sa gorge est appuyée à un masque dont le profil E F fait connaître les principales dimensions. Ce masque se prolonge devant la courtine et devant les flancs du front. La courtine est brisée, et ses branches sont parallèles aux faces $a\,f$, $a'\,f$.

Les angles d'épaule f, f occupent le milieu des côtés $C\,a$ et $C\,a'$.

La direction des flancs est déterminée par la condition, imposée à ces lignes, d'avoir la même longueur que les branches de la courtine.

---

(1) *Leitfaden zum uterrichte in der Fortification für die K K. Cadeten Schulen.*

Le rempart de la courtine forme cavalier; il a deux crochets servant à battre le terrain dans la direction des capitales. Nous ferons observer, toutefois, que la différence de niveau de 6 pieds qui existe entre la crête du corps de place et celle du cavalier, n'est pas suffisante pour que ce but puisse être convenablement atteint.

Le masque situé en arrière et sur les côtés de la caponnière défile les galeries d'escarpe des flancs et de la courtine contre les coups plongeants, tirés dans le prolongement du fossé de la caponnière, par-dessus le parapet de la demi-lune.

Le petit fossé qui sépare ce masque des flancs et de la courtine, n'étant qu'imparfaitement battu par des créneaux obliques, on a jugé prudent de le séparer du fossé capital par les batardeaux f, f (1).

On communique avec la galerie de contrescarpe, en arrière de la caponnière, par les poternes p', p'' et avec la caponnière, par la poterne p.

L'escarpe des faces se compose de voûtes en décharge à terres coulantes : Le profil A B de la fig. 1 en fait connaître les principales dimensions.

Tous les détails de la caponnière et de ses communications avec le corps de place sont donnés par la fig. 2, par les profils P Q et E F de cette figure, et par les profils A B et NO de la fig. 3. Nous ne signalerons que la particularité

---

(1) Bien que cette expression, appliquée à un mur détaché ou isolé qui n'a pas d'eau à soutenir, soit impropre, nous l'appliquerons, faute d'un meilleur terme, à toute muraille épaisse, construite en travers d'un fossé, soit pour établir une séparation dans ce fossé, soit pour défiler, contre les feux plongeants, une partie d'escarpe qu'il n'est pas possible de protéger plus efficacement.

suivante : la poterne p (fig. 2) et les passages défensifs qui en forment les prolongements à travers les fossés du masque, débouchent dans la cour H de la caponnière, d'où l'on communique, par les portes x, x, avec le fossé. Ces portes sont défendues par la mousqueterie des locaux z, z.

L'examen de ces détails ne donne lieu à aucune observation critique.

Quant au mode de flanquement de la caponnière, il est insuffisant pour des fronts pouvant être attaqués pied à pied. Il repose en effet sur la batterie haute du flanc qui est exposée à l'enfilade, et sur la galerie crénelée rr (fig. 3), avec laquelle la caponnière communique par les passages souterrains u, u ; or cette galerie sera certainement occupée ou détruite par l'ennemi, avant qu'il ne tente le passage du fossé de la caponnière. Nous n'admettons ce mode de flanquement bas que pour les caponnières des fronts qui ne peuvent pas être attaqués pied à pied (par exemple, les fronts des forts d'un grand camp retranché).

Les dehors sont bien combinés, mais un peu trop compliqués.

Les dimensions inscrites sur le plan faisant connaître le tracé de ces dehors, nous nous bornerons à signaler les avantages et les inconvénients qu'ils présentent.

Le flanquement bas du fossé de la demi-lune a le même défaut que celui du fossé de la caponnière, et les coffres ou batteries de revers k, obligeant à donner une grande largeur au fossé du saillant de la demi-lune, exposent aux coups plongeants (à la vérité très-obliques) le revêtement de ce saillant.

Pour fermer la trouée du fossé de la demi-lune, le

colonel Tunckler a imaginé des masques Q, en forme de crochet, qui bouchent non-seulement cette trouée, mais encore celle du fossé entre le masque et la demi-lune.

Les galeries crénelées zz et vv servent à flanquer le talus extérieur des masques.

Pour empêcher que l'ennemi, parvenu dans le fossé de la demi-lune, ne s'introduise dans le fossé capital et dans le fossé de la caponnière, il y a des batardeaux m, m, aux extrémités des coupures.

Les réduits des places d'armes rentrantes R ont de très-grandes dimensions (trop grandes, selon nous). Leurs fossés sont flanqués par les galeries crénelées w, x, y, w, et les trouées qu'ils forment dans la contrescarpe du fossé capital et du fossé de la demi-lune, sont bouchées par les masques L, L. Les batardeaux n et n' séparent ces fossés du fossé du réduit; ils ont chacun une porte avec pont-levis, pour assurer la communication du fossé capital et du fossé du ravelin, avec le fossé du réduit des places d'armes. Dans ce dernier fossé débouchent les deux rampes $s\ s, s\ s$, qui conduisent au chemin couvert. Les Ha, Ha de ces rampes et les coupures $h\ h$ du fossé du réduit empêchent que l'ennemi, sautant des rampes dans le fossé, ne gagne les ponts-levis des batardeaux n et n'.

A l'extrémité de la galerie $z\ z$, en dehors du batardeau m', se trouve un barrage voûté (gewölbte absperrung), conduisant à la rampe g, qui assure la communication entre le fossé de la caponnière et le terre-plein de la demi-lune. Ce barrage est nécessaire pour boucher la trouée que forme la rampe dans la gorge du ravelin. Au même endroit (¹) est l'entrée de la galerie de contrescarpe *z z*, qui conduit à la galerie souterraine *l*, par laquelle on communique avec la casemate de revers *k*.

L'auteur n'indique pas où se trouve l'entrée du réduit de place d'armes rentrante. Le dessin fait supposer qu'elle est ou bien en *j*, à l'extrémité du fossé du ravelin, ou bien en *n*, dans le fossé capital. L'une et l'autre conduisent à la poterne qui débouche sur le palier de la rampe *i i* par laquelle on monte au terre-plein intérieur du réduit. Sur ce même palier se trouve aussi l'entrée du passage souterrain qui conduit aux galeries crénelées *w x y x w*.

Pour arriver au fossé du ravelin, il y a vraisemblablement une porte, soit dans le batardeau *m*, soit dans le batardeau *m'*, soit dans tous les deux. Le dessin ni la description ne donnent aucune indication à cet égard.

Ce système de communications et de galeries flanquantes est trop compliqué et trop enchevêtré. On pourrait du reste le simplifier et l'améliorer sans difficulté.

Le principal inconvénient des places d'armes est de n'être pas assez rentrantes, ce qui permet de les couronner en même temps que les saillants des demi-lunes et ceux du corps de place.

En résumé, le front que nous venons de décrire n'est pas exempt du principal défaut des fronts bastionnés et tenaillés, qui est de favoriser l'enfilade des faces de l'enceinte et la

---

(¹) Nous ne sommes pas bien certain de ce détail, sur lequel le livre du colonel Tunckler ne s'explique pas.

destruction, à grande distance, des batteries flanquantes. Il constitue une application défectueuse du tracé polygonal pur, qui n'admet aucune brisure ni inflexion du côté extérieur. Sous ce rapport, le front du même auteur représenté par la fig. 1, pl. XXI, est préférable (1).

III.

Une autre application défectueuse du tracé polygonal est celle que représente la fig. 8, pl. XXI, extraite également des études du colonel Tunckler.

Le côté extérieur a 250 toises de longueur, et la perpendiculaire $s\ s'$ est égale à $1/15$ de ce côté.

Le corps de place forme un tracé tenaillé très-obtus, flanqué par des caponnières établies aux saillants du polygone.

L'inclinaison des faces est justifiée par la nécessité d'empêcher les flancs de tirer l'un contre l'autre. Elle offre du reste cet avantage que les flancs ne pouvant être contrebattus de loin, ne doivent pas être protégés par des masques d'embrasure.

Les caponnières sont flanquées par les galeries de contrescarpe $g\ g\ g$, auxquelles on arrive par le passage souterrain c.

Pour avoir des feux croisés devant les saillants du poly-

---

(1) Nous décrirons et apprécierons ce front, dans le chapitre VIII.

gone, on établit au milieu du front le cavalier B B et, à ses extrémités, les cavaliers A, A.

La poterne p conduit au fossé capital, dont elle est séparée par un fossé diamant.

Le pont-levis de ce dernier fossé est défendu par la mousqueterie de la galerie $r\ r\ r\ r$.

La poterne y, en capitale du front, conduit à la galerie crénelée $l\ l'$, qui sert à battre deux petites cours, dont le sol est à 22 pieds sous le niveau du terrain naturel et les rampes $m\ m'$ par lesquelles on monte de ces cours à un palier central situé à 12 pieds sous ce même niveau. La place d'armes centrale W communique avec ce palier par la rampe n. On entre dans les petites cours par les poternes $t\ t'$, au débouché desquelles se trouve un fossé diamant avec pont-levis.

Les sorties se font par les rentrants Z et Z et par les coupures v, v' de la place d'armes centrale.

Ce front présente, sous le rapport du tracé du corps de place, les mêmes défauts que le précédent. De plus, les fossés des flancs des caponnières forment des trouées par lesquelles on peut faire brèche de loin aux extrémités N des faces.

Les communications avec les dehors, très-habilement disposées pour éviter les trouées dans la contrescarpe, ne sont pas assez larges pour les grandes sorties, et elles peuvent être obstruées par des matériaux ou des décombres jetés dans les cours.

Les flancs du tracé ont l'avantage d'être soustraits aux feux éloignés, quel que soit l'angle du polygone.

Cet avantage serait de nature à donner une très-grande valeur au front, si l'assiégeant ne pouvait éviter les batteries flanquantes, en s'emparant des caponnières, points très-faibles, soit qu'on les attaque de vive force ou pied à pied. Dans le premier cas, en effet, le seul obstacle à vaincre est le passage d'un fossé étroit ou l'escalade d'un revêtement qui n'est flanqué que par des feux de mousqueterie; et, dans le second cas, le couronnement de la contrescarpe et les travaux à exécuter, soit pour renverser une portion de celle-ci, soit pour combler le fossé, sont rendus faciles par l'inefficacité des feux directs et des feux de flanc de l'enceinte.

Sous ce rapport, le 3e tracé de Vauban mérite la préférence, parce que le fossé des tours est battu par les petits flancs du corps de place, et que le couronnement de la contrescarpe au saillant des tours est enfilé par l'artillerie de la batterie haute de ces flancs et par celle de la plate-forme des tours bastionnées. Mais, comme nous l'avons fait remarquer plus haut, ce 3e tracé découvre trop l'escarpe de la courtine, défaut grave, qu'il n'est pas possible de corriger.

On pourrait créer facilement un front qui tînt le milieu entre le retranchement général de Vauban et le front du colonel Tunckler. Il suffirait pour cela de donner à ce dernier de petits flancs comme ceux du retranchement général de Vauban, et de séparer les caponnières du corps de place. Ces caponnières, pourvues de batteries hautes casematées ou à ciel ouvert, protégeraient assez bien les batteries basses des flancs du corps de place contre les feux plongeants; mais de même que toutes les autres modifications du tracé de Neuf-Brisach, celle-ci laisserait les escarpes à découvert sur la courtine et aux extrémités des faces, près des caponnières.

C'est ce qui nous a déterminé à rejeter tous les tracés angulaires et à proposer comme type général *le tracé polygonal pur*. Nous entendons par-là tout tracé qui donne lieu à un front dont les faces suivent la direction du côté extérieur. Ce n'est que derrière la caponnière (laquelle doit occuper le centre du front) que le corps de place peut dévier de cette direction, pour isoler la caponnière et lui assurer un flanquement dérobé aux vues de l'ennemi.

Lorsque la nature du terrain oblige à donner au polygone de petits côtés formant entre eux un angle rentrant obtus, il peut être avantageux de ne construire qu'une seule caponnière pour deux fronts.

On rentre alors dans le cas du tracé tenaillé.

En réalité, il n'y a que ces deux tracés; le 3e, qui a eu la vogue jusqu'à présent, le tracé bastionné, n'est qu'un enchevêtrement de deux tracés tenaillés, dont les sommets sont réunis par une ligne à laquelle on a donné le nom de *courtine*.

CHAPITRE VI.

ORGANISATION DES REMPARTS ET DES BATTERIES DE CÔTE. — TRAVERSES CASEMATÉES. — BATTERIES CUIRASSÉES.

SOMMAIRE :

Influence d'une bonne organisation des remparts sur la durée de la défense des places. — Nécessité d'employer d'une manière plus générale le tir à barbette. — Avantages et inconvénients du tir à embrasure. — Faits constatés pendant la guerre de 1870-1871. — Moyens proposés pour couvrir et pour soustraire à la vue de l'ennemi, les servants des pièces à barbette : gabions, bonnettes, rideaux en branchages, etc., etc. — Défauts des embrasures, constatés pendant la défense de Sébastopol. — Nécessité d'exhausser les affûts de siége et de place de manière à réduire la profondeur des embrasures à 30 ou à 50 centimètres. — Propriétés des affûts à éclipse. — Il convient d'établir, entre les pièces, des banquettes pour la mousqueterie. — Une partie de l'armement doit être composée de pièces légères, faciles à déplacer. — Tout front d'attaque doit avoir quelques canons de très-gros calibre : cette nécessité existe surtout pour les fronts de tête des forts détachés. — Les remparts ont besoin d'avoir un grand nombre d'abris : l'expérience des derniers siéges ne laisse aucun doute à cet égard. — Organisation d'un rempart exposé à l'enfilade : traverses, parados. Largeur du terre-plein. Abris pour les pièces et pour les servants. Magasins d'approvisionnement. — Organisation d'un rempart exposé seulement aux coups directs et aux coups d'écharpe : traverses, pare-éclats, largeur du terre-plein, etc. — Dispositif pour pièces établies : 1° sur affût de campagne, 2° sur affût de siége exhaussé, et 3° sur affût à éclipse. — Diverses espèces de traverses casematées ; projets de l'auteur. — Organisation du rempart pour pièces tirant par embrasures et devant avoir un champ de tir de 60 degrés (type russe) : avantages et inconvénients que présente ce type ; il n'est préférable à celui de l'auteur que pour les batteries de côte non cuirassées. — Avantages que présente le tir indirect. — Casemates pour canons et batteries blindées à établir sur les remparts. — Casemate cuirassée, proposée par le capitaine Schumann, pour canons rayés de 12 et de 24. — Type proposé par l'auteur, pour canons de 8 à 11 pouces. — Casemates en bois, proposées et exécutées en Allemagne. — Casemates de même espèce, employées dans la défense de Belfort. — Coupoles en fer laminé ; idem en fonte durcie. — Batteries de mortiers : leur emplacement et leur construction. — Organisation des batteries de côte : Type de batterie pour affûts Moncrieff, exécuté à Cork et sur d'autres points des côtes de la Grande-Bretagne. — Type de batterie avec embrasures cuirassées, proposé par le colonel Inglis. — Batterie de côte modèle, adoptée en Angleterre. — Description d'un des forts cuirassés de la rade de Portsmouth.

I.

Après le tracé, le profil et les batteries flanquantes, rien ne contribue autant à prolonger la défense d'une place que l'organisation des remparts.

Tous les siéges récents prouvent à l'évidence que des remparts nus, sans abris pour les servants, sans magasins d'approvisionnement à portée des pièces, sans traverses, sans pare-éclats et surtout sans une bonne installation de l'artillerie, ne peuvent pas résister longtemps aux batteries de l'attaque.

Ces siéges prouvent également que les remparts doivent être organisés et armés de manière à pouvoir soutenir une lutte d'artillerie aux grandes distances. Le système contraire avait prévalu jusqu'ici en France. Le colonel de Villenoisy en a fait ressortir les inconvénients, dans le passage suivant d'un travail récemment publié :

« Tous les préparatifs ordonnés dans les places de guerre, les prescriptions adressées aux commandants de ces places, aux chefs des services de l'artillerie et du génie, avaient pour objet la défense rapprochée, l'attaque pied à pied, qui est indispensable, en effet, pour que l'assiégeant puisse se frayer un chemin jusqu'aux remparts, les ouvrir et en expulser les défenseurs. L'hypothèse de l'établissement de batteries plus éloignées avait bien été prévue, mais on ne leur attribuait qu'un rôle secondaire, celui de gêner la mise en place de l'armement défensif, d'atteindre par quelque coup heureux les manœuvres d'eau, les ponts-levis ou les magasins à poudre. La défense rapprochée, au contraire, avait été minutieusement étudiée. On avait recherché quel était le côté faible de chaque place, la marche probable des tranchées, les endroits où l'artillerie ennemie devrait s'établir pour ruiner celle des remparts et renverser les murailles. L'armement de la défense avait été disposé de manière à entraver cette marche, l'emplacement et le rôle de chaque pièce de canon soigneusement déterminés. Rien n'avait été négligé pour convaincre les officiers chargés de diriger la résistance, de la bonté de ces précautions, et l'on y avait assez bien réussi. Qu'on juge de leur déconvenue, lorsqu'ils se virent en butte à un mode d'attaque tout différent, qu'ils ne soupçonnaient pas, et en vue duquel rien n'avait été préparé. Très-généralement ils n'essayèrent pas d'entraver la construction des batteries éloignées, les prescriptions réglementaires établissant qu'il fallait réserver les hommes et les munitions pour la défense rapprochée (1). "

Les Français ont constaté à Metz et à Paris combien est fausse l'opinion que l'artillerie de la défense ne peut pas produire d'effet aux grandes distances. « Le 2 octobre 1870, dit un de leurs ingénieurs, les batteries établies au-dessus des villages de Jussy et de Rozerieulles, essayèrent d'incendier les villages de Scy, Chazelles et Sainte-Ruffine, où se trouvaient nos avant-postes. Les forts de Plappeville et du mont Saint-Quentin leur répondirent et prirent en peu de temps une supériorité décisive, atteignant les merlons, les embrasures, un magasin à poudre, et, après une lutte d'à peu près une heure, ils obligèrent les canonniers ennemis à abandonner la lutte. Les forts étaient cependant à 4,500 mètres des batteries prussiennes. "

Le journal de la défense des forts du Sud et de l'Est de Paris, rédigé par le vice-amiral la Roncière le Nourry, signale des faits analogues qui ne laissent pas de doute sur la nécessité d'armer les forts de pièces d'un calibre supérieur à celui de 15 centimètres.

Le fort de Rosny avait six pièces de la marine qui ont battu avec succès aux distances de 6,000, 4,800 et 4,500 mètres, Groslay, le Raincy et le Dépotoir (2).

Pour le tir aux grandes distances, on donnera la préférence aux batteries à barbette.

---

(1) *Journal des sciences militaires*, 1872.
(2) *La marine au siége de Paris*, p. 289.

Déjà en 1863, dans nos *Études sur la défense des États* (T. II, chap. XII), nous avons insisté sur la nécessité d'employer d'une manière plus générale ces batteries, et d'assurer à une partie de l'armement les avantages d'une grande mobilité.

« Le tir à embrasure, disions-nous, sera désormais fort difficile, pour ne pas dire impossible, à cause de la prompte destruction des merlons et de la difficulté de réparer ces merlons en présence d'une artillerie qui continuera ses ravages, la nuit, en se servant des angles d'élévation et des points de direction qu'elle aura déterminés le jour.

» Un autre inconvénient des batteries à embrasure, c'est qu'on peut détruire leurs merlons et bouleverser leurs embrasures, au moyen de pièces situées hors du champ de tir de ces batteries, inconvénient grave surtout pour l'assiégeant qui n'a pas la ressource de pouvoir déplacer facilement ses batteries...

» Les embrasures ont encore le défaut d'indiquer l'emplacement des pièces et de diriger en quelque sorte le tir de l'ennemi, même pendant la nuit, l'échancrure du parapet à l'endroit de l'embrasure se dessinant en général très-nettement sur le fond plus clair du ciel ou sur le fond plus noir des maisons.

» Les embrasures diminuent le commandement de l'artillerie sur la campagne et livrent passage à des projectiles qui viennent atteindre le personnel et le matériel du rempart.

» Enfin, dans les ouvrages d'un faible relief, elles favorisent les attaques de vive force : témoin les redoutes de Selinghinsk, de Volhynie et du Mamelon vert de Sébastopol, dans lesquelles les Français pénétrèrent par les embrasures (1). »

Nous ajouterons que les obus mettent souvent le feu aux gabions, aux saucissons et aux claies des joues d'embrasures, lorsque les bois sont très-secs (2); que les embrasures retardent ou empêchent l'évacuation de la fumée, et que les projectiles explosifs qui touchent les joues, lancent à l'intérieur de la batterie une grêle d'éclats, très-redoutable pour les servants et pour le matériel. C'est sans nul doute le plus grave défaut des embrasures.

En revanche, les pièces tirant par embrasure sont à l'abri des coups d'écharpe et moins exposées aux coups directs ; l'espèce de fenêtre que forme chaque embrasure permet aussi aux canonniers de voir ce qui se passe au dehors et d'étudier le terrain des attaques.

Mais ces avantages, quoique précieux, ne compensent pas les graves inconvénients signalés plus haut.

Notre proposition de supprimer le tir à embrasure et d'y substituer le tir à barbette, a été combattue par des juges très-compétents. Cette opposition, toutefois, s'est affaiblie graduellement, et à l'heure qu'il est, un revirement presque général s'est opéré dans l'esprit des artilleurs et des ingénieurs.

Les derniers siéges faits par l'armée prussienne, ont largement contribué à ce résultat.

Un officier distingué du corps du génie russe, M. le

---

(1) Voir la *relation* du siége par le général Niel, p. 295 et suivantes.

(2) Ce fait s'est produit plusieurs fois à Sébastopol, où cependant l'on n'a employé que partiellement le tir à obus. (Voir la *relation de la défense* par le général Todleben. T. II, p. 343.)

général Guern, nous écrivait après le siége de Strasbourg, dont il avait suivi toutes les phases :

« J'ai conclu de ce siége :

» 1° Qu'il faut que les affûts soient adaptés au tir en barbette : C'est d'une nécessité incontestable pour les places et pour les batteries de siége :

» 2° Le recul doit être amoindri par des coins placés sous les roues (les coins de 6 pieds de base sur un de hauteur n'abîment pas les affûts.)

» 3° Les bombes ne peuvent que très-difficilement démonter une pièce en barbette et elles ne font que peu de mal aux canonniers. Les shrapnels sont les projectiles le plus à craindre.

» 4° Le service des batteries est très-dangereux quand il n'y a pas une traverse blindée ou casematée pour deux pièces.

» 5° Lorsque les canons sont servis constamment par les mêmes artilleurs, il y a moins de pertes et le tir est plus exact.

» 6° Les artilleurs et les servants doivent être logés dans des casemates construites sous les terre-pleins des fronts attaqués. »

Nous ne doutons pas que ces conclusions ne soient admises par tous les artilleurs expérimentés.

Cependant, on ne peut nier que le tir à barbette ne présente l'inconvénient d'exposer les servants aux coups d'enfilade, et de rendre les coups directs plus dangereux pour les hommes et pour le matériel, lorsqu'on se sert de l'affût de campagne ou de l'affût de siége ordinaire ; mais cet inconvénient disparaît :

1° Lorsqu'on emploie un affût de siége exhaussé qui permette de donner à la genouillère une hauteur de $1^m,60$ à $1^m,70$ pour le tir à dépression et de $1^m,80$ à $1^m,90$ pour le tir à élévation. Les Prussiens ont un affût de ce genre qui élève l'axe des tourillons à $1^m,80$ au-dessus de la plate-forme. Le profil figure 7, pl. IV, de la batterie n° 42 de Strasbourg (armée de 6 canons rayés courts de 24), donne une idée de cet affût, qui, sous le rapport de la solidité et de la stabilité, n'a rien laissé à désirer. La fig. 8 de cette même planche représente un mortier rayé de 21 centimètres, qui a été employé également dans les travaux d'attaque des Prussiens.

2° Lorsque, pour soustraire les servants et les pièces aux vues de l'ennemi, on plante soit sur la berme la plus élevée (à 3 mètres sous l'arête extérieure de la plongée), soit sur la plongée, des branches d'arbres à travers lesquelles l'assiégé puisse pointer et qui ne fassent pas éclater les projectiles.

Le tir, dans ce dernier cas, n'est impraticable que lorsque la batterie est à portée de fusil des travaux de l'assiégeant.

On a proposé de mettre les servants à l'abri des coups de fusil, en établissant sur la plongée, près de la crête du parapet, une rangée de gabions ou de sacs à terre; mais ces obstacles sont très-dangereux, parce que les obus en les frappant font explosion et projettent à l'intérieur de la batterie des éclats et des débris de toute espèce (1). Les mêmes

---

(1) Pour diminuer le danger provenant des sacs à terre projetés dans la batterie, on a

— 27 —

projectiles, s'ils passaient au-dessus de la crête, sans rencontrer aucune résistance, n'éclateraient que loin en arrière de la batterie, et seraient par conséquent inoffensifs pour celle-ci.

Sous ce rapport, le moyen que nous avons conseillé dès 1863, est bien préférable. Il consiste à planter sur la plongée, à 1 ou 2 mètres de la crête extérieure, une haie en chêne, ajonc, bouleau, acacia ou genêt, suffisamment épaisse et haute pour empêcher l'ennemi de voir ce qui se passe derrière, et pas assez touffue, cependant, pour gêner le pointage. Du reste, au moment de la mise en état de défense, on aura soin de dégarnir le pied de la haie pour mieux découvrir le terrain extérieur.

On peut également remplacer la haie vive par une double rangée de branches d'arbres ou de rames de genêts, plantées en quinconce, et dépouillées de leurs feuilles dans le bas.

Une série de très-curieuses expériences faites en 1871, au polygone de Brasschaet et dont le résumé a été donné plus haut (chapitre III), prouve en effet que des rideaux de cette espèce ne font pas éclater les projectiles qui les traversent, et qu'ils n'empêchent pas de viser ni de tirer sur les travaux de l'attaque.

Nous croyons que l'emploi judicieux de ces rideaux

---

reconnu à Juliers, en 1860, qu'il est utile de les relier par des fils de fer. A Sébastopol on avait atteint le même but en donnant aux sacs à terre de plus fortes dimensions.

Des expériences faites en Prusse prouvent qu'il s'écoule 1/100 de seconde entre l'instant où un projectile traverse une cible et l'instant où il éclate. La vitesse étant supposée de 300 mètres, le projectile se trouvera donc à 3 mètres au delà de la cible lorsqu'il fera explosion.

rendra de grands services à la défense, en faisant disparaître le principal inconvénient du tir à barbette, qui est d'exposer trop les canonniers.

Ne pouvant plus voir les pièces, ni les servants, ni même la crête intérieure du parapet, l'assiégeant tirera au hasard et souvent quand les pièces et les servants seront momentanément retirés derrière les bonnettes ou dans les traverses casematées.

Un bon moyen d'éviter les coups d'écharpe de l'artillerie est d'établir, sur le parapet, des traverses ou des bonnettes de 1 mètre de hauteur, disposées de façon à ne pas restreindre le champ de tir des pièces (1). Ces bonnettes servent en même temps à protéger les canonniers et les pièces contre les coups directs, pendant les heures où le tir doit être interrompu. (Voir notre *Traité de fortification polygonale*, pl. I, fig. 9.)

Lorsqu'on aura exhaussé d'une manière générale tous les affûts de siége, le tir à embrasure sera sensiblement amélioré; en effet, on ne devra plus dès lors donner aux embrasures que $0^m,50$ de profondeur pour avoir entre les pièces la hauteur couvrante ordinaire de $2^m,20$, que l'on pourra dans bien des cas réduire à 2 mètres.

Or, quand les joues des embrasures seront réduites à $0^m,50$ ou à $0^m,30$ de hauteur, on sera dispensé de les revêtir, et l'on pourra rapprocher davantage les pièces, sans amincir trop les merlons.

Jamais les inconvénients du tir à embrasure n'ont été

---

(1) Vauban atteignait ce but en couvrant les « barbettes par 2 ou 3 rangées de gabions pleins de terre ou de fumier, de 4 $^1/_2$ pieds de diamètre sur autant de hauteur. »

mieux constatés que pendant la défense de Sébastopol. La relation de cette défense, par le général Todleben, nous en fournira des preuves nombreuses et décisives.

Le 9 avril 1855, jour du 2ᵉ bombardement, les alliés tirèrent pendant cinq heures avec 444 pièces, dont 130 mortiers, contre les ouvrages de la place, qui étaient armés de 466 pièces, dont 57 mortiers. « L'assiégé, dit le général Todleben (1) eut 15 pièces démontées, 13 affûts et 23 plates-formes brisées et 122 *embrasures* complétement bouleversées.

« Le 10 avril, le bastion 4 eut 8 pièces démontées et *presque toutes ses embrasures* démolies, de façon qu'au soir il ne lui restait que deux bouches à feu pour continuer l'action (p. 127). »

« Le même jour, la redoute Selenghinsk eut *toutes ses embrasures* détruites, et la redoute Volhynie n'en conserva que 3 en état de servir (p. 127). »

Les dégâts de cette seconde journée s'élevaient à 15 bouches à feu démontées, 13 affûts et 39 plates-formes endommagés, et 114 *embrasures démolies*.

Le 11 avril, il y eut 23 bouches à feu démontées, 10 affûts et 10 plates-formes endommagés et 116 *embrasures démolies*.

Le 12 avril : 20 bouches à feu démontées, 30 affûts et 13 plate-formes endommagés et 84 *embrasures démolies*.

Il est à noter que, la nuit et même le jour, les artilleurs russes réparaient sous le feu de l'ennemi, les embrasures

---

(1) T. II, p. 109.

démolies, qui étaient généralement revêtues de deux rangées de gabions (1).

Le 3ᵉ bombardement de Sébastopol commença le 6 juin, à 3 heures de relevée.

« Vers 6 heures du soir, dit le général Todleben, le feu de notre gauche commença à faiblir *par suite du désordre dans lequel nos embrasures avaient été mises* par les projectiles ennemis (p. 310). »

« Sur 22 embrasures de la redoute Volhynie, 18 étaient
» entièrement démolies; 7 plates-formes, 3 bouches à feu
» et 1 affût étaient mis hors de service...

» Quoique aucune des bouches à feu de la redoute
» Selenghinsk n'eût été démontée, cependant *l'état de
» ruine dans lequel se trouvaient ses embrasures* ne lui
» permettait plus de tirer que de 3 pièces seulement
» (p. 314). »

« Pendant le 4ᵉ bombardement (du 17 juin) c'était parti-
» culièrement le bastion n° 2, le mamelon Malakoff et le
» bastion n° 3, qui avaient le plus souffert; ces ouvrages
» *avaient la moitié de leurs embrasures comblées,* et les
» efforts réitérés qu'il avait fallu faire pour les remettre en
» bon état, nous avait obligés à y sacrifier un grand nombre
» de soldats (p. 362). »

Il y eut ce jour-là 16 bouches à feu démontées, 17 affûts brisés, 71 plates-formes et *plus de* 200 *embrasures endommagées.*

---

(1) La pl. IX (fig. 4, 5 et 13) fait connaître les détails des embrasures russes qui étaient fort profondes, à cause de l'emploi, presque général, de l'affût marin.

Ces dégâts eussent été bien plus importants si l'artillerie de l'attaque avait eu des canons rayés, lançant des projectiles explosifs à fusée percutante.

Les siéges faits récemment par les Prussiens ne laissent aucun doute sur ce point. On lit dans *la défense de Belfort* par les capitaines Thiers et de la Laurencie : « chaque
» jour, les embrasures des pièces des casemates étaient
» bouchées, les masques en rails, en bois et en terre bou-
» leversés, les merlons renversés ; il fallait travailler la
» moitié de la nuit pour réparer le dégât.

Le même fait s'est produit fréquemment pendant les deux siéges que les forts de Paris ont eus à soutenir.

« Les coups d'embrasure, dit l'amiral la Roncière le
» Noury, nous ont fait des avaries graves. »

» A Montrouge, on employa chaque nuit 200 travail-
» leurs sérieux pour réparer les dégâts (p. 315). »

Il est donc nécessaire que, dans l'armement des places, on supprime d'une manière générale les embrasures profondes.

L'emploi de l'affût de siége exhaussé, résout le problème approximativement, et l'on peut s'en contenter pour le moment ; la solution ne sera complète que lorsqu'on aura introduit dans le matériel de place un bon affût *à éclipse*, c'est-à-dire un affût permettant à la pièce de s'abaisser par l'effet du recul, pour être chargée à l'abri des feux de l'ennemi, et de s'élever ensuite au-dessus de la ligne de feu, pour être pointée et déchargée.

Le capitaine Moncrieff a résolu ce problème d'une manière satisfaisante pour la grosse artillerie des batteries de côte ; mais jusqu'ici l'on n'a pas encore produit un affût simple, solide et peu coûteux pour l'artillerie de calibre moyen qui constitue l'armement des batteries de siége et de place.

On y arrivera sans nul doute, soit en appliquant la force du recul à un contre-poids, comme l'a fait le capitaine Moncrieff, soit en utilisant cette force pour comprimer l'air, comme on l'a proposé récemment en Angleterre, soit en la faisant agir sur de puissants ressorts, comme l'a tenté avec un plein succès le vice-amiral Labrousse. (Voir annexe, n° 6.)

L'emploi plus général du tir à barbette fournit le moyen de réaliser un avantage auquel le général Paixhans attachait la plus grande importance. Cet illustre artilleur était d'avis qu'une bonne organisation des remparts doit permettre à l'infanterie d'ouvrir son feu dès que l'artillerie interrompt le sien, et, dans certains cas, de tirer en même temps que l'artillerie (par exemple, lorsque l'assiégeant fait une attaque de vive force).

Pour atteindre ce but, il suffit de construire une banquette de $0^m,40$ de hauteur dans les intervalles des plates-formes, celles-ci se trouvant à $1^m,70$ sous la crête.

Nos idées sur la mobilité de l'armement ont été plus vivement contestées que celles sur l'emploi du tir à barbette.

« Un moyen certain, avions-nous dit (1), d'assurer à la défense la supériorité des feux, serait de faire des casemates d'un seul étage, armées de pièces d'un calibre supérieur à celui des batteries de siége, et protégées contre le feu de

---

(1) *Études sur la défense des États*, etc. T. II, p. 15.

l'ennemi par des boucliers en fer. On pourrait ainsi, avec un nombre de pièces inférieur à celui de l'assiégeant, produire ces résultats décisifs que Montalembert espérait obtenir avec des batteries à deux et trois étages dont les murs de masque eussent été promptement détruits.

» Un autre moyen d'assurer à nombre égal aux pièces de place une supériorité marquée sur celles de siége, serait de donner à ces pièces les avantages d'une grande mobilité.

» En effet, l'assiégeant est obligé de construire ses batteries à découvert, sous le feu de la place. L'action de ces batteries est ordinairement limitée à l'attaque d'une face ou d'une portion de face occupée par une batterie de l'assiégé. Si cette dernière, après avoir contrarié efficacement l'érection de la batterie d'attaque, peut changer de position aussitôt que le feu s'ouvre contre elle, et s'établir sur une face latérale d'où elle prendra les pièces de siége d'écharpe ou d'enfilade, il faudra évidemment que l'ennemi, pour continuer la lutte, déplace son épaulement ou modifie ses embrasures. On devine tout le parti qu'un défenseur habile, en possession d'un matériel convenable, pourra tirer de cette manœuvre qui, employée d'une manière plus restreinte et dans des conditions moins favorables, a suffi pour assurer de grands avantages à l'artillerie russe, pendant le siége de Sébastopol. »

Elle a été également fort utile aux défenseurs de Rome en 1849.

« Quand après de sérieuses difficultés, dit le général
» Vaillant, nous nous étions mis en mesure de contre-battre
» les pièces qui nous tourmentaient le plus, l'artillerie ro-
» maine se hâtait de les transporter sur d'autres points.

« Elle employa ainsi très-efficacement son matériel de
» campagne. »

L'artillerie française a tiré le même parti de la mobilité de l'armement, dans les défenses de Paris et de Belfort.

Sur plusieurs points de l'enceinte et des forts de Paris, elle avait construit assez d'embrasures pour permettre aux pièces de changer de place aussitôt que le feu de l'ennemi devenait redoutable. Grâce à cette manœuvre, les pertes et les dégâts furent considérablement diminués.

D'un autre côté, on lit, dans la relation de la défense de Belfort, par les capitaines Thiers et de la Laurencie :
« une pièce du fort Bellevue, placée sur le flanc gauche,
» fait le plus grand mal à l'ennemi et l'arrête souvent tout
» net, se sauvant elle-même des nombreux coups prus-
» siens qu'elle provoque par des *déplacements continuels.* »
» (voir *annexe 7.*)

Depuis que le rayage des canons a permis de tirer, avec les bouches à feu de 6 et de 12, des projectiles explosifs d'un poids double, les avantages de la mobilité de l'armement ont paru moins incertains à ceux qui d'abord les avaient niés d'une manière absolue.

On ne conteste même plus ces avantages pour la partie de l'armement qui est destinée à combattre les batteries et les travaux rapprochés de l'attaque.

Or nous n'avons jamais donné à entendre que nous comptions, à l'aide d'un armement mobile (ou ce qui revient au même, de pièces légères), combattre les batteries et les travaux éloignés.

Nous avons, au contraire, insisté pour que l'armement des fronts attaquables des places et des forts détachés comprît plus de pièces de gros calibre que de pièces de 6 et de 12 rayées. Selon nous, on pourrait adopter la proportion suivante : 20 pour cent de pièces rayées de 6 et de 12 ; 50 pour cent de pièces rayées de 24 (15 centimètres) ; 5 pour cent de pièces rayées de 9 pouces (22 $^1/_2$ centimètres) ; 25 pour cent de mortiers rayés et de mortiers lisses de 8 et de 11 pouces (20 ou 27 $^1/_2$ centimètres).

Indépendamment de ces pièces, il faudrait qu'il y eût dans chaque place quelques canons de campagne de 4 rayé, pour appuyer les sorties et défendre les contre-approches.

Les pièces de gros calibre (2 ou 3 par front attaqué) devraient être abritées sous des voûtes et protégées par des boucliers en fer. Pendant les premières périodes du siége, on pourrait, dans certains cas, les établir à découvert derrière le rempart ou derrière un deuxième parapet, invisible de loin. Leur grande portée obligerait l'ennemi à se tenir à une distance telle des forts ou de la place, que son artillerie de campagne ne pût faire aucun mal à la défense. D'un autre côté, la grande pénétration et l'énorme puissance de destruction de leurs projectiles, le forcerait à donner à ses épaulements, aux parapets de ses cheminements, aux abris et aux magasins de ses batteries, plus d'épaisseur et de solidité que de coutume, ce qui ralentirait considérablement la marche des attaques et rendrait peut-être impossible l'établissement des travaux rapprochés, tels que couronnements, descentes à ciel ouvert ou blindées, passages de fossé, etc.

Les gros canons tirant avec de fortes charges, pourront seuls détruire les batteries cuirassées que l'assiégeant cherchera sans doute à établir sur les points les plus importants de ses attaques, quand il sera en présence d'une artillerie supérieure par le nombre ou par la puissance des calibres (1).

II

Après avoir indiqué les conditions générales auxquelles doit satisfaire l'artillerie de la défense, il nous reste à faire connaître une organisation des remparts qui permette de remplir ces conditions (2).

Nous traiterons 1° de l'organisation des remparts exposés au tir d'enfilade, et 2° de l'organisation des remparts exposés seulement au tir direct et d'écharpe.

Dans les deux cas, il est nécessaire qu'il y ait, sur les terre-pleins et au-dessous, un nombre suffisant d'abris pour les servants et pour les troupes de garde.

Ces abris doivent être complétement à l'épreuve des bombes et des obus, sinon ils offrent de grands dangers.

Une batterie prussienne devant Paris eut 22 hommes tués ou blessés par l'explosion d'un seul obus qui avait pénétré dans l'intérieur d'un abri mal construit.

A la *Double-couronne*, un obus enfonça, le 21 janvier 1871, un abri dans lequel il blessa 13 hommes.

---

(1) Voir nos *Etudes sur la défense des États*, etc. T. II, p. 46 et 47.
(2) Ce paragraphe complétera et rectifiera, sur certains points, ce que nous avons exposé dans notre *Traité de fortification polygonale*, T. I, p. 265 et suivantes.

Deux jours auparavant, un obus lancé sur un petit réduit de tranchée (près des Hautes-Bruyères) où se trouvait de l'infanterie de marine, avait tué 2 soldats et blessé 8, dont plusieurs dangereusement (1).

A Belfort, un obus qui éclata dans un local du second étage de la prison, tua 4 personnes et en blessa 16 assez grièvement (2).

Aucun siége n'a mieux démontré l'utilité des abris que le siége de Sébastopol.

A partir du 26 mars 1855, dit le général Todleben, le feu de l'ennemi tua ou blessa de 50 à 150 hommes par jour, dans la redoute du Mamelon-vert « ce qui provenait de
» l'impossibilité où nous étions en ce moment de pourvoir
» à la sécurité des troupes au moyen d'abris blindés. »
T. I, p. 85.

Le 9 avril, Sébastopol avait 141 abris blindés pouvant contenir environ 6,000 hommes, à raison de 9 hommes par sagène carrée.

En avril 1855, « l'artillerie du bastion du Mât (n° 4)
» était journellement, et chaque fois en quelques heures
» de temps, jetée dans un désordre complet ; il lui arrivait
» souvent de ne pouvoir plus tirer qu'avec 2 bouches à feu.
» Le feu violent de mortiers sous lequel le bastion se trou-
» vait constamment placé, ne nous permettait d'y tenir
» qu'une faible garnison qui n'occupait pas même l'inté-
» rieur de l'ouvrage, mais était disposée dans des abris
» blindés derrière la gorge, car autrement les bombes en-

---

(1) *La Marine au siège de Paris*, p. 363 et 350.
(2) Voir *la défense de Belfort*, par les capitaines Thiers et de la Laurencie.

» nemies *auraient infailliblement détruit chaque jour la*
» *garnison entière.* » T. II, p. 185.

» Le 7 juin, la lunette Kamtchatka (Mamelon vert) se
» trouvant sous le coup d'une grêle de projectiles creux,
» essuya des avaries si graves, qu'il arriva un moment où
» elle fut complétement réduite au silence. » T. II, p. 312.

Ce sont ces faits qui font dire au célèbre général russe :
« Les forteresses doivent posséder des abris blindés assez
» vastes pour pouvoir contenir la plus grande partie de
» la garnison. Outre les casemates établies dans l'intérieur
» d'une forteresse pour abriter le gros des forces, d'autres
» casemates sont indispensables dans les fortifications
» elles-mêmes, pour y pouvoir installer les troupes de
» réserve destinées à servir de renfort pour la défense
» efficace de ces ouvrages. » T. II, p. 380.

La pl. IX donne un spécimen des principaux blindages qui furent exécutés à Sébastopol. Ces blindages sont les suivants :

Fig. 4. Blindage sous le terre-plein et petit magasin à poudre sous le parapet de la face gauche du bastion n° 4.

Fig. 5. Blindage sous le terre-plein de la face droite du bastion n° 4.

Fig. 10. Blindage sous la traverse du mamelon Malakoff.

Fig. 13. Passage blindé sous la traverse de la face gauche du bastion n° 5.

Fig. 14. Magasin à poudre du bastion n° 2.

Fig. 18. Blindage de contrescarpe du retranchement de la gorge du bastion n° 4. (La fig. 19 représente ce bastion avec le retranchement A de sa gorge.)

Le général Todleben assure qu'en enlevant les fenêtres aux casemates, on peut y loger neuf hommes par sagène carrée, soit deux hommes par mètre carré: « Il est vrai, » dit-il, que par cette mesure les troupes souffriront du » froid, moins cependant que l'ennemi, disposé dans les » tranchées, au camp et au bivac. » T. I, p. 92.

On avait cru d'abord à Sébastopol, que par sagène carrée il ne serait possible de loger que 4 à 5 hommes (1).

La nécessité d'avoir, à portée des pièces, des abris pour les servants, des magasins pour la consommation courante, des locaux pour le chargement des projectiles et la pose des fusées, a paru plus évidente encore, depuis les derniers siéges faits par les Prussiens en France. Les relations des défenses de Strasbourg, de Paris et de Belfort, en offrent des preuves nombreuses.

Le transport des munitions pour le service des batteries présente de très-grands dangers, quand les pourvoyeurs ont de longs espaces à parcourir. Déjà en 1832, pendant le bombardement de la citadelle d'Anvers, on avait reconnu que, pour être sûr de faire arriver des munitions à une pièce, il fallait les envoyer par trois côtés à la fois.

---

(1) La sagène a une longueur de $2^m,13$.

Dans les abris blindés de Paris, on avait donné à chaque homme $1^m,50$. Les locaux avec soupente des forts de Metz, étaient calculés à raison de 2 mètres par homme, et là, comme à Paris, les défenseurs furent mal à l'aise ; mais cela tenait surtout au manque d'air et de lumière.

Les Prussiens, dans leurs nouveaux travaux de défense, donnent aux locaux habitables une capacité de $2\ 1/2$ mètres carrés par homme. Nous admettons cette donnée, qui permet, en cas de nécessité urgente, de doubler la force de la garnison, en couchant les hommes sur la paille et en activant la ventilation.

1° Organisation des remparts exposés aux coups d'enfilade.

Les projectiles tirés avec des charges réduites et sous un angle de 14° ayant encore assez de force pour détruire le matériel, nous proposons d'élever les traverses à 1 mètre au-dessus de la plongée, et de les terminer en dos d'âne, pour augmenter la difficulté de l'écrêtement.

La fig. 6, pl. II, montre qu'en espaçant les pièces de 13^m50 d'axe en axe et en établissant entre ces pièces des traverses de $2^m,80$ d'épaisseur, tous les coups rasant l'arête intérieure d'une traverse sous l'inclinaison du quart, passent à $1^m,50$ au-dessus du pied du talus extérieur de la traverse suivante, et à $2^m,30$ au-dessus du milieu de la plate-forme.

Dans ces conditions, le personnel et le matériel sont efficacement protégés.

Lorsque les traverses sont en terre sablonneuse, une épaisseur de $2^m,80$ en crête suffit pour arrêter les projectiles.

Si la terre est moyennement argileuse, cette épaisseur doit être augmentée de $1^m,20$; alors, pour ne pas éloigner davantage les pièces, on réduit à 1 mètre et à $1^m,05$ les passages de $1^m,50$ et $1^m,75$ laissés entre les traverses et la plate-forme.

On peut également atteindre le but en augmentant la roideur des talus, ou en appuyant leur pied à une rangée de gabions ou de barils remplis de terre.

Le revêtement du talus intérieur exige des précautions

spéciales. Lorsqu'on le forme de saucissons ou de madriers placés horizontalement, les obus, en éclatant près du revêtement, font pivoter les saucissons ou les madriers de manière à blesser les hommes qui se trouvent en dehors de la direction du coup. On évite ce danger en employant des tonneaux ou des gabions ou, mieux encore, des rondins en bois de grume, plantés en terre suivant l'inclinaison du talus et réunis à leur extrémité par un demi-rondin. Ces éléments, quand un obus les atteint, pivotent dans un plan vertical et font ainsi le moins de mal possible (1).

La longueur des traverses sera de 7 mètres.

En arrière, il y aura un passage de 2 mètres de largeur, dont le niveau sera à $2^m,50$ sous la ligne de feu. On devra généralement le protéger au moyen d'un parados, parce que les faces ricochables peuvent, dans presque tous les cas, être attaquées à revers. Ce parados aura 3 mètres de hauteur et $2^m,60$ d'épaisseur en crête. Pour faciliter les mouvements, on y ménagera des

---

(1) Il a été fait un fréquent emploi de ces revêtements en Amérique, pendant la dernière guerre.

Les rondins avaient de 4 à 6 pouces de diamètre; ils étaient enterrés de 2 pieds, appuyés sur un madrier et réunis à leur extrémité par un demi-rondin.

Les rondins jointifs étaient sciés à 16 pouces sous la crête, inclinés au sixième et ancrés comme l'indique la fig. 6, pl. XX.

Les Américains ont reconnu que, partout où les gabions sont employés comme revêtement extérieur (exposé à l'air), il convient de les remplir de gazons ou de débris de gazons. C'est le meilleur bourrage. Le gazon, tassé avec force, ne tarde pas à envelopper la paroi clayonnée du gabion et à former ainsi un revêtement durable, même après que les gabions ont été détruits par le temps. Le gazon tassé résiste parfaitement aussi au souffle des canons, tandis que le sable et la terre s'écoulent ou sont dispersés promptement.

passages de 2 mètres de largeur, débouchant vis-à-vis des traverses.

En temps de guerre, on revêtira le talus intérieur du parados, pour former un passage de 3 mètres de largeur par lequel se feront, à l'abri des feux directs de l'ennemi, tous les mouvements de troupes et de matériel qu'exigera le service des batteries. Ce passage ne devra se trouver qu'à $2^m,50$ sous la crête, parce que le parados le mettra à l'abri des feux plongeants, sauf aux points R et R', qui ne sont pas assez nombreux ni assez importants, pour qu'il soit nécessaire de les supprimer en abaissant de $1^m,50$ environ le niveau général du passage, modification qui aurait du reste l'inconvénient d'exiger l'élargissement du terre-plein et la construction de plusieurs rampes.

Quand les parados se composent d'argile ou de terre mêlée de cailloux, ils sont dangereux pour les servants des batteries. Dans ce cas, il y a avantage à les supprimer et à prolonger les traverses jusqu'au delà du talus intérieur du rempart. On facilitera la circulation sur le terre-plein, en ménageant, dans les traverses, des passages en crémaillère de 2 mètres de largeur pour les pièces et, sur le bord du talus intérieur, un couloir pour hommes de 1 mètre de largeur, contournant les extrémités des traverses; ces extrémités mettront le couloir à l'abri des feux d'enfilade (avantage que n'offre pas le dispositif de la fig. 6), et protégeront les pièces contre les feux de revers, à peu près aussi bien que le ferait un parados.

Les dimensions indiquées plus haut pour le rempart avec parados (voir le profil T U, fig. 6), portent la largeur totale du terre-plein des faces ricochables à 20 mètres.

Il convient que chaque traverse ait un petit abri d pour les servants, un petit magasin a pour les charges et un petit magasin b pour les projectiles (1). Ces deux derniers sont établis à une assez grande profondeur sous le parapet, pour que les projectiles de l'assiégeant ne puissent pas les atteindre. Il faudrait, pour déblayer la terre qui les couvre (voir les profils L M et P Q), qu'un tir prolongé et continu empêchât de réparer le parapet en y jetant de la terre ou des sacs à terre.

Indépendamment des abris et des magasins d'approvisionnement des traverses, chaque face ricochable devra avoir un certain nombre de locaux où l'on puisse remiser les bouches à feu de l'armement lorsqu'il sera nécessaire de cesser momentanément le feu, soit pour éviter la destruction anticipée du matériel, soit pour tout autre motif.

Ces locaux se trouveront le plus près possible des batteries pour éviter toute fausse manœuvre et toute perte de temps.

On satisfera à cette condition en construisant alternativement trois traverses ordinaires et une grande traverse A, pouvant abriter 4 bouches à feu avec leurs armements et équipements.

Les grandes traverses ont l'inconvénient d'occuper environ douze mètres de ligne de feu et de réduire par conséquent d'une pièce l'armement de la face. On peut parer

---

(1) La défense de Belfort prouve combien il est dangereux de déposer des munitions dans les abris. Le 20 janvier 1871, un projectile prussien perça la voûte de l'abri du bastion n° 11, qui contenait des barils de poudre et des obus. Une terrible explosion eut lieu. Tous les hommes furent ensevelis et tués. On retira des décombres les cadavres d'un officier, de quatre sous-officiers et brigadiers, et de vingt-deux soldats.

à cet inconvénient, en y installant une bouche à feu protégée par un blindage et un bouclier (voir la traverse A, fig. 6, et le profil Y Z, fig. 7).

Nous avons supposé que les pièces des faces ricochables se trouvent sur des affûts ayant $1^m,70$ de hauteur de genouillère, et qu'elles tirent par des embrasures peu profondes. Si on les établit sur des barbettes, elles seront évidemment plus exposées, et les traverses devront être plus hautes.

Le colonel du génie autrichien Tunckler a proposé un abri provisoire et un abri permanent en rails (voir pl. XXI, fig. 9 et 12), d'une construction fort simple, permettant d'établir, sous chaque traverse d'un rempart ricochable, une pièce de siége ou de campagne sur un châssis qui élève la bouche à $1^m,65$ au-dessus du terre-plein. La fig. 10 représente ce châssis, et les profils L M et P Q montrent comment on le dirige pour amener, par un plan incliné, la pièce sous l'abri.

Dans le parapet se trouve un petit magasin d'approvisionnement m, en communication avec l'abri.

On remarquera que cette espèce de blindage ne protége les pièces que contre les coups d'enfilade et les coups directs. La bouche à feu et une partie de l'affût restent exposés aux feux verticaux.

Avant d'aborder l'examen du second cas (les remparts non ricochables), nous ferons une remarque au sujet des traverses.

En séparant les pièces par des traverses qui s'élèvent à 1 mètre au-dessus de la crête, on fournit à l'assiégeant un moyen facile de diriger le pointage. Cette circonstance fait désirer que les traverses ne soient pas vues de l'extérieur; mais, pour cela, il faudrait que l'on eût un affût à éclipse qui permît de tirer au-dessus d'un parapet de 3 mètres à $3^m,50$ de hauteur; sinon les pièces et les servants ne seraient plus préservés du ricochet.

En attendant que ce progrès soit réalisé, on ne pourra limiter à la hauteur du parapet que les petites traverses nécessaires sur les faces non ricochées, pour mettre les servants à l'abri des éclats de projectiles.

2° ORGANISATION DES REMPARTS EXPOSÉS SEULEMENT AUX COUPS DIRECTS ET AUX COUPS D'ÉCHARPE.

L'organisation des remparts d'une face d'ouvrage exposée seulement à des coups directs et à des coups d'écharpe, exige moins de traverses et des traverses moins épaisses.

Toutefois, comme les coups directs et les coups d'écharpe plongeants sont fort à craindre lorsqu'il n'y a pas derrière les pièces un parados qui couvre les mouvements de troupes et de matériel, on devra descendre le terre-plein à un niveau plus bas.

Voici comment on déterminera ce niveau :

Les défenseurs doivent pouvoir circuler en arrière des pièces, sur le terre-plein bas, sans être exposés aux coups rasant la crête du parapet, sous une inclinaison de $1/6$.

Le terre-plein haut, sur lequel sont établies les pièces, aura 7 mètres de largeur, pour que les servants ne soient pas gênés dans leurs mouvements; son arête extérieure (contre le talus du parapet) se trouvera à $2^m,20$ sous la ligne de feu et son arête intérieure, à $2^m,50$. Le terre-plein bas, réservé pour les mouvements du matériel et des troupes, aura 5 mètres de largeur (minimum nécessaire pour le croisement de deux voitures allant en sens opposé); son inclinaison vers l'intérieur de la place sera de $^1/_{10}$.

Le coup de feu qui rase la crête du parapet, devant passer à $2^m,25$ au-dessus du bord intérieur du terre-plein bas, pour que la circulation n'offre aucun danger, les diverses côtes du profil seront réglées comme suit :

20 mètres étant la cote de la ligne de feu, la cote de l'arête intérieure du terre-plein haut sera $17^m,50$. Celle du pied du talus (à 45 degrés) qui rachète la différence de niveau entre les deux terre-pleins sera $17^m,50 - x$, et celle de l'arête intérieure du terre-plein bas, $17^m,50 - x - \frac{5}{10}$. La largeur totale du rempart, comprenant les deux terre-pleins et le talus intermédiaire, sera $= à\ 7^m + x + 5^m$.

Cette largeur, divisée par 6 et augmentée de $2^m,25$, donnera la différence de niveau totale entre la ligne de feu et l'arête intérieure du terre-plein bas. On aura donc l'équation $\dfrac{7^m + x^m + 5^m}{6} + 2^m,25 = 2^m,50 + x^m + \dfrac{5^m}{10}$

d'où l'on tire $x = 1^m,50$.

Par conséquent, la cote de l'arête intérieure du terre-plein bas sera $15^m,50$, et la largeur totale du rempart, $13^m,50$.

Ce profil *rationnel* a un défaut qui nous fait hésiter à l'adopter avant qu'une expérience décisive en ait démontré la nécessité. Les deux terre-pleins étant séparés par un talus à 45 degrés, de $1^m,50$ de hauteur, les communications seront difficiles et le service des pièces en souffrira nécessairement. On pourrait sans doute corriger ce défaut, en construisant de distance en distance des gradins, ou en donnant au talus 2 mètres de base pour 1 mètre de hauteur (ce qui porterait à 15 mètres environ la largeur minimum du terre-plein); mais il n'en serait pas moins impossible de faire monter à bras, du terre-plein bas sur le terre-plein haut, les pièces légères de l'armement, sans construire des rampes qui nécessiteraient un élargissement du terre-plein égal à leur propre largeur.

Tenant compte de ce fait, et considérant que les coups tirés sous l'inclinaison de $1/6$ supposent des batteries d'attaque établies à 2,200 mètres de la place, nous avons pensé qu'il serait peut-être préférable d'adopter un profil dans lequel le terre-plein bas (horizontal) ne se trouverait qu'à $3^m,50$ sous la ligne de feu et serait raccordé au terre-plein haut par un talus incliné au $1/4$ (1). Cette disposition porterait la largeur totale minimum du terre-plein du rempart à 16 mètres.

Si l'on reconnaissait, pendant le siége, qu'il est nécessaire d'abaisser de 1 mètre le terre-plein bas (pour que le coup de feu tiré sous l'inclinaison $1/6$ passât à $2^m,09$ au-dessus de l'arête intérieure de ce terre-plein), il y aurait à déblayer environ 5 mètres cubes de terre par mètre courant de rempart; cet excédant serait très-utile pour les réparations à faire au parapet et aux traverses, car l'expérience prouve que l'on n'a jamais trop de terre sur un front attaqué.

---

(1) On pourrait, sans augmenter la largeur totale du rempart, donner à ce talus une inclinaison du $1/8$, en construisant le terre-plein bas en pente (de $1/10$).

Après cette modification, le raccordement entre les deux terre-pleins (celui du bas ayant une pente de $1/10$) se ferait par un talus de 1 mètre de hauteur pour $2^m,50$ de base.

La fig. 7, pl. II, indique trois dispositifs : l'un pour des pièces tirant sur affûts à éclipse (1); l'autre pour des pièces sur affûts de siége exhaussés, tirant par des embrasures de $0^m,50$ de profondeur, et le troisième, pour des pièces sur affûts de campagne, tirant à barbette.

Aucun de ces dispositifs n'exige une largeur de terre-plein supérieure à 16 mètres.

Pour les deux premiers dispositifs, nous espaçons les traverses de $28^m,50$ d'axe en axe, et nous donnons à ces traverses 2 mètres d'épaisseur en crête. Leur but est d'arrêter les éclats des projectiles et d'intercepter les coups d'écharpe (qu'il est presque toujours possible de diriger contre une face battue directement); on les élèvera à 1 mètre au-dessus de la ligne de feu, et on les prolongera à peu près jusqu'à l'arête extérieure de la plongée.

S'il ne s'agissait que de mettre les pièces et les servants à l'abri des éclats, il ne serait pas nécessaire d'élever les traverses au-dessus de la crête; mais cette nécessité existera aussi longtemps que l'on n'aura pas un affût permettant de donner 3 mètres au moins de hauteur au parapet.

Pour faciliter le service, on construira sous chaque tra-

---

(1) Le terre-plein haut sur lequel sont établis les affûts à éclipse, se trouve à $2,^m50$ sous la ligne de feu, et a une inclinaison de 0,30 vers le talus intérieur. C'est une erreur de dessin. Du moment qu'on emploiera de pareils affûts, il sera nécessaire d'abaisser le terre-plein haut, pour mieux couvrir les servants et rendre plus faciles les communications entre les deux terre-pleins. Moncrieff donne au parapet au moins 3 mètres de hauteur au-dessus de la plate-forme.

verse une petite galerie servant de passage et, dans certains cas, de porche à de petits magasins d'approvisionnement établis sous le parapet ou dans le massif même de la traverse.

Les intervalles des traverses sont occupés par trois bouches à feu tirant à embrasure ou à barbette, entre lesquelles on construira des pare-éclats, au moment de la mise en état de défense. Ces pare-éclats, composés de deux étages de gabions remplis de terre (voir Profil VX, pl. II), ont été employés avec succès devant Sébastopol, et plus récemment devant les places françaises.

La fig. 13, pl. XXI, représente un autre type de pare-éclats avec passage blindé, proposé par le colonel Tunckler.

Le premier dispositif de la fig. 7 pl. II sera complété par la construction d'une petite galerie sous le parapet, galerie à laquelle on arrivera par les escaliers $x\ x$ débouchant au niveau du terre-plein du rempart. Le profil PQ montre que cet abri est suffisamment protégé contre les feux directs et les feux verticaux.

Cependant, en prévision d'un emploi général des mortiers rayés de 8 pouces, il sera prudent d'adopter plutôt pour la galerie du parapet les dimensions admises en Russie, d'après les indications du général Todleben. La fig. 7 de la pl. XXXI fait connaître ces dimensions, qui supposent une épaisseur de parapet de $8^m,50$ à 9 mètres.

Le deuxième dispositif de la fig. 7 pl. II sera complété par de petits magasins d'approvisionnement construits sous les merlons, et dont le profil est analogue à celui de la galerie du dispositif précédent.

Le troisième dispositif est combiné pour des pièces de campagne tirant à barbette au-dessus d'un parapet de 0^m,90 de hauteur.

Afin de soustraire dans ce cas les pièces et les servants aux coups d'écharpe, on établira sur le parapet des bonnettes de 1 mètre de hauteur, espacées de 13 mètres d'axe en axe; ces bonnettes serviront en même temps à protéger des abris et des magasins d'approvisionnement, construits sous le parapet.

Quand l'artillerie devra suspendre momentanément son tir, on mettra les pièces derrière les bonnettes, où elles seront à l'abri des coups directs. L'intervalle entre deux bonnettes sera d'environ 10 mètres.

Au centre de chaque batterie à barbette de 8 pièces, on construira une grande traverse sous laquelle ces pièces se retireront, aussitôt qu'elles devront interrompre ou cesser le feu.

Deux rampes mettront les barbettes en communication avec les traverses casematées.

Relativement aux dispositions à adopter pour ces dernières, il y a lieu de faire les remarques suivantes :

Les voûtes parallèles au parapet (Voir pl. II, fig. 2 et 7) sont les plus commodes et les mieux éclairées. Les servants s'y tenant à côté des pièces voient ce qui se passe sur les remparts, mais en revanche ils sont plus exposés aux éclats des projectiles. D'un autre côté, les dernières voûtes sont en prise aux coups d'écharpe, inconvénient auquel on ne peut les soustraire que partiellement, soit en donnant à la tête de la traverse une plus grande épaisseur qu'à la queue (fig. 7), soit en faisant faire à la traverse un retour à droite et à gauche sur la plongée du parapet (fig. 2).

Dans l'un et l'autre cas, on perd une étendue considérable de ligne de feu, à moins d'établir sous la traverse une pièce blindée et cuirassée (fig. 7), ce qui augmente beaucoup la dépense.

Lorsqu'on aura recours au moyen le moins coûteux qui consiste à donner à la traverse deux crochets en retour (fig. 2), on construira sous ces crochets de petits magasins d'approvisionnement dont le détail est indiqué par le profil $C\ D$, fig. 2.

Cependant, à tout prendre, il est préférable d'adopter pour les traverses casematées des faces non ricochées, le type de la fig. I (quand les coups d'écharpe sont à craindre dans deux directions opposées) ou le type fig. 3 (quand les coups d'écharpe ne sont à craindre que dans une seule direction).

Le type fig. 4 est destiné à remplacer le type fig. I, quand on est obligé de ménager la dépense ou de réduire la longueur de ligne de feu non occupée par l'artillerie. Ce type a été adopté pour les nouveaux forts de Metz, qu'achèvent et complètent en ce moment les Prussiens; toutefois, comme la terre qui couvre les voûtes est très-argileuse, on a augmenté l'épaisseur des traverses (1), au point qu'elles occupent environ 21 mètres de ligne de feu.

Les niches ménagées dans les culées de ces traverses (fig. 1 et 4) sont destinées à recevoir deux rangées de pro-

---

(1) Cette épaisseur est calculée de manière que les projectiles aient 6 mètres de terre à traverser avant de rencontrer la maçonnerie.

jectiles. Les charges occupent un petit local formé par un mur de refend, à l'extrémité de chaque voûte.

C'est ce type de traverse qui a été adopté pour les fronts non ricochables de l'enceinte et des forts d'Anvers.

Les fig. 1, 2 et 3 de la planche VIII de notre *Traité de fortification polygonale*, se rapportent à des types de magasins d'approvisionnement exécutés ou proposés en Angleterre pour les forteresses et les batteries de côte.

Le profil I K de la planche XXII est celui d'une traverse à deux étages, construite en Autriche et préconisée par le colonel Tunckler.

Le même auteur a proposé un type de traverse avec blindage en rails dont l'entrée se trouve sur le terre-plein bas du rempart (Voir pl. XXI, fig. 11), et qui est pourvue d'un petit magasin d'approvisionnement m auquel on arrive par un passage longeant le parapet. Deux rampes conduisent du terre-plein haut à la porte d'entrée.

Ce type a été récemment appliqué dans deux ou trois places françaises.

Les fig. 1 et 2, pl. IV, font connaître les détails d'une traverse casematée à deux étages, qui nous semble préférable à toutes les autres sous le rapport de la facilité et de la sûreté du service.

L'étage inférieur (voir profil E F) a son entrée sur la rue du rempart. Il sert de magasin à poudre ou de maga-

---

(1) Voir la description de ces types, T. I, p. 273.

sin aux projectiles. Quand le relief du rempart le permet, on le divise en deux parties I et K au moyen d'un plancher. A l'extrémité de ce magasin est un mur de refend avec porte x (Voir fig. 2). Cette porte conduit à un vestibule pourvu de trois arcades $d\,d\,d$ qui débouchent dans un passage au niveau du terre-plein haut du rempart.

Les ouvertures correspondant à ces arcades sont fermées avec des trappes; on monte par là les charges et les projectiles.

L'étage supérieur de la traverse est composé d'un local voûté H (Voir profil E F) dont l'entrée est en R (fig. 1) sur le terre-plein bas du rempart. Ce local sert d'abri pour les servants et de hangar pour les pièces mobiles de l'armement. En temps de paix, on peut y remiser une partie de l'armement fixe.

La fig. 5, pl. II, représente un type de traverse casematée, avec magasin d'approvisionnement, proposé par les ingénieurs anglais pour les batteries de côte exposées seulement à des feux directs.

Ces traverses, dont les détails sont parfaitement combinés, ont l'avantage de n'être pas visibles de loin et de n'offrir par conséquent à l'ennemi aucun repère pour diriger et rectifier son tir quand les pièces sont cachées derrière le parapet, pendant l'opération du chargement, (affût Moncrieff). Leurs talus latéraux étant en béton de ciment, elles ont une autre propriété, très-utile dans bien des cas, c'est de réduire au minimum la longueur de ligne de feu non occupée par l'artillerie.

Les embrasures des pièces de place et de siége ont généralement un champ de tir de 30 degrés. Pour les pièces flanquantes et pour celles qui doivent battre un but limité et fixe, 20 degrés suffisent, surtout, quand les embrasures sont si peu profondes, qu'au moyen de quelques coups de pelle, on peut les évaser.

Dans les batteries de côte et aux saillants des ouvrages, le champ de tir doit embrasser 60 degrés; on prend alors quelques précautions pour ne pas trop affaiblir le parapet à l'entrée de l'embrasure.

La fig. I, pl. IV, indique une organisation de rempart qui satisfait à cette condition; elle met les défenseurs à l'abri des coups plongeants tirés sous l'inclinaison du $1/6$, et elle permet l'emploi simultané de la mousqueterie et de l'artillerie (grâce à une banquette établie derrière les merlons).

Pour obtenir ce résultat, on a donné au parapet $8^m,50$ d'épaisseur en crête, et on y a entaillé des logements de $1^m,40$ de profondeur pour les pièces (Voir le profil A B).

Les plates-formes sont séparées par des traverses espacées de $16^m,50$ (d'axe en axe).

Les traverses ne vont pas jusqu'au parapet, et elles ne s'élèvent pas au-dessus de sa crête.

Cette disposition, à laquelle les officiers du génie russe semblent donner la préférence, ne convient que pour des remparts à l'abri du ricochet. Les faces qui peuvent être enfilées, exigent des traverses s'élevant à 1 mètre au moins au-dessus de la crête et se prolongeant jusqu'à cette crête. Or, dans ces conditions, la longueur de la banquette en arrière des merlons est réduite au point qu'il reste à peine assez de place pour établir un fusilier de chaque côté de la traverse. Sous ce rapport, notre organisation du rempart (voir pl. II, fig. 7, 2ᵉ dispositif) est préférable, parce que les embrasures ayant moins d'ouverture à l'entrée, il reste à droite et à gauche des plates-formes plus de place pour la mousqueterie.

D'un autre côté, les embrasures dont le champ de tir atteint 60 degrés, ont deux inconvénients qui ne laissent pas d'avoir une certaine importance.

1° Elles exigent l'emploi d'un affût à châssis (voir l'embrasure n° 4), la plate-forme ordinaire de l'affût de siége ne permettant de tirer que sous une obliquité de 15° à droite et à gauche de la directrice (voir l'embrasure n° 2 pointillée); or les affûts à châssis coûtent plus que les affûts de siége exhaussés, offrent plus de prise au feu de l'ennemi et sont plus faciles à mettre hors de service.

2° Les onglets zz à droite et à gauche de l'entrée de l'embrasure (voir l'embrasure n° 1) sont si minces, qu'un seul projectile suffit pour les disperser; on ne peut remédier à cet inconvénient qu'en supprimant les onglets et en donnant à l'embrasure une largeur de plus de 2 mètres (voir les embrasures n°ˢ 3 et 4).

Ces trouées seraient surtout dangereuses, si l'on faisait usage d'affûts exigeant des embrasures profondes (comme l'étaient celles de Sébastopol); alors, en effet, tout le terre-plein inférieur, à l'exception d'une petite partie en arrière des traverses, cesserait d'être défilé.

Dans la supposition la plus favorable, celle de l'emploi d'un affût de siége exhaussé, comportant une hauteur de genouillère de 1ᵐ,70, l'organisation du rempart que nous venons de décrire n'est supérieure à la nôtre que lorsqu'il s'agit de battre une rade ou un fleuve avec des pièces non cuirassées.

REMARQUE.

Il est probable que les dimensions des traverses et d'autres détails de l'organisation des remparts, devront être modifiés lorsque l'on aura définitivement admis, dans les parcs de siége, des mortiers rayés de 8 à 11 pouces. Les expériences faites par les Prussiens à Tegel (voir t. I page 214) et les résultats obtenus à Strasbourg et à Paris, avec des mortiers rayés de 21 centimètres, prouvent que cette bouche à feu est bien plus redoutable pour les parapets et les traverses que ne l'est le canon rayé de 15 cent. (1). On pourra surtout l'employer avec succès pour détruire les traverses creuses, en les attaquant de plein fouet avec charge pleine (voir fig. 8, pl. XXX). Les effets que l'on obtiendra ainsi seront plus grands qu'en tirant d'enfilade ou d'écharpe, sur le côté des traverses, avec des charges réduites (donnant une pénétration et une justesse de tir moindres). Il faudra donc cacher autant que possible à l'ennemi l'emplacement exact des traverses et construire leur tête de façon qu'elle puisse résister longtemps au tir du mortier rayé.

---

(1) « Les bombes de 21 centimètres, dit l'amiral le Roncière le Noury, font de grands dégâts sur les abris et les traverses. Il a suffi de 2 bombes tombées l'une près de l'autre, pour bouleverser un de nos parapets (à Montrouge). Les blocs de terre gelée, soulevés et non projetés par l'explosion, cubaient de 2 à 3 mètres (p. 327 et 328).

« Ces bombes, dit-il encore, nous occasionnaient nos plus grandes avaries et aussi nos plus grandes pertes de personnel. » (p. 344.)

Notez qu'il n'y avait en batterie, devant Montrouge, que deux mortiers rayés.

III.

En attendant que l'artillerie possède un bon affût à éclipse pour les batteries de place, on cherchera autant que possible à établir les pièces dans des conditions telles, qu'elles puissent agir contre les travaux et contre les batteries de l'attaque, sans les voir et sans en être vues.

Il a été fait d'importantes applications de ce tir indirect, à la défense de Belfort. On lit, en effet, dans la relation de cette défense par les capitaines Thiers et de la Laurencie :

« Le colonel Denfert parcourut les forts et indiqua aux
» officiers d'artillerie une modification de l'armement qui
» fut l'une des causes les plus puissantes de la longue
» résistance qu'offrit notre feu aux moyens de destruction
» de l'ennemi, et de la remarquable élasticité qu'il eut à
» s'adapter au tir dans les directions les plus différentes. »

» Cette modification consistait à agencer les pièces pour
» tirer non-seulement devant elles directement, au travers
» des embrasures du parapet, mais aussi à droite et à
» gauche, ou même tout à fait en arrière, en lançant des
» projectiles par-dessus les masses de terre où les construc-
» tions empêchent la pièce de voir dans ces directions.

» On tirait ainsi sans voir ni être vu, en rectifiant son
» tir par quelques tâtonnements guidés au moyen d'obser-
» vateurs convenablement placés pour en voir les résul-
» tats. »

L'emploi de ces pièces exige des plates-formes spéciales,

avec des repères pour le tir de jour et de nuit. Quand les remparts n'ont pas une très-grande largeur, il a l'inconvénient d'exposer les pièces au feu plongeant des batteries de l'attaque.

Dans certaines conditions, et particulièrement lorsqu'il s'agit d'atteindre des travaux éloignés, on peut diminuer beaucoup les chances de destruction des batteries, en les plaçant derrière un parapet précédé d'un masque avec fausses embrasures.

Ce moyen, que nous avons recommandé depuis longtemps, a été employé par les Prussiens, dans la dernière guerre.

On pourrait l'appliquer facilement aux remparts qui ont de larges terre-pleins, en construisant, à 6 ou 7 mètres en arrière du parapet, des batteries à ciel ouvert. Ces batteries commenceraient par tirer au-dessus du parapet; puis, à mesure que les travaux de l'ennemi se rapprocheraient, elles tireraient par de fausses embrasures taillées dans le parapet; enfin, pour combattre les derniers travaux, on avancerait les pièces contre le talus intérieur et on convertirait les fausses embrasures en embrasures véritables.

Dans les écoles de tir d'Allemagne et de Belgique, on exerce les canonniers à démonter des batteries éloignées, en cachant les pièces derrière des masses couvrantes et en dirigeant le pointage au moyen de fiches que l'ennemi ne peut pas voir.

Les défenseurs de Belfort ont employé avec succès ce tir indirect. Le colonel Denfert l'apprécie de la manière suivante, dans une lettre publiée par le lieutenant-colonel Prévost :

« Les batteries masquées peuvent rendre les plus grands
» services; ce doit être le mode normal d'action de l'artil-
» lerie de la défense des places ; en étudiant bien son ter-
» rain et ses repères, on peut arriver à défendre, la nuit
» et très-efficacement, un ouvrage jusqu'à 20 ou 30 mètres
» des crêtes avancées, quel que soit le temps plus ou
» moins brumeux et sans crainte d'atteindre les défenseurs
» de cet ouvrage.
» Les batteries du château ont agi ainsi pour la protec-
» tion de Bellevue, au grand ébahissement des Prus-
» siens. »

IV.

Casemates pour canons et batteries blindées à établir sur les remparts.

Les fronts d'attaque des places et des forts doivent être armés de quelques pièces de gros calibre, abritées contre les feux verticaux et les feux plongeants, par une voûte ou par un blindage, et contre les feux directs, par un bouclier en fer.

Dans notre *Traité de fortification polygonale* (voir T. II, p. 281 et pl. XXXI, fig. 1), nous avons donné un type de casemate, en partie blindée et en partie voûtée, proposé par le major Schumann, et essayé avec succès à Mayence, en 1866. Ce type, qui suppose l'emploi d'un affût à bouche pivotante, a l'avantage de n'exiger qu'un développement de ligne de feu de 10ᵐ50 et de réduire, autant qu'il est possible de le faire, la surface vulnérable de la casemate (1).

Toutefois, il ne convient que pour les bouches à feu du calibre de 12 ou de 15 centimètres.

Lorsqu'il s'agira d'installer, sur le front de tête d'un fort ou sur une face importante du corps de place, des pièces du calibre de 20 ou de 22 1/2 cent., pesant de 12 à 17 tonnes et lançant des projectiles de 100 à 150 kilogrammes, il sera nécessaire d'adopter un type de casemate différent.

Nous proposons, pour ce cas spécial, le type que représente la fig. 1 de la planche VIII.

La partie antérieure est blindée de la même manière que la casemate Schumann, avec cette différence qu'au-dessus de la couche de béton, se trouve un lit de pierres dures qui fera ricocher la plupart des projectiles.

Deux des quatre plaques dont se compose le bouclier, s'élèvent jusqu'à cette couche. Les poutrelles du blindage étant ainsi préservées des coups directs et des coups plongeants, on pourra supprimer la plaque mince que le major Schumann fixe sur la moitié antérieure de ces poutrelles et que représente également notre dessin.

Les plaques du bouclier sont appuyées à des poutrelles verticales, engagées par une extrémité dans le sol de la casemate et maintenues à l'autre extrémité par une cornière rivée à la partie inférieure du blindage. Entre ces poutrelles, de même que entre la 2ᵉ et la 4ᵉ plaque (la 3ᵉ ne

---

(1) La casemate exécutée dans le bastion Drusus de Mayence, n'a coûté que 21,750 francs.

règne que sur le pourtour de l'embrasure), se trouve un bourrage de chêne teck, servant à amortir les vibrations et à consolider le bouclier.

Les écrous des boulons sont serrés contre une plaque de $3/4$ pouce d'épaisseur, appliquée directement aux poutrelles verticales.

Composé d'une plaque extérieure de 6 pouces d'épaisseur et de trois plaques de 4 pouces, le bouclier pourra résister à la grosse artillerie de la marine.

Lorsque la casemate sera exposée seulement à l'artillerie de terre, on supprimera les deux dernières plaques de 4 pouces.

Afin de réduire au minimum l'embrasure du bouclier, nous avons supposé qu'on ferait usage d'un affût permettant de donner aux tourillons deux ou trois positions différentes. On pourrait réduire davantage cette ouverture, en employant un affût à bouche pivotante; mais jusqu'ici il n'existe pas encore de type qui ne coûte pas trop pour un usage général ou qui n'exige pas une manœuvre trop compliquée pour un tir rapide (1).

En avant de l'embrasure, nous proposons de construire un puits $n\ o\ o\ n$ (voir fig. 1), auquel on arrivera par la galerie L (voir le profil A B) dont le débouché I dans la casemate est fermé au moyen d'une trappe.

---

(1) M. Grüson, maître de forges à Magdebourg, a inventé un affût à presse hydraulique qui atteindra le but lorsqu'on aura paré à certains inconvénients constatés dans un tir d'épreuve qui a eu lieu à Tegel, en 1870. Les Russes et les Anglais ont accordé jusqu'ici la préférence à un affût qui permet de donner, au moyen d'engrenages, trois positions différentes à l'axe des tourillons. Ce n'est qu'une solution provisoire; la solution définitive n'est pas encore trouvée, mais on peut être certain, dès à présent, qu'elle ne tardera pas à l'être.

Ce puits sert :

1° A faciliter l'inspection et la réparation du bouclier;

2° A prévenir l'accumulation, devant la bouche à feu, des terres et des décombres provenant des merlons et de la partie supérieure de la casemate.

Tout ce qui ne tombera pas directement dans le puits, y sera jeté au moyen d'une drague à long manche qu'on passera à travers l'embrasure ou que maniera un homme se tenant sur l'un des paliers n et n du puits.

L'évacuation des décombres pourra se faire par la galerie L, sans entraver le service de la casemate.

Pour prévenir les effets du souffle de la pièce, une partie du fond de l'embrasure est revêtue de grosses pierres, et une partie des merlons, composée d'un massif de béton, de sable et de ciment, de 5 mètres environ d'épaisseur.

L'expérience a prouvé que la pénétration dans cette espèce de béton est moitié seulement de ce qu'elle est dans la terre ordinaire, que les projectiles n'en détachent pas de gros blocs, et qu'ils n'y produisent pas de fortes lézardes. Toutefois il résiste moins bien au souffle des bouches à feu qu'un revêtement en bois ou en gros gabions. On pourra donc, dans la plupart des cas, remplacer le massif de béton par un massif de terre, sauf à composer les joues des embrasures (sur 5 mètres environ de longueur) de plusieurs rangs de gros gabions ou d'un revêtement en fascines posées perpendiculairement aux joues, leur gros bout en avant.

La partie postérieure de la casemate comprend une voûte et deux petits locaux K.

Ces locaux correspondent l'un à un magasin à poudre H G, situé au niveau de la rue du rempart, l'autre à un magasin aux projectiles.

Les charges et les obus sont montés par des ouvertures g, pratiquées dans le sol des petits locaux.

Pour faciliter les manœuvres de force qu'exige le remplacement de la pièce ou de l'affût, il y a un anneau à la voûte et un au blindage.

Entre ces anneaux se trouve une cheminée pour l'évacuation de la fumée.

La traverse qui enveloppe la casemate est assez épaisse pour préserver les culées des coups d'écharpe et des coups d'enfilade. Elle dépasse de 3 mètres la ligne de feu, et occupe le long de celle-ci une largeur de 18 mètres.

La traverse casematée, du major Schumann, ne s'élève qu'à $1^m,80$ au-dessus du parapet et n'exige que $10^m,50$ de ligne de feu.

Lorsqu'il s'agira de blinder des pièces au moment de la mise en état de défense ou pendant le siége, on devra recourir à un mode d'exécution plus rapide.

Dans ce cas, on donnera la préférence à l'un des deux types représentés pl. XX, fig. 3 et 4, et fig. 5. Le premier a été employé en Allemagne et en Autriche (1). Il

---

(1) La fig. 2, pl. XX, est un type de traverse blindée, antérieur à l'introduction des canons rayés. Il peut encore être employé aujourd'hui, lorsque la tête du blindage est protégée par une plaque ou un masque en rails.

La fig. 3, de la même planche, est un projet de blockhaus pour artillerie, extrait des études du colonel Tunckler. Entre les pièces se trouvent de petits magasins d'approvisionnement dont l'entrée est protégée contre les éclats par des gabions remplis de terre.

diffère des types anciens, en ce que la partie vulnérable du blindage au-dessus de l'embrasure est protégée par des rails, disposés comme l'indique la fig. 4.

Des expériences faites à Vérone prouvent que cette espèce de bouclier résiste assez bien aux coups des pièces de 12 et de 24, et qu'il est possible de le réparer pendant les heures où l'ennemi interrompt son tir. Mais le deuxième type nous semble préférable sous tous les rapports; il a, du reste, été employé avec succès dans la défense de Belfort. M. le capitaine du génie Thiers a bien voulu nous en donner la description.

Voici un extrait de sa lettre :

« Les renseignements que vous désirez obtenir se rapportent à la casemate de la pièce connue de la garnison sous le nom de *Catherine*.

» Cette casemate (voir fig. 5, pl. XX) occupait un angle saillant du parapet, à la gorge du cavalier du château. La paroi latérale de gauche, adossée au parapet, était formée de pièces de sapin de $0^m,40$ d'équarrissage, espacées tant plein que vide. La paroi de droite, nue à l'extérieur de la casemate, était formée de pièces semblables, mais jointives. Toutes ces pièces étaient assemblées à leur pied, dans une forte semelle enterrée.

» Chacune de ces rangées de poteaux, formant parois, était coiffée d'une pièce de $0^m,40$ d'équarrissage, formant chapeau. Les chapeaux faisaient saillie en avant de la casemate, dans le parapet, d'environ $2^m,50$ (nous verrons tout à l'heure pourquoi). Par-dessus ce chapeau étaient posées des pièces de $0^m,40$ d'équarrissage, jointives, formant le ciel de la casemate, et dépassant la paroi de

» gauche, de manière à s'enterrer largement dans le para-
» pet de ce côté, afin d'offrir plus de résistance aux dépla-
» cements, sous le choc des projectiles. Par-dessus ce ciel
» de bois, on avait posé une couche de rails jointifs, sur
» champ, recroisant les pièces de bois. Le tout était sur-
» monté de 1 mètre de fumier et 2 mètres de terre, recou-
» verts d'une couche de gros rondins jointifs.

» Le ciel, comme on le voit, était solide, et il eût fallu un
» choc terrible pour traverser ces 3 mètres de terre et de
» fumier, et pour écarter les pièces de bois du ciel, recou-
» vertes de rails et enfoncées à gauche dans le parapet,
» dont il eût fallu ébranler les terres.

» Bien que l'ennemi pût tirer dans la direction oblique,
» marquée b sur le croquis du plan, la paroi de droite n'a-
» vait guère à craindre que des éclats, car elle était pro-
» tégée par la caserne, recouverte de terre et très-haute,
» qui se trouvait à la droite de la casemate. Aussi s'était-
» on contenté, pour préserver cette paroi, d'un blindage
» en pièces obliques, recouvert de corps d'arbres, dispo-
» sition qui laissait un passage sous les bois obliques,
» pour arriver à la casemate. Les corps d'arbres de ce
» blindage furent souvent brisés, mais on les remplaçait
» aisément. C'est au reste un détail peu important, car il
» se rapporte à une disposition accessoire et spéciale des
» lieux.

» Voyons maintenant l'embrasure, partie caractéristique
» et importante. Pour avoir un grand champ de tir, on
» lui avait donné à l'intérieur de la casemate une largeur
» de 2 mètres. Les joues étaient revêtues de gabions sur
» $2^m,50$ de longueur; le reste était en terre.

» J'ai dit tout à l'heure que les chapeaux de la casemate
» faisaient saillie en avant, dans le parapet, de $2^m,50$.
» En travers de ces chapeaux, étaient posés des rails
» jointifs, sur champ, enfoncés dans les terres, à droite et
» à gauche de l'embrasure. Cela formait au-dessus de
» l'embrasure un ciel de $2^m,50$ de largeur, et tel (voir
» profil A B), que le coup rasant le bord du ciel, s'enfon-
» çait dans le fond de l'embrasure, sans pénétrer dans la
» casemate.

» Les terres qui s'appuyaient sur ce ciel de rails étaient
» soutenues en avant par un revêtement de rails, posés de
» plat, c'est-à-dire présentant leur section de plus grande
» résistance aux coups, et disposés suivant un angle d'en-
» viron 45°. Ces rails, comme ceux du ciel de l'embrasure,
» avaient 6 mètres ou $6^m,50$ de long, et s'enterraient lar-
» gement à droite et à gauche, dans les joues de l'embra-
» sure.

» Tel fut le premier dispositif, à une époque où les coups à
» craindre arrivaient tous dans la direction oblique b. Mais
» les projectiles brisaient les rails de plat, provoquaient
» l'éboulement des terres, et créaient des avaries difficiles
» à réparer. Cela conduisit à placer en avant de ces rails
» une couche de gros corps d'arbres, largement enterrés
» dans le parapet, à droite et à gauche (comme le montre
» l'élévation de l'embrasure), et simplement clamaudés
» entre eux à leur bout.

» On fut dès lors maître des dégâts. Ces corps d'arbres
» résistaient bien au choc des obus, même dans la direc-
» tion a. Pourtant ils se brisèrent à diverses reprises; mais
» les rails en arrière n'étaient plus cassés, en sorte que la

» réparation n'était pas immédiatement urgente. On choi-
» sissait son temps pour remplacer la pièce brisée, et le
» travail s'effectuait facilement, car les rails restaient pour
» soutenir les terres.

» Cette casemate a supporté un nombre énorme de coups,
» non sans avaries, mais sans être détruite, et c'est une
» cause indépendante de sa construction qui l'a réduite au
» silence. Le parapet sur lequel elle était assise, était
» supporté par un mur très-élevé et complétement décou-
» vert. Ce mur fut détruit de fond en comble; néanmoins la
» casemate tira longtemps encore, parce que les terres,
» fortement gelées, tenaient sans revêtement. Quand le
» dégel arriva, il provoqua un éboulement complet.

» Ce mode de casemate me semble devoir ses propriétés
» de résistance à la présence du double masque de bois et
» de fer, le premier préservant le deuxième, en sorte qu'on
» peut réparer les destructions avant qu'elles aient provo-
» qué aucun éboulement. Quant à la pièce, si elle a échappé,
» malgré la largeur de l'embrasure, au choc des obus,
» c'est à cause du ciel qui couvrait l'entrée de cette em-
» brasure. Je dois ajouter que les batteries qui ont tiré sur
» la casemate étaient fort éloignées (3 à 4 kilomètres) et
» commandées par celle-ci de 40 mètres environ, circon-
» stance qui augmentait l'angle de tir.

» Toutefois, si bien qu'ait résisté cette casemate, ainsi
» que d'autres d'un exemple un peu moins saillant, les
» feux qui, d'après l'expérience de Belfort, semblent devoir
» le mieux défier les efforts de l'assaillant, sont ceux des
» pièces tirant par-dessus des masses couvrantes, sans
» voir ni être vues. Nous n'avons fait l'expérience qu'avec

» des pièces à ciel ouvert, et elle a été assez satisfaisante,
» pour donner à penser qu'on aurait un résultat parfait,
» au moyen de pièces placées sous des casemates conve-
» nablement enveloppées de terre, et dont les embrasures
» seraient complétement masquées aux vues du dehors par
» des massifs de terre, disposés un peu en avant. »

La fig. 5, pl. XXIII, de notre *Traité de fortification polygonale*, indique un profil de casemate abritée contre les coups directs par le massif du parapet. Ce profil atteindrait encore mieux son but, si la tête de la voûte était remplacée par un blindage en rails, plus facile à soustraire aux coups plongeants. Toutefois la disposition dont il s'agit ne conviendrait que pour les tirs aux grandes distances. Il serait sans doute possible de percer dans le parapet une embrasure qui permît de tirer sous l'horizon, mais cette embrasure aurait une profondeur et un évasement tels, qu'une grande partie de la casemate serait exposée aux coups de l'ennemi.

V.

Coupoles.

Les meilleures batteries cuirassées sous le rapport de la résistance aux projectiles, de l'étendue du champ de tir, de la facilité du pointage, de la sécurité des pièces et des servants, sont les batteries à coupoles.

Elles n'ont qu'un inconvénient, c'est de coûter fort cher;

mais cet inconvénient disparaît lorsqu'on assigne aux coupoles des emplacements qui leur permettent de battre une grande étendue de terrain. Dans ce cas, en effet, deux pièces en coupole produisent autant d'effet que 6 ou 8 pièces établies derrière des cuirassements ordinaires et n'ayant qu'un champ de tir de 60 degrés.

On a du reste proposé et essayé, dans ces derniers temps, des coupoles d'un prix modéré et dont la résistance est suffisante pour combattre avec succès l'artillerie d'un parc de siége.

Nous avons décrit ces coupoles dans le chapitre III; leurs dimensions principales sont indiquées pl. XXX, fig. 2.

Le prix de revient s'élève à fr. 84,000 pour une coupole de 5 mètres de diamètre intérieur, armée de 2 canons longs de 24 (1), et à 45,000 francs pour une coupole de 3 mètres de diamètre intérieur, armée d'un canon court de 24. (Voir fig. 17, pl. XXX.)

Les premières ont une paroi en plaques de fer laminées; les autres sont en fonte durcie (d'après le procédé de Gruson). Les expériences faites à Tegel en 1869 et 1870 permettent de croire que ce métal pourra être employé pour les petites coupoles des remparts.

Dans le cas où cette prévision ne se réaliserait pas, on

---

(1) La coupole Schumann coûterait davantage (environ 100,000 fr.), si elle avait la même épaisseur partout. Quand le champ de tir est limité à 120 ou 180 degrés, on peut sans doute se dispenser de donner aux plaques, en arrière des pièces, une épaisseur aussi forte qu'aux plaques dans lesquelles sont percées les embrasures; mais, d'un autre côté, en faisant cette économie, on se prive de l'avantage de pouvoir soustraire les embrasures au tir de l'assiégeant, pendant le temps que le feu de la coupole doit cesser, soit pour effectuer le remplacement d'une pièce ou d'un affût, soit pour toute autre raison.

adopterait la disposition de la fig. 16, pl. XXX, proposée, ainsi que la précédente, par M. le major Schumann.

Quant aux grandes coupoles destinées à combattre les vaisseaux cuirassés, il faudra les composer de plaques laminées très-épaisses, porter à 8 mètres leur vide intérieur et leur donner un double mouvement de rotation, obtenu, l'un par la vapeur, l'autre par des engrenages.

Les forts Philippe et La Perle, construits pour la défense de l'Escaut, en aval d'Anvers, ont chacun trois coupoles de cette espèce, armées de canons longs de 9 et de 11 pouces et coûtant environ 430,000 francs, dépense fort élevée, sans doute, mais parfaitement justifiée, si l'on tient compte des effets que peuvent produire des canons si bien protégés, si faciles à pointer et ayant un champ de tir si étendu (360 degrés).

Nous avons la ferme conviction que l'emploi des coupoles, dont la première application à la défense des places a été faite à Anvers en 1863, se généralisera et donnera lieu à des combinaisons nouvelles. On verra du reste plus loin le parti que nous en avons tiré dans quelques-uns de nos projets de fronts et de forts détachés.

VI.

Batteries de mortiers.

L'organisation des remparts comporte l'établissement d'un certain nombre de batteries de mortiers. Vauban avait reconnu la nécessité de donner à ces bouches à feu une part plus grande dans l'armement des places (1).

Bien que depuis lors le rôle des canons soit devenu plus important, nous croyons que les mortiers lisses et les mortiers rayés doivent entrer pour un quart environ dans l'armement général.

Les batteries de mortiers pouvant tirer au-dessus des remparts et des maisons, n'ont pas besoins d'être protégées avec autant de soin que les batteries de canons. Elles n'exigent pas non plus le même nombre d'abris et de magasins à l'épreuve de la bombe.

Relativement à leur emplacement, on doit considérer :

1° Que si on les établit sur les remparts, on affaiblit la puissance de l'armement en canons ;

2° Que si on les éloigne trop des remparts, on diminue leur portée et on augmente la difficulté du pointage.

La fig. 3, pl. V, représente une batterie de mortiers occupant le terre-plein du rempart. Nous l'avons établie de manière à soustraire complétement sa voûte aux coups plongeants et à rendre aussi faciles que possible ses communications avec le terre-plein bas.

La fig. 5 de cette même planche fait connaître le profil d'une batterie de mortiers, construite derrière le rempart.

Cet emplacement est celui qui offre le plus de facilité pour le service et le plus de sécurité.

Il est quelquefois nécessaire de construire sous le rem-

---

(1) « Je serais d'avis, écrivait-il, qu'il y eût autant de mortiers que de canons dans la défense des places, dont $1/5$ à bombes de fonte verte, et les $2/5$ en fer fondu » (ces derniers, pour lancer des pierres et des grenades).

part, en arrière du mur détaché d'un fort ou d'un ouvrage avancé, des batteries de mortiers qui battent la campagne par-dessus le glacis.

La fig. 11, pl. IX, offre un spécimen de ces batteries, extrait des publications du comité du génie autrichien.

Bien que laissant à désirer sous le rapport des détails, il satisfait aux conditions principales, qui sont les suivantes :

1° Les voûtes sous lesquelles se trouvent les mortiers doivent être à l'abri des feux plongeants, bien aérées et ventilées.

2° Ces voûtes doivent être précédées d'un fossé diamant, pour qu'elles ne soient pas envahies dès que l'assaillant aura franchi le mur détaché (1);

3° L'intérieur doit être soumis aux feux de mousqueterie d'une galerie située en arrière des voûtes, et cette galerie doit communiquer par une poterne avec l'intérieur du fort ou de la place;

4° Cette galerie et la poterne doivent pouvoir être disputées pied à pied.

La fig. 9, de la planche XXXI, représente un autre type de batterie de mortiers que nous avons emprunté, en le modifiant légèrement, à une publication allemande. Ce type est applicable au saillant d'un ouvrage détaché ou d'un dehors. Le masque en forme d'as de pic qui couvre les maçonneries de la batterie, renferme l'escalier tournant, au moyen duquel on descend dans le passage souter-

---

(1) Le tracé pointillé du fossé est sous ce rapport préférable, parce qu'il augmente la hauteur de l'obstacle à franchir.

rain qui communique avec le coffre ou la galerie crénelée de contrescarpe.

VII.

Organisation des batteries de côte.

L'organisation des batteries de côte diffère de celle des remparts en ce que les abris doivent être plus nombreux et les accessoires combinés avec plus de soin. Cette différence est justifiée par la nécessité de tirer plus rapidement et de résister à des moyens de destruction plus puissants. Les lourdes pièces de la marine exigent un personnel nombreux et des engins perfectionnés. Chaque pièce, pour ainsi dire, doit avoir son abri pour les servants et ses magasins pour les charges, les projectiles, les armements et les menus objets.

Nulle part cette question n'a été mieux résolue qu'en Angleterre. On a créé dans ce pays une sorte de type qui a été longuement expérimenté et que nous donnerons plus loin sous la rubrique : *batteries de côte modèles*.

L'adoption de l'affût Moncrieff ou de tout autre affût établi sur le même principe, exige une organisation spéciale des batteries. Dans notre *Traité de fortification polygonale* (voir pl. VII, fig. 1), nous avons donné un premier spécimen de cette organisation.

Depuis lors, le colonel du génie Drummond Jervois l'a notablement amélioré pour la défense de Cork. La fig. 2, pl. V, représente ce type qui sera appliqué dans d'autres places et dont les détails dénotent une grande intelligence des besoins de l'artillerie.

Les traverses qui séparent les plates-formes renferment tout ce qui est nécessaire pour le service des pièces, et leurs abris ainsi que leurs magasins sont parfaitement soustraits aux feux de l'ennemi.

La hauteur de ces traverses est égale à celle du parapet, pour que l'ennemi ne connaisse pas l'emplacement exact des bouches à feu. Toutefois, si la batterie était exposée au tir d'enfilade (ce cas se présente rarement dans les batteries de côte), il serait nécessaire de se départir de cette règle, pour mieux préserver les affûts et les pièces.

On ne peut reprocher à ce type de batterie, que la faiblesse des bords de la demi-galerie, construite sous le parapet (voir profil C D). Si un projectile atteignait ce bord sous un grand angle de chute, il entraînerait vraisemblablement la bordure en pierre de taille. On a remédié en partie à ce défaut dans les nouvelles batteries, en supprimant la bordure et en faisant la galerie tout entière en béton.

Le béton est appliqué contre des formes en tôle et maintenu de la sorte jusqu'à ce qu'il ait fait prise. Il est composé de 7 à 8 parties de sable et de galets de mer, et d'une partie de ciment de Portland.

La fig. 4, pl. V, fait connaître les détails des magasins de distribution pour charges et projectiles, établis sous les traverses.

La fig. 3, pl. IV, représente une autre disposition de magasin que nous proposons d'appliquer aux batteries Moncrieff, à construire sur les remparts d'une place.

Les charges et les projectiles montent par un tube cylindrique en maçonnerie $b\ b$, de $0^m,90$ de diamètre, et sont amenés ensuite, à l'aide d'une poulie placée en a, jusque devant la bouche des canons.

VIII.

Batterie de côte modèle.

La pl. VI fait connaître l'organisation intérieure et les détails d'une *batterie de côte modèle* qui a été adoptée en Angleterre, après de nombreux essais et de très-longues discussions.

La fig. I représente une batterie de côte proposée par le colonel Inglis (1). Ses embrasures ont un champ de tir de 70 degrés, et les pièces sont protégées par un blindage à l'épreuve des éclats *(splinter proof)*.

Les merlons sont composés de terre et de béton de sable.

Les détails du bouclier sont indiqués pl. VIII, fig. 3. Cette figure montre que les plaques sont séparées par des couches de béton de fer; mais, depuis un an environ à la suite d'une décision de l'amirauté, on a substitué à cette matière du chêne teck, qui n'offre pas l'inconvénient d'être refoulé et expulsé sous le choc des projectiles. Cependant l'auteur du bouclier avait assez bien paré

---

(1) Ce type est un perfectionnement de celui que nous avons décrit Tome II, p. 290 de notre *Traité de fortification polygonale* et représenté pl. XXII, fig. 1 et 2 de ce traité.

à cet inconvénient, à l'aide de cadres en fer contournant l'ouverture ménagée dans le bouclier pour le passage de la volée. La même précaution aurait pu être prise sur le pourtour extérieur du bouclier ; mais rien n'eût empêché le béton de fer d'être expulsé par les trous de projectiles, et c'est sans doute la raison pour laquelle le bois a été préféré.

Le blindage (pl. VI, fig. 1) est composé de poutres dont les joints sont calfatés et qui reposent sur une traverse, soutenue en arrière par des montants engagés dans des logements $x\ x\ x$, de 2 pieds de profondeur.

Légende et nomenclature de la batterie de côte modèle.

a	(Fig. 1).	Chevalets en lattes, destinés à recevoir les leviers de 2 bouches à feu ;
b	"	Crochets en fer ayant 7 pouces de saillie, auxquels on suspend les cordes d'enrayage ;
c	"	Étagère ou banc pour menus objets (*small stores*), avec tiroir au-dessous et planchette c' au-dessus (Profil G H) ;
d	"	Consoles en fer de 1 pied de saillie, pour armements de 2 bouches à feu ;
e	(Fig. 1, profil E F).	Étagère à compartiments verticaux, pour fusées et tubes à charges ;
f	(Fig. 2).	Armoire ou coffre à outils de 4' de largeur, 1' 9" de profondeur et 2' 9" de hauteur ;

g	»	Chevalet pour tubes à charges du canon de 9 pouces ; il a deux compartiments, l'un pour les charges du tir en brèche, l'autre pour les charges de service ;
i	»	Niches pour lampes, avec châssis de verre et porte de fer ;
k	»	Barrière en bois, à charnières, pour fermer le passage principal conduisant aux magasins. (Les hommes employés aux magasins changent de vêtements dans ce passage) ;
m	»	Chevilles en bois, auxquelles on suspend les effets du magasin et ceux des hommes qui travaillent dans ce magasin ;
	»	Portes composées de trois parties. La moitié supérieure de n' peut servir de guichet de distribution ;
o	»	Niche à lampe et cheminée, pour éclairer le milieu du passage principal (la lettre manque sur le plan) ; on descend la lampe par le terre-plein dans cette niche ;

r (Fig. 1, profil C D). Palier ou marche en pierre de 20 pouces de largeur, scellée dans la muraille et sur laquelle on monte pour observer ce qui se passe au dehors ;

s (Fig. 1, profil E F). Élévateurs pour projectiles et charges ;

t (Fig. 2). Armoire occupant toute la hauteur du passage.

v (Fig. 1, profil E F). Poulie pour monter les poudres.

Nous ne ferons qu'une seule remarque critique au sujet de la batterie à laquelle ces détails se rapportent ; c'est que le blindage, assez solide pour arrêter les éclats des projectiles, n'offre pas les garanties nécessaires pour résister au choc et à l'explosion des projectiles tirés sous de grands angles de projection.

Les ingénieurs anglais ont paré à cet inconvénient, en couvrant d'une plaque inclinée la partie antérieure des poutres (Voir pl. VI, fig. 6).

Quant à l'effet des bombes, ces ingénieurs ne s'en préoccupent guère. Ils prétendent 1° que si les navires qui portent les mortiers, s'approchaient à plus de 5,000 yards des batteries de côte, ils seraient infailliblement coulés par ces batteries ; 2° que le tir exécuté à bord des canonnières a trop peu de justesse et d'efficacité pour être fort à craindre.

Mais il faut prévoir que la marine établira des mortiers sur des bâtiments offrant plus de solidité et de stabilité que les bombardes ordinaires, et qu'à l'aide de ces bâtiments elle s'approchera à moins de 3,000 mètres des batteries. Il sera donc prudent de mettre les pièces de côte autant que possible à l'abri des feux verticaux ; c'est un nouvel argument en faveur de l'emploi des coupoles.

Nous reprocherons encore aux batteries de côte anglaises, de n'admettre qu'un petit nombre de mortiers. Des expériences, faites en 1870 à Shoeburyness, prouvent en effet que pour mettre les ponts des bâtiments à l'abri des bombes de 13 pouces, dont la vitesse de chute maximum atteint 520 pieds, il faut donner aux plaques une épaisseur d'environ 3 pouces, dimension admissible seulement pour de petits bâtiments dépourvus de qualités nautiques. Quant à l'efficacité du tir des mortiers contre des navires dont le pont est vulnérable, elle a été reconnue par les marins les plus distingués des États-Unis (voir t. I, p. 237) et par les juges les plus compétents de la marine et de l'artillerie anglaises, parmi lesquels nous citerons l'amiral Sullivan et le général Lefroy. (Voir annexe, 4.)

La pl. VL, fig. 3, représente le fort cuirassé *Spitbank*, actuellement en construction sur un banc de la rade de Portsmouth.

Des mesures ont été prises pour cuirasser la base en granit de ce fort, si, plus tard, les progrès de l'artillerie faisaient reconnaître la nécessité de ce renforcement.

Voici quelques renseignements pour compléter les indications du dessin.

b (profil A B). Anneaux ou ganses en fer, fixés au bord inférieur des poutres, pour recevoir les armements des canons (inutiles depuis que l'écouvillon et le refouloir sont portés par des anneaux fixés à la plate-forme du canon).

c (Fig. 3). Conduits pour amener l'air frais dans l'étage inférieur ;

d (Idem). Conduits pour évacuer l'air vicié de cet étage ;

e (Idem). Poêle sur tablette en pierre, avec tuyau débouchant dans la cheminée sur le toit ;

l (Profil A B).	Crochets de 7″ pour les seaux;
h (Profil E F).	Cheville à œillet en fer forgé de 1 $^{1}/_{2}$ pouce de diamètre, pour recevoir la corde qui sert à monter les poudres (4″ à droite du centre de l'élévateur);
k (Idem).	Banc de 2′ 6″ de hauteur, avec planchette au-dessus;
m. (Idem).	Cheville à œillet en fer forgé de 1 $^{1}/_{2}$ pouce de diamètre, pour recevoir la corde qui sert à monter les projectiles (4″ à droite du centre de l'élévateur).
n (Idem).	Poulie pour hisser les charges;
s (Idem).	Planchette dans le magasin à projectiles;
t (Idem).	Banc posé sur une armoire à tiroirs;
v (Étage inférieur).	Coffre à fusées, avec compartiments de 1 pied carré, placé en face du banc *t*; au-dessus se trouve une case à deux compartiments pour les tubes à charges;

N. B. Les cordes, moufles, etc., se trouvent sous la plate-forme, dans l'étage inférieur.

Les munitions de réserve occupent des locaux à la gorge de la batterie.

Les menus objets *(small stores)* sont placés sur le canon.

Les fig. 4 et 5 donnent les détails de deux espèces de niches *Z* et *y*, pour lampes de magasins ou de passages.

CHAPITRE VII.

CAPONNIÈRES ET MASQUES D'EMBRASURES.

SOMMAIRE :

Moyens proposés par l'auteur pour flanquer le fossé de la caponnière et supprimer les angles morts qui existent dans la plupart des fronts polygonaux à fossés secs. — Emploi de masques à tunnels pour couvrir les batteries flanquantes : conditions auxquelles doivent satisfaire ces masques; boucliers en fer laminé, pour protéger les têtes des voûtes; blocs de granit pouvant en tenir lieu. — Masques avec boucliers en fonte durcie; cas où il est avantageux de substituer, aux casemates avec masques à tunnels, des batteries cuirassées ou des batteries à la Haxo. — Description d'une batterie cuirassée de mitrailleuses, proposée par l'auteur. — Flanquement des coupures ou des fossés au moyen desquels on établit la séparation entre les masques et la contrescarpe. — Disposition qui permet de supprimer ces coupures et de réduire le nombre des batteries flanquantes du front à quatre, réunies dans un seul ouvrage, sous la surveillance d'un commandant unique. — Cas où l'on peut remplacer les ailerons par des masques en terre.—Tracé, profils et détails des caponnières.—Diverses espèces de caponnières. — Types de caponnières, exécutés ou proposés en Angleterre, en Allemagne et en Russie. — Examen de ces types.

I.

Dans l'exposé des principes généraux de la fortification, nous avons indiqué les conditions auxquelles doivent satisfaire les batteries flanquantes; il sera facile de régler en conséquence les dimensions horizontales et verticales des caponnières. La pl. VII fait connaître ces dimensions, ainsi que les principaux détails et l'organisation intérieure des caponnières.

Le but que nous nous proposons dans le chapitre qu'on va lire, est d'appeler l'attention des ingénieurs sur deux points importants : le flanquement du fossé de la caponnière, et la suppression des angles morts que présentent la plupart des fronts polygonaux à fossés secs, exécutés ou proposés jusqu'à ce jour.

Dans un grand nombre de cas, il est possible de tracer les fronts de manière que les flancs des caponnières soient soustraits au feu des batteries éloignées.

Cette possibilité n'existe jamais pour les batteries destinées à flanquer les faces des caponnières. Il faut donc que ces batteries, de même que celles des flancs exposés aux feux éloignés, se trouvent dans des conditions telles, que les batteries de l'attaque ne puissent pas les détruire ni les désorganiser avant l'époque du siége où leur rôle doit commencer.

Ce problème est bien plus difficile à résoudre pour les fronts à fossés secs que pour ceux à fossés pleins d'eau. En effet, dans ces derniers, les batteries flanquantes à la Haxo, construites à fleur d'eau, ne sont vulnérables qu'au pourtour des embrasures. Or, dans les commencements du siège, on peut sans inconvénient masquer ces embrasures au moyen de sacs à terre. Il ne faudra guère qu'une heure pour les déboucher quand le moment sera venu, c'est-à-dire quand l'assiégeant sera si près du glacis qu'il devra imposer silence à ses batteries éloignées, sous peine d'atteindre ou d'inquiéter ses travailleurs et ses gardes de tranchée.

Lorsque les fossés sont secs, on peut sans doute employer le même moyen; mais dans ce cas il reste encore à protéger le revêtement au-dessous du parapet, pour prévenir les attaques de vive force.

L'importance de ce revêtement est grande, surtout quand les batteries flanquantes se trouvent dans le corps de place; on ne peut donc réduire sa hauteur ou le supprimer entièrement que lorsqu'il s'agit de batteries détachées comme le sont celles qui flanquent la caponnière fig. 2, pl. VII.

Avant d'indiquer le moyen de couvrir efficacement l'escarpe des batteries flanquantes, nous ferons connaître notre opinion sur l'emplacement qu'il convient de donner à ces batteries.

Il est conforme aux bons principes que le corps de place se flanque lui-même. Quelques ingénieurs ont soutenu que la fortification bastionnée peut seule satisfaire à cette condition, parce que ses flancs font partie de l'enceinte. Nous avons déjà plusieurs fois réfuté cette assertion, qui repose sur l'opinion erronée que la caponnière est un *dehors;* afin qu'on n'y revienne plus, nous produirons à l'appui de nos arguments des types de fronts, propres, nous l'espérons du moins, à dissiper les doutes et les préventions qui pourraient encore exister à cet égard.

La fig. 1, pl. VII, indique une disposition de batteries qui satisfait à toutes les conditions d'un bon flanquement.

Les batteries de la caponnière sont précédées de masques d'embrasure dont les dimensions et les propriétés seront indiquées plus loin.

Ces masques préserveront les batteries des coups éloignés et opposeront de sérieuses difficultés aux batteries du couronnement.

Les pièces qui flanquent la caponnière tirent par des embrasures percées dans le revêtement d'escarpe, lequel, à cet endroit, a $7^m,70$ de hauteur au-dessus du fond du fossé (voir le profil A B de la fig. 3).

Pour empêcher la destruction de ces batteries, il faudrait non-seulement cuirasser leur mur de masque, mais encore les parties voisines de ce mur, qui peuvent être atteintes par les coups tirés diagonalement à travers le fossé de la caponnière.

La dépense qu'exigerait ce cuirassement serait si considérable, qu'il faudrait y renoncer dans la plupart des cas.

D'un autre côté, on ne pourrait pas établir, contre les batteries et les parties voisines du revêtement, un masque analogue à celui qui protége les batteries de la caponnière, puisque ce masque intercepterait les feux flanquants et comblerait en partie le fossé capital.

Il faudra donc porter la masse couvrante au delà de ce fossé, comme l'indiquent les fig. 1 et 3 de la pl. VII.

Cette masse couvrante doit remplir les conditions suivantes :

1° Être composée de tunnels par lesquels l'artillerie flanquante puisse tirer dans le fossé de la caponnière ;

2° Avoir assez de hauteur pour que les coups plongeants qui la rasent sous l'inclinaison de $1/4$ n'atteignent pas le mur de masque des batteries ;

3° Avoir assez d'épaisseur pour que ses terres ne puissent pas être traversées ou dispersées facilement par les obus ;

4° Avoir des tunnels dont les têtes de voûtes et les extrémités des pieds-droits opposent une grande résistance à l'artillerie ;

5° Assurer à ces tunnels une longueur et une hauteur telles, que les projectiles tirés de loin, sous de grands angles de chute, de même que ceux tirés de près (de la contre-batterie du glacis ou du chemin couvert) ne puissent pas atteindre le mur de masque des batteries flanquantes.

Le profil A B, fig. 5, indique comment nous avons satisfait à ces conditions. Pour les détails du masque, consulter la fig. 5 ; elle montre que l'épaisseur des pieds-droits des tunnels est double à leur extrémité ; que ces pieds-droits sont prolongés de 2 mètres environ au delà des voûtes, et que leurs bouts arrondis sont en granit, au lieu d'être en maçonnerie ordinaire.

Pour protéger les têtes des voûtes, nous avons eu recours à un bouclier composé d'une plaque de fer de 6" (à la rigueur 4" suffiraient), appuyé à un lit de fers en U *(hollow stringers)*, posés horizontalement et bourrés de chêne teck (Voir fig. 6). Ces fers sont maintenus contre la plaque par des boulons dont les écrous s'appuient à une contre-plaque de 1 pouce d'épaisseur.

Le bouclier, derrière lequel on place un lit de poutres pour amortir l'effet du choc des projectiles, est engagé dans une rainure qui se prolonge d'une quarantaine de centimètres dans les culées du masque ou, pour mieux dire, dans les murs d'escarpe et de contrescarpe du fossé de la caponnière.

Pour en faciliter le placement, il est divisé en trois parties (autant qu'il y a de tunnels).

Sa hauteur est déterminée par la condition de couvrir la voûte, depuis la naissance jusqu'à la partie supérieure du dernier rouleau.

Il serait sans doute utile de l'élever davantage, parce que les coups plongeants qui raseraient le bouclier, atteindraient en plein les chapes des voûtes, mais il en résulterait un surcroît de dépense devant lequel on reculerait dans la plupart des cas.

Nous proposons d'y suppléer en construisant, au-dessus du bouclier, un épais massif de béton de 2 mètres environ de hauteur.

Ce massif préservera suffisamment les chapes des voûtes, puisque les projectiles qui l'atteindront ne le traverseront pas, et que ceux qui en effleureront la partie supérieure rencontreront sur leur passage 4 mètres de terre, ainsi qu'on peut s'en assurer par le profil I K, fig. 5, et le profil A B, fig. 3.

Dans bien des cas, il sera possible de supprimer le bouclier, à condition de faire les têtes de voûtes en granit (voir fig. 8 et profil L M, fig. 3). L'expérience a prouvé, en effet, que si cette roche éclate sous le choc des énormes projectiles de l'artillerie de marine, tirés à petite distance et avec de fortes charges, elle résiste convenablement aux projectiles des canons rayés de 24.

Pour que les éclats de maçonnerie et les terres du masque n'entravent pas l'action, très-limitée, des pièces flanquantes, nous proposons de creuser sous chaque tunnel un fossé R (fig. 5 et 8), qui soit battu par ces pièces, et dans lequel on jettera les décombres qui n'y tomberont pas directement.

Afin que l'ennemi ne puisse pas atteindre les embrasures de l'escarpe, et arriver de plein-pied par la porte G du batardeau (Pl. VII, fig. 1), jusqu'à la gorge de la caponnière, on construira devant la batterie un fossé diamant, qui sera séparé du fossé diamant des batteries de la caponnière par un ressaut de 2 mètres.

Au delà de ce fossé se trouvera un glacis de $1^m,50$ de hauteur, interceptant les coups tirés à travers le masque, sous l'angle de chute minimum (voir profil A B, fig. 3), et disposé de façon à ne pas gêner les feux de l'étage inférieur de la caponnière (voir profil C D, fig. 1).

Les masques à tunnels que nous venons de décrire, présentent des avantages réels, mais ils ont l'inconvénient de réduire beaucoup le champ de tir des pièces flanquantes [1], lesquelles étant soustraites aux feux de la contre-batterie, se trouvent naturellement dans l'impossibilité de lutter avec cette batterie.

---

[1] Dans nos projets, nous supposons que le coup le plus élevé de la batterie flanquante, tiré dans l'axe du tunnel, passe à 2 mètres au-dessus du profond du fossé, près de l'arrondissement de la contrescarpe (voir profil A B, fig. 3).

D'un autre côté, il est dans beaucoup de cas impossible de soustraire les embrasures des pièces flanquantes aux coups de la contre-batterie, sans donner aux tunnels une longueur démesurée (1).

Quand cela se présente (voir profil E F, pl. XIII, fig. I), il est nécessaire de donner une grande épaisseur à la partie vulnérable du mur de masque de la batterie, et de le construire en pierres dures.

On peut aussi intercepter les coups dangereux, en établissant un glacis dans les tunnels, mais alors on perd l'avantage de pouvoir employer ces tunnels comme débouchés pour les sorties (voir profil E F, pl. XVIII), et, en outre, on expose leur intrados à être détruit par les projectiles qui ricochent sur le glacis.

La fig. 4, pl. IV, représente une autre espèce de masque, dont les principales dispositions sont empruntées à un projet russe. On peut l'appliquer aux batteries des caponnières, mais il donne à celles-ci trop d'épaisseur pour être d'un usage fréquent.

Les têtes de voûte des tunnels sont protégées par des boucliers en fonte durcie, $a\ d\ e$ (voir profil O P), reposant sur les prolongements des pieds-droits. Ces boucliers ont une forme qui diminue l'effet des projectiles et favorise le ricochet. Quant au métal, des expériences faites en Allemagne prouvent qu'il a des propriétés remarquables, bien qu'offrant moins de garanties que le fer laminé des plaques de blindage.

---

(1) La condition dont il s'agit ne peut être remplie facilement que dans le cas où le fossé de la caponnière est très-profond et a peu de longueur.

Mais le prix d'un masque pourvu de pareils boucliers serait fort élevé, puisque au-dessus des plaques on devrait établir une cuirasse ordinaire pour empêcher que les coups plongeants tirés dans la direction de $e\ f$, ne détruisissent la voûte par le haut. En outre, pour appuyer fortement cette cuirasse, il faudrait construire, au-dessus des extrémités des voûtes, un massif en béton, $h\ i\ b\ g$, d'une hauteur et d'une épaisseur telles, que les projectiles rasant l'arête g eussent 3 à 4 mètres de terre à traverser avant d'atteindre la chape de la voûte.

Les extrémités des pieds-droits sont protégées par des boucliers analogues, retenus par des boulons qui traversent les pieds-droits de part en part.

Pour diminuer le prix de ces boucliers et agrandir le champ de tir des pièces flanquantes, on a donné aux pieds-droits une épaisseur uniforme.

C'est ainsi, du reste, qu'ont été construits les pieds-droits de tous les masques d'embrasure en Prusse, en Autriche et en Russie.

Enfin, pour faciliter l'évacuation de la fumée, on a laissé entre le masque et la batterie un intervalle de $2^m,00$. Cette espèce de coupure remplace avantageusement les cheminées que nous avons établies dans nos tunnels au-dessus de la bouche des pièces. (Voir pl. XIV, profil C D.)

Les masques que nous venons de décrire sont inférieurs aux nôtres, à cause du peu d'épaisseur qu'offrent les extrémités des pieds-droits. Des projectiles qui pénétreraient obliquement dans les tunnels détruiraient ces extrémités en peu de temps.

Selon nous, on ne doit pas craindre, pour corriger ce

défaut, de diminuer le champ de tir des pièces, la faible largeur des fossés de la fortification moderne permettant de le faire sans inconvénient.

Le masque coûterait moins et serait plus résistant, croyons-nous, si, après avoir porté à 2 mètres l'épaisseur des pieds-droits à leur extrémité, on construisait ces parties en granit, et si l'on remplaçait par des blocs de même espèce, ayant la section $a\,b\,c\,d$ (profil O P, pl. IV, fig. 4), le bouclier en fonte durcie et le cuirassement qui le surmonte.

Les masques proposés en Allemagne et en Russie, ont moins de profondeur que les nôtres, mais nous croyons que c'est un mal. Il ne faut pas, en effet, que l'ennemi puisse facilement déblayer à coups de canon les terres qui couvrent les tunnels pour attaquer ensuite le mur de masque de la batterie. Il ne faut pas non plus que les coups des contre-batteries, tirés à travers les tunnels, puissent atteindre les embrasures des pièces flanquantes ni même la partie du mur de masque qui se trouve au-dessous du sol de la casemate.

A cause des inconvénients qu'ont les masques à tunnels, il sera quelquefois utile de renoncer au principe en vertu duquel le fossé de la caponnière doit être flanqué par des batteries appartenant au corps de place. Ce cas se présentera surtout pour les fronts pouvant être attaqués pied à pied. Les autres ne doivent pas avoir nécessairement des batteries flanquantes basses en état de répondre aux feux rapprochés de l'ennemi.

Lorsqu'il s'agira de flanquer une caponnière pouvant être attaquée régulièrement, on établira les pièces dans les tunnels du masque, en ayant soin de préserver les têtes de ceux-ci au moyen d'un bouclier en fer (voir le profil E F, pl. VII, fig. 2.)

Pour que les batteries flanquantes de la caponnière ne soient pas isolées, dans ce cas, on les mettra en communication avec la caponnière de façon à concentrer dans cet ouvrage toutes les batteries flanquantes du front. Cette disposition offre plusieurs avantages; elle permet de surveiller facilement les batteries, de leur donner un chef unique et d'opérer promptement entre elles un échange de bouches à feu et de munitions, quand les circonstances l'exigent. Au point de vue des principes, elle est également irréprochable; car, s'il est reconnu que la caponnière fait partie du corps de place, les batteries qui occupent les masques ou *ailerons* en font également partie, et le principe en vertu duquel l'enceinte doit se flanquer elle-même, est rigoureusement observé.

On peut, du reste, comme l'indique la fig. 1 de la pl. XIV, établir les batteries flanquantes dans les *ailes* de la caponnière ou plutôt retirer les *ailerons* de l'autre côté du fossé capital, de manière que leur mur de soutenement se trouve dans le prolongement du mur de gorge de la caponnière. Dans cette position, les batteries sont véritablement enclavées dans le corps de place, puisque la partie de l'enceinte située en arrière de la caponnière et comprenant la courtine avec les premiers et les seconds flancs n'est, à proprement parler, qu'un retranchement.

La suppression des *ailerons* et leur remplacement par des *ailes*, a l'avantage de reporter les batteries flanquantes dans un endroit où elles sont mieux protégées, et d'augmenter l'étendue du fossé à battre, ce qui est favorable à la dispersion de la mitraille.

Comme les fossés des caponnières ont généralement peu de longueur, on les flanquera au moyen de mitrailleuses, toutes les fois que les batteries flanquantes ne doivent pas pouvoir lutter avec des contre-batteries rapprochées.

Ces mitrailleuses seront établies de préférence dans des ailerons organisés comme ceux de la pl. XV, ou de la pl. VIII, fig. 2 et 4.

Les batteries cuirassées que représentent ces dernières figures étant fréquemment appliquées dans nos projets, nous croyons nécessaire d'en donner une description succincte.

Elles se composent de quatre voûtes de $2^m,75$ de portée au delà desquelles se trouve la batterie proprement dite, dont la largeur est d'environ 14 mètres. Cet espace est mis à l'abri de la bombe par un blindage en poutrelles, analogue à celui des batteries Schumann, décrites dans notre *Traité de fortification polygonale* (1), mais que nous avons incliné de l'avant à l'arrière, pour diminuer l'effet des coups plongeants. Dans le même but, nous avons établi, au-dessus du blindage, une épaisse couche de béton.

Le front de la batterie est protégé contre les coups directs et les coups plongeants, au moyen d'un bouclier appuyé par l'une de ses extrémités au blindage et par l'autre à de fortes pierres servant de plate-forme aux affûts des mitrailleuses (voir fig. 4).

---

(1) Tome II, p. 287.

La partie de la plaque exposée aux coups n'a que $1^m,10$ de hauteur, et la partie engagée dans la plongée est protégée par trois rangées de pierres dures, appuyées sur un lit de béton.

Les mitrailleuses sont portées par des affûts à pivot que l'on peut déplacer latéralement à l'aide d'un pignon mobile et d'une roue dentée, scellée dans la plate-forme.

L'homme qui fait agir le pignon et les servants qui chargent la mitrailleuse se tiennent sur une banquette de $0^m,80$ de largeur à laquelle on monte par deux marches en pierre de taille. Après le chargement, les servants descendent sur la banquette inférieure, située à $2^m,25$ sous le blindage, et communiquant avec les logements par deux escaliers (1).

Le bouclier se compose d'un plaque de 4 à 6 pouces d'épaisseur, boulonnée contre des fers en U ou des poutrelles en fer dont les vides sont remplis de chêne teck. Une contre-plaque de 1 pouce consolide cet assemblage.

Les ouvertures percées dans ce bouclier ont les dimensions strictement nécessaires pour le pointage d'une mitrailleuse Gattling de 1 pouce.

Nous avons supposé qu'on établirait 4 mitrailleuses sous la galerie blindée. Ce nombre suffit pour le flanquement d'un fossé de 14 mètres de largeur. Au besoin, on pourrait le porter à 5 et même à 6.

---

(1) La partie postérieure des voûtes convient très-bien pour le logement du personnel de la batterie, son sol étant à 3 mètres sous le niveau des embrasures.

Les avantages qu'offrent des batteries ainsi constituées sont les suivants :

1° Elles peuvent résister indéfiniment aux coups plongeants des batteries éloignées, et lutter avec succès contre les batteries rapprochées du couronnement ;

2° Elles sont à l'abri de l'attaque de vive force, étant complétement fermées et pourvues d'embrasures trop étroites pour livrer passage à un homme armé ;

3° Les plaques du bouclier n'ont qu'une hauteur de 2 mètres, tandis que celles des batteries cuirassées ordinaires ont 4 mètres environ.

Sous le rapport de la résistance, comme sous le rapport de la dépense, il serait difficile de trouver une combinaison plus avantageuse.

Pour que la caponnière soit à l'abri d'une attaque de vive force, l'aileron doit être séparé du chemin couvert ou du ravelin par un fossé de 7 à 8 mètres de largeur. Ce fossé (voir fig. 2, pl. VII) est soustrait à l'action des batteries flanquantes, inconvénient qui nous a conduit à examiner la question fort épineuse de la suppression complète des angles morts dans la fortification polygonale à fossés secs.

Les profils C D et E F, de la fig. 2, montrent que le fossé capital et le fossé de la caponnière sont flanqués par l'artillerie, à l'exception du fossé diamant G et du fossé de l'aileron.

Le premier ne reçoit qu'un flanquement de mousqueterie, exécuté par des fusiliers placés dans le local K de l'aileron (fig. 2), et sous une arcade L (voir le profil G H de cette figure) pratiquée dans l'épaisseur du batardeau qui sépare le fossé capital du fossé en arrière de la caponnière.

Le second fossé est flanqué par deux mitrailleuses $m\ m$, établies dans les locaux situés en deçà de l'orillon. Les balles, en ricochant contre la partie arrondie du fossé de l'aileron, flanquent par bricole la partie M de ce fossé, laquelle du reste est battue directement par les créneaux des voûtes N N de la galerie d'escarpe.

Quoi qu'il en soit, ces deux modes de flanquement n'ont pas le mérite de la simplicité, surtout le premier.

Pour obtenir un meilleur résultat, il faudrait supprimer le fossé diamant, en continuant le talus $u\ v$ (voir le profil C D), jusque contre le bouclier de la batterie. Cette suppression ne présenterait aucun inconvénient, parce que la caponnière oppose à l'attaque de vive force un ressaut de 5 mètres, formé par le bouclier et le massif en béton qui le couronne, et parce qu'il est impossible à un homme armé de s'introduire dans la batterie par les embrasures *minima* du bouclier.

Pour ce qui regarde l'insuffisance du flanquement dans la partie M du fossé de l'aileron, on peut y remédier en traçant cet aileron comme le masque à tunnels de la fig. 1, et en établissant les mitrailleuses dans un local V, dont on dégagera les créneaux au moyen d'une brisure faite dans le revêtement de la caponnière.

Ce local, aussi bien que ceux occupés par les mitrailleuses, $m\ m$, de la fig. 2, est complétement à l'abri des feux éloignés de l'attaque, et même des feux rapprochés du couronnement du glacis ou de la contrescarpe au saillant de la caponnière.

Mais, au point de vue de la simplicité de la défense, c'est un inconvénient d'avoir par front 2 batteries spécialement destinées à flanquer les fossés des ailerons, bien que ces batteries ne soient que le prolongement en quelque sorte de celles qui flanquent le fossé capital.

L'idée nous est venue de les supprimer entièrement, et de réduire ainsi le nombre des batteries flanquantes à quatre, minimum au-dessous duquel on ne peut descendre ni dans le tracé polygonal, ni dans le tracé bastionné (1). Pour réaliser cette idée sans compromettre la sûreté de la caponnière, nous avons établi entre l'aileron et la caponnière, la coupure qui existe dans la fig. 2, entre l'aileron et le ravelin. Seulement, au lieu d'en faire un fossé qui eût nécessité un flanquement, nous avons transformé cette coupure en *cour intérieure*, au moyen de 2 batardeaux formant le prolongement de l'escarpe de la face de la caponnière et de la contrescarpe de la face du corps de place. (Voir fig. 3, pl. VII.) Cette cour permet d'éclairer les logements de la caponnière et de leur donner quelques dépendances utiles, telles que latrines, urinoirs, magasins aux charbons, etc. (Voir fig. 1, pl. VII.)

La fig. 3 représente un aileron servant de masque à la batterie flanquante, établie dans l'escarpe même du front. On y substituera avantageusement un aileron avec bat-

---

(1) Le tracé bastionné n'admet 2 batteries flanquantes que dans le cas de la suppression de la tenaille, suppression devenue impossible depuis l'introduction des canons rayés, dont le tir plongeant est si dangereux pour les escarpes.

terie cuirassée auquel on arrivera, à découvert, par la cour, ou à couvert, par une galerie construite dans l'un des batardeaux qui limitent cette cour. (Voir pl. XV et fig. 2, pl. XVI.)

On ne doit pas craindre que l'ennemi l'enfonce au moyen d'un puits d'attaque, après qu'il se sera emparé du chemin couvert ou du ravelin, puisque la partie supérieure de l'aileron est soumise aux feux à bout portant du corps de place et de l'étage supérieur de la caponnière.

Les fronts les moins menacés d'une place et ceux des forts détachés qui n'ont à redouter que des attaques brusques, pourraient, sans inconvénient, être simplifiés par la suppression des batteries qui flanquent la tête de la caponnière, batteries auxquelles on substituerait une galerie crénelée de contrescarpe.

La pl. VII, fig. 7, offre un spécimen de ce type simplifié. L'aileron y est remplacé par un masque en terre de même hauteur et de même épaisseur en crête. Le talus extérieur de ce masque (voir le profil $a\,b$) est soutenu par un mur de 3 mètres de hauteur, dont le pied sera défendu par des chausses-trapes, des torpédos, des chevaux de frise ou des trous de loup, pour que l'assaillant ne pénètre point par-là dans le fossé (voie peu favorable, du reste, à cause du rentrant où elle se trouve). Une plus grande hauteur de mur de soutenement serait inutile, puisque l'assiégeant pourrait en détruire une partie de loin.

L'entrée du passage souterrain qui conduit à la galerie de contrescarpe, est en i, dans la caponnière, pour que cette galerie soit surveillée par le commandant des batteries flanquantes. Il convient qu'il y ait un passage à chaque extrémité de la galerie, pour faciliter les mouvements de troupes et donner plus de sécurité à ses défenseurs. Il convient aussi que les flancs des communications souterraines soient pourvus de fourneaux de mine qui permettent de les détruire dès que l'ennemi se sera emparé de la galerie de contrescarpe.

Voici quelques explications sur le tracé et les détails de nos caponnières.

Les saillants ont de 60 à 70 degrés d'ouverture ; ils peuvent être réduits à 55 degrés, lorsque les batteries flanquantes se trouvent dans la galerie d'escarpe, et qu'il est nécessaire de diminuer l'obliquité du tir.

On déterminera l'emplacement de ces saillants de façon que les orillons P (fig. 1 et 3) couvrent toute la largeur des coupures (de 7 à 8 mètres) qui séparent les ailerons des locaux habitables de la caponnière.

Le fossé de 8 mètres de largeur qui sépare la caponnière du corps de place est nécessaire pour faciliter les sorties, aérer les locaux et empêcher que l'ennemi, maître de la caponnière, ne pénètre de suite dans la ville ou dans le fort.

En revanche, ce fossé a l'inconvénient d'exposer une partie de l'escarpe en arrière (correspondant aux locaux ZZ : voir fig. 2) à être détruite par les coups plongeants qui rasent la crête de l'aileron.

Afin de remédier à cet inconvénient, nous proposons de construire, entre la caponnière et l'escarpe, dans le prolongement de celle-ci, un batardeau de 4 mètres d'épaisseur environ, et d'une hauteur suffisante pour intercepter tous les coups qui pourraient atteindre le revêtement. Ce batardeau est utile encore pour établir une séparation entre le fossé capital et le fossé de la gorge de la caponnière, séparation qui sera complétée par un petit fossé X avec pont roulant (voir fig. 2).

Le profil G H, fig. 2, indique l'emplacement des portes Y, percées dans ce batardeau pour communiquer avec le fossé capital.

Quand l'aileron est séparé de la caponnière, comme dans les fig. 1, 3 et 7, les coups plongeants tirés au-dessus de l'orillon P, rencontrent soit le deuxième batardeau de la cour, soit celui qui relie la caponnière au corps de place. Il faut alors, pour atteindre l'escarpe au delà du dernier batardeau, abattre la partie supérieure de celui-ci et du précédent ou, en d'autres termes, consommer une quantité de munitions hors de toute proportion avec l'importance du but à atteindre. (Voir *annexe* 8.)

C'est dans ce sens que nous avons admis, non comme principe absolu, mais comme *expédient pratique*, le défilement de certaines maçonneries importantes par d'autres maçonneries qui peuvent être détruites sans préjudice pour la défense.

Lorsque les ailerons sont séparés du chemin couvert ou du ravelin (voir fig. 2), ils doivent avoir une longueur telle, que les coups de feu rasant les points R et S, sur la diagonale du fossé de la caponnière, soient interceptés par leurs extrémités. Afin que l'on ne doive pas cuirasser ces extrémités, on les composera de voûtes bourrées de terres ou de murs épais avec contre-forts, pouvant résister à un tir prolongé.

Les fossés des ailerons ont 8 à 10 mètres de largeur et ils sont tracés de manière que les coups plongeants tirés par les trouées qu'ils forment dans la contrescarpe, causent le moins de dégâts possible au revêtement de l'escarpe. Sous ce rapport, le tracé de la fig. 1 est préférable à celui de la fig. 2. Néanmoins les trouées du premier sont encore dangereuses. Pour les boucher, sans compromettre la sûreté de la caponnière, on construira en travers du fossé, dans le prolongement de la contrescarpe du fossé capital, des batardeaux O P d'au moins 4 mètres d'épaisseur. Chacun de ces batardeaux aura deux larges ouvertures pour favoriser les sorties. (Voir fig. 2 et 9.) C'est une nouvelle application du défilement des maçonneries importantes, par d'autres qui ne le sont pas.

Un des grands avantages de notre proposition de réunir au chemin couvert ou au ravelin les batteries qui flanquent la tête de la caponnière ou leurs masques à tunnels, est d'entraîner la suppression des trouées que forment dans la contrescarpe les fossés de ces batteries ou de ces masques.

Les caponnières fig. 1 et 2, appartiennent au front d'attaque d'une enceinte. Elles sont donc couvertes par un ravelin ou par une contre-garde (1). Pour donner à la défense des communications faciles et sûres avec ce dehors, nous proposons de construire à travers les capon-

---

(1) Cette contre-garde sera tantôt isolée (quand le ravelin est *avancé*), tantôt couverte par un ravelin dont elle formera alors le réduit.

nières deux passages QR′, QR′, ayant leur entrée dans le fossé de la gorge de la caponnière et débouchant vis-à-vis des rampes qui conduisent, soit au ravelin, soit à la contregarde.

En thèse générale, tout passage traversant une caponnière peut compromettre la sécurité de celle-ci ; mais, grâce aux précautions que nous avons prises, ce danger sera évité. En effet, les poternes QR′ n'ont aucune communication avec les batteries, ni avec les locaux habitables de la caponnière, dont elles sont séparées par des murs épais, difficiles à percer ou à pétarder. Leurs débouchés dans le fossé de la caponnière sont protégés par des ponts-levis et des fossés diamant, *soumis aux feux des batteries flanquantes* (1). Enfin, des mitrailleuses placées dans les locaux U,U de l'escarpe (derrière la caponnière), battent efficacement les passages dans toute leur longueur, soit directement, soit par bricole (2).

Nous ferons observer, du reste, que les poternes Q R′ ne doivent servir que dans les circonstances exceptionnelles : 1° où il est nécessaire de faire une sortie pendant que les batteries des caponnières sont en action ; 2° où les ouvertures ménagées dans les batardeaux OP (fig. 2) sont obstruées par les décombres provenant de la destruction d'une partie des batardeaux ou des ailerons.

---

(1) On pourrait encore, pour augmenter la sécurité des défenseurs de la caponnière, former en Q, Q des coupures avec ponts roulants.

(2) Pour favoriser le ricochet des balles en fer des mitrailleuses (de 1 pouce), on construira en pierres dures les parties arrondies des passages.

La caponnière de la fig. 3 et celle de la fig. 7 sont censées appartenir à des fronts de forts détachés. La première est organisée pour résister à une attaque pied à pied, c'est-à-dire que sa contrescarpe n'a pas de galerie crénelée et que son fossé est flanqué par l'artillerie du corps de place tirant à travers de deux masques à tunnels. Dans ce cas il n'est pas nécessaire de construire, dans la caponnière, des passages pour les sorties, celles-ci pouvant se faire dans de bonnes conditions par les voûtes des masques.

Si l'on tenait à sortir du fort sans devoir interrompre le feu des batteries de la caponnière, on percerait des passages T, dans les batardeaux en arrière des orillons P (fig. 3), passages qui déboucheraient sur les cours et auxquelles on arriverait par les portes u (fig. 7) de la caponnière. Il faudrait toutefois prendre certaines précautions pour empêcher que l'ennemi ne tirât parti de ces passages. Si l'on trouvait quelque inconvénient à les établir dans les batardeaux, on percerait des portes $t\ t$ (fig. 1 et 3) dans l'un des locaux des cours, pour déboucher par-là dans le premier tunnel du masque.

Lorsque, pour les raisons indiquées plus haut, les batteries qui flanquent la caponnière seront établies dans les masques, les grandes sorties ne pourront plus se faire par les tunnels, et on sera obligé de construire, pour y suppléer, des passages t longeant les culées extérieures des batteries et débouchant par une extrémité dans le fossé capital, par l'autre dans le fossé de la caponnière. (Voir pl. XVI, fig. 2.) Un fossé diamant, enfilé par l'artillerie, et un pont-levis à bascule supérieure, empêcheront alors que l'ennemi, poursuivant une sortie, ne pénètre avec elle dans le fossé capital. Le pont-levis sera protégé d'ailleurs, à bout portant, par la mousqueterie d'une portion de la contrescarpe, convertie en galerie, à droite et à gauche du passage.

La caponnière de la fig. 7, pl. VII (qui appartient au front de tête d'un fort exposé seulement à des attaques de vive force), est flanquée par une galerie crénelée de contrescarpe, à laquelle conduisent deux passages souterrains dont les entrées se trouvent dans la caponnière.

Comme il est important que l'on puisse défendre cet ouvrage par des sorties, nous proposons de construire deux passages fg, débouchant au delà du masque et qui seront protégés contre les entreprises de l'ennemi par des ponts-levis à bascule supérieure, soumis aux feux croisés de la mousqueterie de la galerie de contrescarpe.

Nous terminerons cette analyse par quelques réflexions sur les profils des caponnières.

Le profil C D, fig. 1, pl. VII, convient pour la caponnière d'un front qui n'est exposé qu'à des attaques de vive force, exécutées d'emblée où préparées par le feu des batteries éloignées. Le masque qui couvre les embrasures de l'étage inférieur, ayant des têtes de voûtes et des extrémités de pieds-droits en granit, peut recevoir un nombre considérable de projectiles avant d'être mis hors de service.

L'étage supérieur est à ciel ouvert, disposition admissible seulement quand la plate-forme est pourvue de traverses casematées en nombre suffisant pour abriter les bouches à feu jusqu'au moment où elles doivent entrer en action.

Pour que la caponnière soit à l'abri d'une attaque de vive force, l'étage inférieur est précédé d'un fossé diamant avec contrescarpe revêtue, dont l'intérieur est battu par l'artillerie flanquante.

Le profil C D de la fig. 2 est celui qui offre le plus de résistance; mais, à cause du double cuirassement qu'il exige, il ne pourra être appliqué qu'aux fronts d'attaque d'une place ou d'un fort à grand développement.

Dans la plupart des cas, on supprimera le cuirassement de l'étage inférieur, beaucoup moins exposé au feu de l'ennemi que l'étage supérieur.

On adoptera alors le profil L M de la fig. 3, pl. VII, ou le profil C D (partie gauche) de la pl. XIV.

Le premier offre plus de garanties contre les coups éloignés et contre les attaques de vive force; le second assure à l'artillerie un champ de tir plus vaste, et doit à cause de cela être préféré pour les fronts exposés à des attaques de pied à pied.

On amoindrira, du reste, beaucoup l'effet des coups éloignés en masquant, au commencement du siége, les embrasures de l'étage inférieur, en partie ou en totalité, au moyen de sacs à terre.

Quant au danger résultant de la possibilité de prendre les casemates par les embrasures, nous le croyons peu redoutable, et dans tous les cas on le supprimera aisément par des fenêtres grillées à contre-poids, se fermant au moment où la pièce recule, ou par l'emploi d'affûts à *bouche pivotante*, permettant de réduire l'embrasure à des dimensions telles, qu'un homme armé ne puisse plus s'y introduire.

A l'intérieur des casemates exposées à être contre-battues de près, nous établissons généralement un masque en terre sablonneuse, pour diminuer l'effet des obus. Ce masque retiendra les éclats des projectiles qui y feront explosion, et empêchera que les coups d'embrasure ne soient dangereux pour les défenseurs du flanc opposé.

Pour soutenir le sable du masque sous un talus de 45°, on le revêtira d'une mince couche de béton, composée de 4 parties de sable et de 1 partie de ciment.

On pourra aussi l'appuyer à une paroi en madriers ou en sacs à terre.

II.

Diverses espèces de caponnières exécutées ou proposées en Angleterre, en Allemagne et en Russie.

Les fig. 1, 2, 3 et 9, pl. IX, représentent divers types de caponnières exécutés ou proposés en Angleterre.

Le type fig. 1 est destiné à battre les faces d'un fort ou d'un réduit à saillant aigu, droit ou obtus. Sa principale propriété est de permettre de flanquer, de la caponnière même, le fossé qui l'entoure ; mais cette propriété est annihilée par un défaut qui, dans la plupart des cas, doit faire rejeter le type dont il s'agit. En effet, pour obtenir le flanquement de la tête de la caponnière, on est obligé de donner à cet ouvrage un tracé tenaillé qui expose la partie rentrante aux coups plongeants des batteries éloignées.

Le profil A B montre que les maçonneries de la caponnière, à l'exception de celles du rentrant de la tête, sont à l'abri des coups plongeants, mais non du feu des contre-batteries ou des batteries de brèche établies sur la crête du glacis ou enfoncées dans le chemin couvert.

On ne peut donc pas recommander l'emploi de cette espèce de caponnière pour des forts exposés à une attaque pied à pied.

La même observation s'applique au type fig. 2, qui n'est à proprement parler qu'une variante des tours bastionnées du troisième tracé de Vauban. Les faces d'une caponnière sont battues par les flancs des caponnières voisines, et la courtine est brisée en dehors suivant les directions des lignes de défense, pour éviter que le feu d'un flanc n'atteigne les maçonneries et les défenseurs du flanc opposé.

Le défaut de cette disposition, comme de toute autre établie sur le principe du tracé bastionné, est d'exposer aux feux plongeants le revêtement de la courtine près des flancs — où le fossé a une largeur double de celle qu'il a devant les faces des caponnières — et de fournir à l'ennemi le moyen de détruire de loin les batteries flanquantes en tirant suivant la direction des faces. Il faudra donc éviter de l'employer toutes les fois que l'attaque pourra établir de l'artillerie dans le prolongement de ces faces.

Comme détail de construction, nous signalerons la petite cour, ménagée dans chaque caponnière pour favoriser l'aérage et la ventilation des locaux.

Le type fig. 3 a les mêmes défauts que le précédent. Néanmoins des circonstances locales favorables à la défense ont permis d'en faire une application judicieuse à quelques forts anglais.

Les caponnières occupant les angles d'épaule d'un fort polygonal dont le front de tête forme un angle très-obtus, il en résulte qu'une de leurs faces n'est pas flanquée. Pour corriger ce défaut, on a établi dans la contrescarpe deux coffres auxquels on arrive par des galeries souterraines.

Malheureusement ces coffres sont exposés aux coups plongeants.

Les profils A B et C D font connaitre les détails du type fig. 3 ; il réunit toutes les conditions nécessaires pour obtenir une prompte évacuation de la fumée (1).

L'étage inférieur a des embrasures pour canons, et l'étage supérieur, des créneaux pour fusils.

Contrairement à ce qui existe partout, ces deux étages ne sont pas séparés par des voûtes, ni par un plancher. Le long des créneaux règne une galerie avec garde-corps, formée par un ressaut du mur de masque de l'étage inférieur. Des mâchicoulis pratiqués dans ce mur permettent d'en défendre le pied.

Cette disposition, très-convenable pour des réduits dépourvus de flanquement, a été appliquée aux forts de la

---

(1) Dans les caponnières comme dans les casernes voûtées nouvellement construites en Angleterre, il y a des foyers que l'on peut fermer entièrement au moyen d'une porte en tôle. Ces foyers sont pourvus de deux conduits, l'un pour la fumée, débouchant dans le terre-plein ou dans le parapet, l'autre pour l'aérage, débouchant au-dessus des reins de la voûte, dans l'intérieur du local. Quand le premier conduit ne suffit pas pour faire évacuer l'air vicié ou la fumée (qui tournoie souvent près du plafond), on ferme la porte en tôle et il se fait alors une forte aspiration par le second conduit.

ligne extérieure de Portsmouth, ainsi qu'on peut s'en assurer par l'examen du profil CDE de la pl. XXIV.

Le type fig. 9 n'est applicable qu'à de petits forts en pays de montagnes ou à des réduits qu'il est impossible d'attaquer pied à pied et dont les faces ont trop peu de longueur ou d'importance pour nécessiter un flanquement d'artillerie.

En espaçant davantage les créneaux, on pourrait y employer des mitrailleuses.

Sous le rapport des détails de construction, les caponnières anglaises méritent d'être étudiées; ces détails sont en grande partie l'œuvre de M. le colonel Drummond-Jervois, sous la direction duquel ont été exécutés les plans des nouveaux travaux de défense de l'Angleterre.

Les fig. 1, 2, 3, 4, 8 et 9 de la pl. X représentent des types de caponnières, construits ou proposés en Autriche.

La fig. 1 extraite du journal de Streffleur, de 1864, est un type de caponnière servant à flanquer le front de gorge d'un fort détaché.

Son profil ne diffère pas de celui des autres caponnières autrichiennes, dont il sera question plus loin.

Nous n'avons reproduit cette figure qu'à cause de la disposition adoptée pour couvrir le débouché de la porte d'entrée du fort. Cette porte contourne intérieurement la caponnière et conduit à un palier, situé à 3 pieds sous le niveau du terre-plein, et d'où l'on monte dans le fort par une rampe inclinée au huitième.

La fig. 2 est un type de caponnière qui a été exécuté

dans plusieurs forts de Vérone. Il a une grande analogie avec celui de la fig. 8 (extrait d'un ouvrage du général Von Wurmb) et qui sert à flanquer des réduits en forme de tours. Ces caponnières, appelées *oreilles de chat*, ne sont qu'une modification des caponnières à flanquement propre, représentées pl. IX, fig. 1. Elles ont aussi, quoique à un moindre degré, les défauts que nous avons reprochés à ces dernières. Leur principal mérite consiste dans l'agencement des communications, qui permettent d'arriver à la berme et au mur crénelé par la poterne des batteries flanquantes, sans déranger le service de celles-ci, ni menacer leur sécurité ; et leur principal inconvénient est celui qui résulte de la faiblesse du flanquement de la tête de la caponnière et de la difficulté de couvrir les maçonneries de cette tête.

Les fig. 3 et 4 sont des types extraits de l'*Oesterreichische militair zeitschrift*, de 1863.

Le premier est une caponnière à un étage, communiquant par un batardeau creux avec une galerie de contrescarpe qui sert à flanquer le fossé de la tête de la caponnière et à faciliter la défense du glacis par la mine.

Le second type est une caponnière à deux étages, sans galerie de contrescarpe. Pour battre le fossé de la tête, le deuxième étage doit déborder le premier et avoir des mâchicoulis. (Le profil C D, toutefois, n'indique pas cette disposition.)

Les deux types de caponnières ont des orillons qui servent à protéger les flancs contre les coups plongeants d'écharpe.

Dans chacun de ces orillons on établit une pièce pour battre le fossé diagonalement et prendre des revers sur les brèches qui pourraient être faites à l'escarpe, près de la caponnière.

Ces pièces ne sont pas exposées aux feux de la contre-batterie.

On pourra dans certains cas appliquer soit le premier type, soit le deuxième, à condition :

1° Que le fossé de la tête de la caponnière ait plus de largeur, pour éviter qu'on ne le franchisse ou ne le comble facilement ;

2° Que la contrescarpe soit crénelée, pour assurer un flanquement à ce fossé, et

3° Que la galerie crénelée de contrescarpe communique par une galerie souterraine, avec l'intérieur du fort et non par un batardeau creux, avec la caponnière même.

Cette dernière communication pourrait, en effet, faciliter le passage du fossé et compromettre la sécurité des batteries flanquantes.

Nous ne condamnons pas d'une manière absolue les communications directes de la caponnière avec la galerie ou avec le coffre de contrescarpe qui flanque son fossé ; mais nous croyons que ces communications doivent dans tous les cas être souterraines (excepté quand le fossé est plein d'eau).

Pour augmenter les difficultés de l'attaque de vive force, la caponnière avec orillon devrait être séparée du corps de place comme l'est celle du type fig. 2, pl. X.

Il serait utile aussi, pour intercepter les coups plongeants tirés par la coupure qui existe entre la contrescarpe et le flanc de l'orillon, de fermer cette coupure au moyen d'un épais batardeau.

La fig. 9 est un type de caponnière de fort détaché, extrait d'un mémoire du major du génie Keil, publié dans le journal de Streffleur, de 1864.

Ce type offre plusieurs avantages, à savoir :

1° La caponnière est séparée du corps de place, et sa communication avec celui-ci ne peut être vue ni battue d'aucun côté.

2° Les communications avec le fossé capital sont parfaitement couvertes, et elles ne peuvent pas compromettre la sûreté de la caponnière, grâce au fossé diamant avec pont-levis, qui protége l'entrée de cet ouvrage.

3° Le flanquement du fossé de la caponnière est assuré par la galerie de contrescarpe de ce fossé, galerie communiquant souterrainement, soit avec l'intérieur du fort, soit avec la caponnière.

Pour que les trouées formées dans la contrescarpe par le fossé de la caponnière, ne permettent de faire brèche de loin aux parties z de l'escarpe, on a abaissé la crête de ces parties de 6' 5" et approfondi d'autant le fossé, sur environ 12 pieds de largeur.

Une rampe au sixième, conduit de ces parties basses aux parties élevées.

Le fossé à droite de la caponnière n'offre pas cette particularité. Pour soustraire l'escarpe aux coups plongeants, on a abaissé de 5' 6" le plafond du fossé depuis l'arrondissement de la contrescarpe jusqu'à la batterie flanquante, et donné à l'escarpe une hauteur uniforme de 18 pieds.

La tête de la caponnière renferme cinq casemates à mortiers.

Ces casemates sont fort utiles pour combattre les derniers travaux de l'attaque; mais dès que le glacis est couronné, l'ennemi peut y jeter des grenades et des matières enflammées et, après avoir chassé les défenseurs, essayer de s'introduire dans la caponnière, opération plus facile en ce point que sur d'autres où l'escarpe a de 18 à 24 pieds de hauteur.

La pl. XXII représente un fort dont la caponnière principale a quelque analogie avec la précédente; il a été projeté par le colonel Tunckler.

La caponnière a ses maçonneries parfaitement couvertes et le profil AB, pris dans l'axe du fossé qui longe le flanc, montre que l'escarpe, dans la partie joignant le flanc, est également à l'abri des feux plongeants.

La seule observation critique que nous ayons à faire au sujet de cette caponnière, comme au sujet de toutes celles décrites plus haut (exécutées ou proposées en Angleterre, en Autriche et en Allemagne), c'est qu'elles ne sont pas en état de lutter avec une contre-batterie.

Sous ce rapport, le type de batteries flanquantes admis par les ingénieurs russes est préférable.

Il diffère du précédent en ce que, devant chaque batterie se trouve un masque à tunnels séparé de la batterie par une coupure de 2 mètres environ de largeur (pour faciliter l'évacuation de la fumée).

Dans tous les cas où les caponnières n'ont pas à redouter l'établissement d'une contre-batterie sur le glacis, où le tir plongeant des batteries éloignées, les Russes admettent un type de caponnière à un étage, qui se distingue de celui de la pl. XXII par les points suivants :

1° La contrescarpe du fossé de la tête de la caponnière n'est pas crénelée ;

2° Ce fossé est battu obliquement par les créneaux de l'escarpe et directement par des créneaux pratiqués dans la culée de la deuxième voûte ;

3° La caponnière est séparée du corps de place par une cour dont les côtés sont : le mur de gorge de la caponnière, la tête de la poterne sous le corps de place et les prolongements des murs de masque de batteries flanquantes.

Ces différences proviennent de ce qu'en Russie l'on préfère généralement les escarpes détachées aux escarpes terrassées, pleines ou en décharge.

CHAPITRE VIII.

FRONTS POLYGONAUX PROPOSÉS PAR L'AUTEUR.

SOMMAIRE :

Les fronts polygonaux exécutés jusqu'ici ne satisfont pas aux conditions du problème. Les uns sont défectueux sous le rapport du tracé, les autres sous le rapport du profil, d'autres encore sous le rapport de l'organisation des batteries flanquantes et des communications. Parmi les fronts proposés et non exécutés, il y a lieu de signaler un front pour site élevé, publié par le colonel Tunckler. — Description et examen de ce front. — Divers types proposés par l'auteur, à savoir : 1º Deux fronts de 1,000 mètres de longueur avec ravelins appliqués, très-complets et traités comme sujets d'études, pour l'explication des principes. — 2º Trois fronts de même longueur, avec ravelins avancés, traités de la même manière. — 3º Deux fronts de même longueur, mais beaucoup plus simples, pour l'enceinte de sûreté d'un grand pivot stratégique. — 4º Un front de 500 mètres avec ravelin avancé. — 5º Un front de 400 mètres avec ravelin appliqué. — 6º Deux fronts plus simples, de même longueur, pour de petites places ou de grands forts détachés.

Les fronts polygonaux à fossés secs, construits en Allemagne et en Autriche, ne satisfont pas aux conditions du problème. Les uns sont défectueux sous le rapport du tracé, les autres sous le rapport du profil, d'autres encore sous le rapport de l'organisation des batteries flanquantes et des communications.

Nous avons jugé ces fronts dans nos *Études sur la défense des États*, publiées en 1863.

Depuis lors, la nécessité de mieux couvrir les maçonneries est devenue si évidente, que notre critique ne serait plus assez sévère, si nous la reproduisions aujourd'hui.

Les fronts polygonaux proposés par les auteurs, et qui n'ont pas encore été exécutés, ne se trouvent pas dans de meilleures conditions.

Nous ferons toutefois une exception en faveur du front que nous avons emprunté à un livre du colonel Tunckler (voir pl. XXI, fig. 1) (1).

Le côté extérieur $a\ a'$ de ce front a 300 toises de longueur. La partie centrale, séparée de la caponnière par une coupure, se compose d'une courtine, parallèle au côté extérieur, et de deux flancs, destinés à battre le fossé de la caponnière.

La courtine a un commandement de 6 pieds sur les flancs et sur les faces. Elle est terminée par deux crochets, destinés à battre les secteurs privés de feu des angles du polygone.

La caponnière a un étage inférieur casematé, et une batterie haute à ciel ouvert.

---

(1) *Leitfaden zum unterrichte der Fortification*, etc. Vienne. 1869.

Pour les détails de cet ouvrage, consultez la fig. 2, les profils E F et P Q de cette figure, la fig. 3 et le profil A B de cette figure.

En arrière et sur les côtés de la caponnière se trouve le masque R R, espèce de tenaille qui sert à couvrir l'escarpe crénelée des flancs et de la courtine.

Le fossé entre le masque et la courtine, n'étant battu que par la mousqueterie de l'escarpe crénelée et du batardeau creux dans lequel se prolonge la poterne p, on a jugé prudent d'interdire par les batardeaux $f f$ l'accès de ce fossé.

La poterne p conduit dans la cour H de la caponnière (voir fig. 2); de là on se rend par les portes à pont-levis $x x$ dans le fossé capital. Ces portes sont défendues par les créneaux des locaux $z z$.

Le fossé de la caponnière (voir fig. 1) est flanqué par le coffre de contrescarpe $r r$, auquel on arrive par les galeries souterraines $u u$, débouchant dans la caponnière. Il est battu, en outre, par l'artillerie des flancs.

Le fossé capital communique avec le chemin couvert de la manière suivante :

Les poternes t conduisent à des cours p, situées à 30′ 6″ sous le terrain naturel. La sortie de ces poternes est protégée par un fossé diamant avec pont-levis.

Les rampes m conduisent à des paliers q d'où, par les rampes n, on arrive au terre-plein de la place d'armes centrale W.

Les cours et les rampes sont battues par les galeries de revers $l l$, avec lesquelles on communique par les passages souterrains $y y$.

A droite et à gauche de la place d'armes centrale, se

trouvent les rentrants Z Z d'où les défenseurs se portent dans la campagne.

Le profil C D fait connaître les détails des cours.

Le but de ces cours est d'assurer les communications entre le fossé capital et le chemin couvert, sans former des trouées dans la contrescarpe. Nous croyons qu'il sera facile de les obstruer et de rendre les sorties impossibles, en accumulant des matériaux ou des décombres devant les poternes p. Nous croyons aussi qu'il est imprudent de faire déboucher les poternes $y\ y$ dans l'intérieur de la place.

Le front que nous venons de décrire offre des garanties suffisantes contre l'attaque de vive force.

Au point de vue de l'attaque pied à pied, nous lui reprocherons :

1° La faiblesse du flanquement de la caponnière, assuré seulement par une galerie de contrescarpe que l'ennemi enfoncera ou renversera avant de passer le fossé, et par des flancs hauts à ciel ouvert, qui sont exposés au tir d'enfilade des batteries éloignées ;

2° Les batardeaux $f\ f$ ne préservent pas des feux plongeants l'escarpe du corps de place, aux extrémités de la courtine ;

3° Les communications avec la campagne ne sont pas assez larges ni assez simples, pour faciliter les grandes sorties ;

4° Le fossé en arrière de la caponnière est faiblement défendu ;

5° La place d'armes n'est pas à un niveau assez bas,

près des cours et aux extrémités du glacis intérieur M, pour que les défenseurs y soient à l'abri des coups plongeants.

I.

Front complet de 1,000 mètres avec ravelin appliqué.

PLANCHE XII, FIG. 1 ET 2.

La fig. 5 de la pl. XII indique le tracé et les principales dimensions du front.

Ces données, toutefois, ne sont pas tellement absolues qu'on ne puisse les modifier, lorsque les circonstances locales l'exigent.

En composant le front dont il s'agit, nous avons eu pour but principal d'offrir à l'enseignement de la fortification un type constituant une application rationnelle et complète des principes généraux, exposés dans le chapitre IV du présent ouvrage. Ce type réalise par conséquent un degré de force qu'il ne sera que très-rarement possible ou nécessaire d'atteindre dans la pratique, soit parce que les ressources feront défaut, soit parce qu'on pourra se contenter d'une résistance moindre.

A. — Corps de place et caponnière.

Le corps de place et le fossé capital ont les dimensions

qui résultent de l'application des principes généraux, exposés dans le chapitre IV.

L'escarpe a 8 mètres de hauteur, y compris le mur de ronde (voir profil NO); elle est à l'abri des coups plongeants, tirés sous l'angle du $1/4$.

La contrescarpe a un talus de 1 de base pour 3 de hauteur, formé de couches successives de terre et de fascines ou de décombres, mode de construction dont les anciens ingénieurs ont fait de nombreuses applications. Dans certaines circonstances, il sera nécessaire de revêtir ce talus pour en prévenir la prompte dégradation; dans d'autres, il en coûtera moins de composer la partie inférieure d'un revêtement ordinaire et la partie supérieure d'un talus incliné de 45 degrés.

En thèse générale, la contrescarpe en terres *remparées* sera plus économique, et celle avec revêtement en décharge, plus efficace.

Le fossé capital a 12 mètres de largeur aux saillants, et 16 mètres contre les flancs de la caponnière. Cet évasement a pour but d'augmenter de *une* le nombre des pièces flanquantes de chaque étage de la caponnière. Il ne présente, du reste, aucun inconvénient au point de vue du défilement de l'escarpe, lorsqu'on approfondit de 1 mètre le fossé, depuis le saillant jusqu'aux extrémités des faces et qu'on abaisse de la même quantité le cordon du mur à ces extrémités.

La caponnière a un angle saillant de 70° qui déborde de 83 mètres le côté extérieur. Elle se compose de deux étages de batteries, armés chacun de 12 pièces dont les deux premières (*traditores*) et les deux dernières ne peuvent battre le fossé que diagonalement. L'étage inférieur est entièrement casematé et précédé d'un parapet à la Haxo (voir profil IK). L'étage supérieur est casematé et cuirassé, dans le prolongement du fossé capital. La partie qui correspond aux ailes de la caponnière est à ciel ouvert et son armement se compose de 6 à 8 pièces.

La tête de la caponnière déborde assez les flancs pour préserver les épaulements de ceux-ci des coups d'enfilade. Elle comprend un magasin à poudre, protégé par une épaisse couche de terre et par un revêtement avec voûtes en décharge superposées, offrant une très-grande résistance au tir en brèche.

La tête de la caponnière est assez vaste pour recevoir une batterie haute à ciel ouvert, de 7 à 9 canons, destinée à battre l'intérieur de la contre-garde. On arrive à cette plate-forme par un escalier qui débouche dans l'étage supérieur de la caponnière.

Deux poternes h, entièrement séparées des batteries flanquantes et des locaux habitables, au centre de la caponnière, mettent le fossé de la courtine en communication avec celui de la caponnière. Lorsque, en raison de la proximité de l'assiégeant, ces communications paraîtront dangereuses, ou lorsqu'on voudra se porter plus rapidement vers les passages et les rampes qui conduisent au delà du fossé, on se servira des poternes f des ailes de la caponnière, dont le débouché est couvert par les extrémités des faces de l'enceinte.

Le flanquement de la caponnière est assuré par deux batteries basses casematées, de 3 pièces chacune, et par deux batteries hautes, à ciel ouvert. Les batteries basses occupent des masques qui forment la continuation des *ailes*.

et les batteries hautes sont celles des *premiers flancs* de l'enceinte. Le profil LM fait connaître les détails et les principales dimensions de ces batteries.

Les masques ferment les trouées du fossé de la caponnière, trouées par lesquelles l'assiégeant pourrait faire brèche, de loin comme de près, aux *premiers flancs* du corps de place.

On arrive à ces batteries (voir fig. 2) par les poternes k qui, de l'intérieur de la place, conduisent aux locaux des *premiers* et des *seconds flancs*, ainsi qu'aux voûtes en décharge des murs de soutenement g des extrémités des faces, voûtes qui servent à flanquer les batteries basses et à surveiller les débouchés des poternes f.

La caponnière, les ailes de la caponnière et les faces du corps de place constituent à proprement parler l'enceinte. La courtine, les *premiers* et les *seconds flancs*, forment une espèce de retranchement en arrière de la caponnière.

Dans nos types de fronts à fossés d'eau, il y a une sépation entre les ailes de la caponnière et les extrémités des faces du corps de place. Cette séparation qui ne peut exister dans les types de fronts à fossés secs, à cause du revêtement des *premiers flancs*, empêche que l'ennemi ne pénètre dans la place au moment où il s'empare de la caponnière; mais nous obtenons le même avantage (tout en fermant les trouées) au moyen du ressaut de $6^m,50$ de hauteur que forment les murs de profils des faces, entre le terre-plein du rempart et la partie supérieure des batteries basses (voir fig. 1).

Les ailes de la caponnière doivent satisfaire à plusieurs conditions importantes, à savoir : être à l'abri de l'escalade ; ne pouvoir pas être battues en brèche de loin ; ne pas donner lieu à des angles morts, et avoir assez de hauteur pour défiler les revêtements de la courtine et des *premiers flancs*.

Nous avons rempli ces conditions aussi bien que possible, en donnant au mur de soutien extérieur une hauteur maximum de 4 mètres au-dessus du fond du fossé, hauteur qui sera portée à 7 mètres, par un fossé diamant de 3 mètres de profondeur. Ce fossé est flanqué par les premières voûtes de la caponnière (voir fig. 2). Il recueille les décombres et les terres que les coups plongeants des batteries éloignées ou les coups directs des batteries rapprochées reproduiront en frappant les murs de soutenement des ailes. Ces murs sont, du reste, peu exposés, leur cordon se trouvant à 10 mètres sous le niveau de la crête de la contre-garde de la caponnière. Ils se composent de voûtes en décharge, formant une galerie (voir fig. 2) qui contourne les ailes et communique par ses deux extrémités avec la batterie basse de la caponnière. Ses créneaux servent à flanquer les fossés diamants des flancs de la caponnière et à battre transversalement les coupures qui existent entre les ailes et le corps de place. Cette même galerie permet de surveiller et de défendre les passages voûtés f.

Pour que ces passages, de même que les poternes h de la caponnière, ne soient pas à la merci de l'assaillant, dès qu'il sera descendu dans le fossé, leur débouché est protégé par des fossés diamant avec ponts-levis.

La courtine se trouve à $65^m,50$ en deçà du côté extérieur ; son fossé a 10 mètres de largeur.

Les *premiers flancs*, perpendiculaires aux faces de la caponnière, ont 14 mètres de longueur ; les *seconds flancs*, parallèles à la capitale du front, n'ont que 11 mètres et renferment chacun deux casemates. Il faut que le coup tiré de la seconde casemate et rasant le mur de soutenement postérieur de l'aile de la caponnière, atteigne l'extrémité opposée de la courtine. Cette prescription a pour objet d'empêcher que les projectiles tirés d'un des *seconds flancs* n'atteignent les embrasures du *second flanc* opposé.

Les casemates des *premiers flancs* sont disposées de manière à pouvoir être armées de canons, pour le cas où l'ennemi, maître de la caponnière, tenterait de faire brèche à ces flancs, en retournant contre eux les canons des batteries basses qui flanquent la tête de la caponnière.

Afin de le détourner de ce dessein et de l'obliger soit à braver le feu des *seconds flancs*, soit à pénétrer dans la place par une autre voie (les faces), nous n'établissons dans les voûtes des batteries basses (voir profil L M), aucun masque en terre ou en maçonnerie derrière lequel il puisse abriter ses pièces.

Le revêtement de la courtine est défilé par les ailes de la caponnière. Il se compose d'une galerie crénelée dont les locaux servent de logement ou de magasin et, au besoin, d'abri pour les fusiliers chargés de tirer à bout portant sur l'ennemi, parvenu dans le fossé de la courtine.

Au centre du front se trouve une *caserne défensive*, entièrement séparée du corps de place par les passages à ciel ouvert *m*. Elle a deux étages habitables et une plate-forme dont le commandement sur le corps de place est de 2 mètres. Ses revêtements sont à l'abri des coups plongeants. La cour est fermée du côté de la ville par un mur crénelé de 4 à 5 mètres de hauteur. Les défenseurs de la plate-forme sont protégés à revers, par le prolongement des façades intérieures, lesquelles s'élèvent à 2 mètres au-dessus du terre-plein.

De petits escaliers longeant les murs de profil des ailes de la caserne, permettent de descendre de la plate-forme sur les bermes et dans le chemin de ronde.

Des escaliers semblables (voir fig. 1) conduisent du terre-plein des faces au chemin de ronde des *seconds flancs*; et des rampes inclinées au quart (voir fig. 1) mettent ce même terre-plein en communication avec le chemin de ronde des faces.

Sous les extrémités de la courtine se trouvent des logements pour une partie des troupes de garde, et des magasins pour les grands dépôts de poudre.

Les rampes m qui longent les ailes de la caserne défensive, assurent les communications de l'intérieur de la place avec le fossé en arrière de la caponnière et avec la galerie d'escarpe de la courtine. Le débouché de ces rampes est protégé par un mur isolé et par un fossé diamant avec double pont roulant.

Pour isoler autant que possible la caponnière (et augmenter par conséquent la sécurité de ses défenseurs), le fossé de la courtine est interrompu par deux fossés diamant avec ponts roulants.

Les remparts du corps de place sont organisés à la manière ordinaire.

Derrière les faces se trouvent des batteries casematées de mortiers, et, aux saillants, de vastes cavaliers qui plongent et battent à revers les travaux du couronnement et les logements de l'ennemi sur les dehors.

La partie inférieure des cavaliers est occupée par des logements, à l'épreuve de la bombe et des coups plongeants. (Voir profil N O.)

B. — Glacis intérieur.

La masse couvrante qui défile l'escarpe des faces est trop rapprochée de cette escarpe pour qu'il soit possible de la profiler en chemin couvert. On la considérera donc comme un glacis intérieur dans lequel on pourra, tout au plus, tailler un couloir pour fusiliers.

Ce glacis est prolongé de manière à former un ressaut de $4^m,50$ de hauteur, à partir du terre-plein du chemin couvert, dont le niveau est à 3 mètres sous la crête du glacis extérieur. (Voir profil N O.)

Il satisfait d'ailleurs à toutes les conditions indiquées dans le chapitre IV.

C. — Contre-garde de la caponnière.

La contre-garde de la caponnière a un saillant de 80° qui dépasse de 158 mètres le côté extérieur.

Ce dehors est organisé à la manière ordinaire. Toutefois, pour qu'il ne donne pas lieu à des trouées par lesquelles on pourrait faire brèche de loin ou de près au revêtement des faces, on l'a relié au glacis intérieur. Son flanquement est assuré par deux batteries de mitrailleuses (voir fig. 3) et par les batteries hautes à ciel ouvert des faces.

Le revêtement de la contre-garde n'a que 4 mètres de

hauteur; cette dimension suffit pour rendre impossible l'attaque de vive force sans le secours d'échelles; en revanche, on lui a donné un excédant d'épaisseur et des fondations très-profondes, pour augmenter les difficultés de l'attaque par la mine.

D. — Ravelin.

Le ravelin a un angle saillant de 70 degrés, qui dépasse de 281 mètres le côté extérieur.

Il importe que ce dehors, sur lequel l'ennemi doit se loger avant d'attaquer la contre-garde, soit entièrement séparé de cette dernière et du glacis intérieur.

Il importe aussi que l'artillerie de ses longues branches soit protégée par des traverses. Toutefois, comme ces masses couvrantes serviraient également à l'ennemi logé sur le terre-plein, on devra les raser ou les disperser par des fougasses, au moment où l'assaut du ravelin sera imminent.

Le saillant est pourvu d'une batterie haute casematée (voir profil R S), qui prend des revers prononcés sur les couronnements des fronts voisins.

L'escarpe du ravelin a pu être réduite à 4 mètres de hauteur, parce que la contrescarpe a $5^m,50$ de hauteur revêtue, et $7^m,75$, de hauteur totale.

La galerie crénelée de la gorge du ravelin donne des feux sur le fossé de la contre-garde, mais elle est surtout utile pour la défense souterraine.

La galerie de contrescarpe de la caponnière a les mêmes propriétés.

Si la défense des dehors par la mine était moins importante, nous n'aurions pas hésité à supprimer l'une et l'autre galerie, à cause des facilités qu'elles procureront à l'assiégeant, dès qu'il sera parvenu à s'en emparer.

Le flanquement du fossé du ravelin est assuré par deux batteries basses à la Haxo, et par les batteries hautes, à ciel ouvert, des faces de l'enceinte.

Les premières sont incrustées dans les glacis intérieurs et protégées par ce glacis contre les coups d'écharpe.

Leurs voûtes, ouvertes en arrière, débouchent dans le fossé capital. (Voir fig. 3.)

On y arrive par les poternes s, dont les entrées sont situées vis-à-vis de celles des poternes r qui conduisent aux batteries de mitrailleuses. (Voir fig. 3.)

Pour que l'ennemi, parvenu dans le fossé du ravelin, ne puisse pas menacer la gorge de cet ouvrage, on établit en p (fig. 2) des batardeaux à deux passages, précédés d'un fossé diamant avec ponts roulants.

Ces batardeaux, de même que ceux qui relient la gorge de ravelin aux batteries de mitrailleuses, servent en outre à former les *places de rassemblement* p o q, dans lesquelles on peut réunir les troupes de sortie, sans entraver l'action des batteries flanquantes. Ces places sont battues par la mousqueterie des galeries crénelées qui en forment le pourtour. (Voir fig. 3.)

Chemin couvert et places d'armes.

Le chemin couvert des faces de l'enceinte n'offre rien de particulier.

Celui des branches du ravelin est très-large à cause du glacis de contrescarpe, nécessaire pour défiler le revêtement de ces branches. Il se compose de plusieurs crochets pourvus de traverses dont les deux faces sont battues par le ravelin. Ces traverses rendront moins dangereuses, vers la fin du siége, les communications entre les places d'armes rentrantes et la place d'armes saillante; mais, d'un autre coté, elles intercepteront les feux du corps de place sur une partie du chemin couvert. Pour atténuer ce défaut et pour empêcher que les traverses ne protégent en flanc les batteries de brèche établies sur le bord du fossé, nous avons arrêté les traverses à 12 mètres de la crête du glacis de contrescarpe.

Le saillant du chemin couvert est occupé par un ouvrage isolé et casematé (véritable réduit de place d'armes saillante) dont le relief est combiné de telle sorte que l'ennemi, logé sur son glacis, ne puisse pas atteindre les batteries basses qui flanquent le ravelin.

Le fossé est arrondi (pour éviter les coups d'enfilade), et battu par une galerie crénelée de contrescarpe.

Les trouées que produit ce fossé dans la contrescarpe du ravelin, sont fermées au moyen de batardeaux creux qui mettent le réduit en communication avec sa galerie de contrescarpe.

Deux ponts mobiles permettent aux défenseurs du chemin couvert de se retirer dans le réduit, d'où ils peuvent ensuite, lorsque la communication par le chemin couvert est devenue impossible ou trop dangereuse, rentrer dans la place par deux portes, situées au niveau du fossé.

Pour mieux couvrir l'escarpe du réduit, on a supprimé

le chemin couvert au saillant du ravelin. Il sera utile cependant d'y suppléer par un couloir pour fusiliers, mettant en communication les deux branches du chemin couvert.

Les réduits de places d'armes rentrantes ont une construction analogue à celle du réduit de place d'armes saillante. Toutefois, leur escarpe, au lieu d'être couverte par le glacis, est protégée par un glacis de contrescarpe.

La terre qui couvre les voûtes, a une cote inférieure de $0^m,50$ à celle de la crête du chemin couvert. L'ennemi n'aura donc aucune indication pour tirer par les trouées que forment leurs fossés dans la contrescarpe du ravelin. Ces trouées sont, du reste, fermées par d'épais batardeaux.

D'un autre côté, les réduits de places d'armes rentrantes n'opposent aucun obstacle aux feux du ravelin et du corps de place, lesquels peuvent même battre leur glacis extérieur.

Les communications de la place avec le chemin couvert, devant être protégées efficacement par les réduits des places d'armes rentrantes, nous les avons établies le long des profils dont la direction est parallèle à la contrescarpe des faces de l'enceinte. Elles se composent d'une rampe et d'un pont, ce dernier construit sur le fossé du réduit. Leur débouché est protégé par une traverse arrondie, et leur entrée par un mur de gorge crénelé, précédé d'un fossé diamant, avec pont-levis.

La séparation entre le fossé du ravelin et les cours des réduits est complète.

Il est à remarquer que l'assiégeant, après avoir couronné le chemin couvert au saillant du ravelin et déblayé les terres du réduit de place d'armes saillante, ne peut détruire aucune partie des réduits des places d'armes rentrantes.

Ces réduits communiquent avec la galerie de contrescarpe au moyen d'un passage pratiqué dans l'épaisseur du batardeau. (Voir fig. 3.) Leur fossé, auquel on arrive par l'extrémité où se trouve le pont du réduit, forme une excellente place de rassemblement ; les troupes de sortie y seront à l'abri de tous les feux, même de ceux du couronnement aux saillants du chemin couvert.

Communications.

Les communications sont faciles, directes, sûres et nombreuses.

On débouche dans le fossé de la courtine par les rampes m qui longent la caserne défensive ; on se rend ensuite dans le fossé des ailes de la caponnière par les poternes f, ou dans le fossé de la tête de la caponnière par les poternes h. De là on gagne les points n, où se réunissent toutes les communications avec les dehors. Ces points sont surveillés et battus par les flancs de la caponnière et par les *premiers flancs* de l'enceinte.

Les communications qui partent delà, sont :

1° Les rampes des contre-gardes ;

2° Celles qui montent sur le glacis intérieur des faces ;

3° Les poternes accolées qui conduisent aux places de rassemblement $q\ o\ p$;

4° Les poternes r et s par lesquelles on se rend dans les batteries de mitrailleuses qui flanquent la contre-garde, et dans les galeries *t t*, qui longent les places de rassemblement.

Le débouché des poternes accolées est couvert par les batteries de mitrailleuses et par les extrémités des branches du ravelin. Les murs de profil de ces branches sont tracés de telle sorte que l'assiégeant ne puisse pas enfiler de loin la partie *o p* de la place de rassemblement, pour détruire les têtes des poternes.

Les places de rassemblement communiquent :

1° Avec le fossé du ravelin, par les portes *i* des batardeaux (fig. 3), et avec les extrémités des branches de ce dehors, par les escaliers *o q*;

2° Avec le fossé de la contre-garde, par les ouvertures *i* (fig. 3) des batardeaux construits dans le prolongement de la contrescarpe de ce fossé;

3° Avec le saillant du ravelin, par les rampes qui longent la contrescarpe du fossé de la contre-garde;

4° Avec la galerie crénelée qui borde une partie de la place de rassemblement *q o p*, par la porte située vis-à-vis du passage *i* du batardeau (fig.3);

5° Avec les réduits des places d'armes rentrantes, par la poterne dont l'entrée est dans cette même galerie.

Pour que l'ennemi ne puisse pas s'introduire dans les places de rassemblement *q o p*, les portes qui conduisent au fossé du ravelin sont précédées d'un fossé diamant avec pont-levis.

Les mêmes précautions doivent être prises au débouché des poternes accolées qui aboutissent aux places de rassemblement.

Les communications que nous venons de décrire remplissent toutes les conditions voulues. L'obligation imposée aux sorties de passer par les réduits de places d'armes rentrantes, est excellente au point de vue de la sécurité, puisqu'elle met les troupes à l'abri de toute poursuite dès qu'elles ont gagné ces réduits (d'où elles peuvent rentrer ensuite dans la place par des communications souterraines); mais au point de vue de la facilité et de la rapidité de la retraite, surtout en cas de vive poursuite, elle aurait, dans certains cas, l'inconvénient de produire un encombrement fâcheux en avant des ponts des réduits.

D'un autre côté, la retraite serait compromise si l'un de ces ponts était détruit par les projectiles de l'ennemi, après le départ des troupes de sortie.

Il sera donc prudent d'appliquer à la contrescarpe de chaque face du front, des rampes provisoires en bois ou en tôle, débouchant dans le chemin couvert. On détruira ou on renversera ces rampes au moment où l'ennemi, par ses travaux de couronnement, rendra impossibles les grandes sorties au delà du glacis.

La recommandation que nous venons de faire prouve que le revêtement de la contrescarpe des faces n'est pas favorable à une défense active. A cause de cela, et pour diminuer la dépense, nous sommes d'avis que dans la plupart des cas il y a lieu de le supprimer.

D'autres simplifications encore peuvent être apportées au front (fig. 2), qui est plutôt un front d'étude qu'un front d'application usuelle.

Nous les indiquerons et justifierons dans le type suivant.

II.

Front simplifié de 1,000 mètres de longueur, avec demi-lune appliquée.

PLANCHE XIII, FIG. I.

Le tracé de ce front (voir fig. 4) est semblable à celui du front précédent.

Les modifications ne portent que sur les points suivants :

A. La caserne défensive est supprimée, et les logements sont établis sous le rempart de la courtine.

B. Les passages qui, dans le premier type, longent les ailes de la caserne défensive, se trouvent en capitale du front. Ils se composent chacun d'une large poterne et d'un couloir pour piétons.

C. Le fossé du ravelin a une escarpe et une contrescarpe en terre. Nous avons indiqué dans le chapitre IV les raisons qui permettent de réaliser cette économie dans la plupart des cas, surtout lorsque la caponnière a une contre-garde revêtue.

D. Le fossé du ravelin a une largeur plus que double de celle du type précédent (fig. 2). Cette modification est justifiée par la suppression du revêtement de l'escarpe, et par la nécessité d'augmenter la puissance du flanquement, (à cause d'une autre modification dont il sera question dans le paragraphe suivant.)

E. Les batteries basses à la Haxo qui flanquent le

ravelin dans le type fig. 2, sont supprimées par mesure d'économie. En revanche, on a augmenté la puissance des batteries hautes, en élargissant et en évasant le fossé.

G. Le ravelin n'étant plus revêtu, on a pu supprimer également la coupure *o p*, qui, dans le premier type, sépare les branches de ce dehors du glacis intérieur des faces.

Cette suppression n'offre aucun danger, puisqu'il est impossible que l'ennemi se rende maître du ravelin par une attaque d'emblée, avant d'avoir assuré les communications de cet ouvrage avec le couronnement du chemin couvert. Elle est au contraire avantageuse, en ce sens qu'elle permet aux troupes du ravelin de se jeter à l'improviste dans le fossé, soit pour attaquer en flanc les colonnes d'assaut, soit pour culbuter les travaux de la descente et du passage : opération qui n'est pas exécutable dans le type fig. 2, où les troupes de sortie doivent d'abord descendre dans les places de rassemblement *q o p*, puis déboucher dans le fossé par les portes avec pont-levis des batardeaux *p*.

H. La contrescarpe du fossé des faces n'est pas revêtue. (Voir profil AB.) Cette circonstance, comme nous l'avons fait remarquer plus haut, est très-favorable aux retours offensifs. Elle permet, en effet, de créer au pied du glacis intérieur un vaste espace couvert, d'où les troupes peuvent se porter dans la campagne, en ordre de combat.

I. Le revêtement de la contrescarpe du fossé du ravelin est également supprimé. Il en résulte une économie importante, mais qui, au point de vue de la défense, a l'inconvénient d'abréger la construction de la descente du fossé et de permettre à l'ennemi de se retirer plus facilement après un assaut infructueux. Il sera donc utile de revêtir cette contrescarpe, toutes les fois que des raisons financières ne s'y opposeront point.

K. Le chemin couvert du ravelin ne devant plus avoir de glacis de contrescarpe (par suite de la suppression du revêtement de l'escarpe), sa largeur a été considérablement réduite. En même temps on a supprimé les traverses qui ne peuvent pas ici, comme dans le type précédent, être arrêtées à 12 mètres de la contrescarpe. On y a suppléé en donnant au chemin couvert un deuxième terre-plein (voir profil CD) dont le niveau se trouve à $3^m,50$ sous la crête du glacis.

L. La suppression des batteries basses du ravelin entraîne celle du réduit de la place d'armes saillante, qui est surtout utile par le masque qu'il oppose à l'action des contre-batteries. Ce réduit est remplacé par un blockhaus, servant d'abri au poste chargé de surveiller, et au besoin de défendre, le saillant du chemin couvert. A droite et à gauche de ce blockhaus se trouve une barbette disposée pour recevoir des pièces légères ou des mitrailleuses.

M. Les communications avec les dehors diffèrent peu de celles du front fig. 2.

Des places de rassemblement o' p' q', on se rend dans le fossé du ravelin par des poternes courbes dont le débouché x est couvert par un glacis de 3 mètres de hauteur, soumis aux feux du corps de place.

Entre le talus de banquette de ce glacis et le pied du glacis intérieur des faces, se trouve une autre place de rassemblement, communiquant par une rampe avec le chemin couvert du ravelin, par une coupure dans le glacis (que le plan n'indique pas) avec le fossé de cet ouvrage, et par une porte précédée d'un fossé diamant, avec le réduit de place d'armes rentrante.

De ce réduit on passe dans le chemin couvert au moyen d'une rampe aboutissant à un pont en charpente.

Cette communication n'est utile que pour les voitures et les chevaux, car l'infanterie se porte facilement au delà du chemin couvert des faces, par le talus de 2 sur 1 qui raccorde ce chemin avec le pied du glacis intérieur. (Voir le profil AB.)

Les voitures et les chevaux peuvent également sortir par les rampes qui conduisent au chemin couvert du ravelin, et vis-à-vis desquelles se trouvent des coupures dans le glacis (que le plan n'indique pas).

N. B. Dans ce front, comme dans le précédent, les communications sont faciles, nombreuses, directes et bien couvertes.

III.

Front de 1,000 mètres de longueur, avec ravelin détaché.

PLANCHE XIII, FIG. 2.

La fig. 4, pl. XIII, fait connaître le tracé et les dimensions de ce front.

Le corps de place ne diffère pas de celui de la fig. 2, pl. XII; quant à la caponnière, les batteries basses de ses flancs, de même que les batteries casematées de ses ailes, ont des mitrailleuses au lieu d'avoir des canons. En conséquence, le type à la Haxo a été remplacé, pour ces batteries, par le type dont les détails sont indiqués pl. VIII, fig. 2 et 4.

La contre-garde de la caponnière ayant plus d'importance que dans le front fig. 2 de la pl. XII, on a augmenté son épaisseur (1) et construit au saillant une batterie de revers casematée.

Pour couvrir dans ces conditions l'escarpe de la caponnière, il a fallu établir un glacis $c\ c\ c$ sur le bord de la contrescarpe.

Les traverses de la contre-garde sont tracées de manière à ne pas offrir de couvert à l'ennemi. Deux d'entre elles sont pourvues d'abris voûtés.

Les traverses d destinées à rendre moins dangereuse la circulation sur le terre-plein, doivent être démolies, par la mine ou autrement, à l'époque du siége où l'attaque du ravelin est imminente.

Les batteries de mitrailleuses qui flanquent la contregarde, diffèrent de celles des types précédents, en ce qu'elles sont reliées aux réduits des places d'armes rentrantes, dont toutefois un mur épais les sépare. Cette

---

(1) On rend ainsi plus facile sa défense par la mine, en même temps qu'on empêche l'ennemi de pratiquer une trouée dans la contre-garde, pour battre la caponnière en brèche du couronnement du chemin couvert.

combinaison a permis de réaliser une économie et d'assurer mieux les communications avec le chemin couvert.

Les gorges des batteries et des réduits sont tracées de manière que l'assiégeant ne puisse pas atteindre, par les coups plongeants de ses batteries éloignées, les débouchés des poternes b dans les places de rassemblement e.

On arrive aux batteries de mitrailleuses de la même manière qu'à celles du type fig. 2, pl. XII. Quant aux réduits des places d'armes rentrantes, leurs entrées s'ouvrent sur les places de rassemblement e.

Le chemin couvert des contre-gardes a une batterie au saillant, et deux crochets dans les rentrants, qui permettent de diriger des feux sur la capitale de l'ouvrage. Pour atteindre ce but, il a fallu élargir le terre-plein et, par suite, découvrir une partie de l'escarpe. On a remédié à cet inconvénient en construisant un glacis de contrescarpe $n\,n$.

Dans le même but, on a relevé vers la contrescarpe du fossé de la contre-garde, la partie l, l' du glacis qui couvre l'escarpe des réduits des places d'armes rentrantes.

Ce glacis relevé, de même que le couloir k qui le sépare du glacis extérieur, doivent être battus par l'artillerie de la contre-garde.

Les places de rassemblement e sont fermées par deux batardeaux dont l'un, précédé d'un fossé diamant avec double pont mobile, débouche sur les rampes $f\,g$ qui servent aux grandes sorties, et dont l'autre donne accès dans les fossés des réduits des places d'armes rentrantes. Ces fossés, communiquent par un passage courbe j avec le fossé de la contre-garde. L'intérieur de ce passage est battu par les créneaux de la galerie $i\ i$ qui la contourne.

Les rampes $f\ g$ sont tracées de manière que l'ennemi ne puisse pas les enfiler de loin, pour détruire les batardeaux et les ponts qui les séparent des places de rassemblement.

Ces batardeaux et ces ponts sont, comme dans les types précédents, surveillés et battus par les défenseurs des galeries crénelées construites dans les murs de profil des passages.

La contrescarpe crénelée $i\ i$ dont l'une de ces galeries est le prolongement, communique avec le réduit de place d'armes rentrante par des passages souterrains; l'autre galerie communique avec les passages b par une poterne. (Voir pour les détails fig. 3, pl. XII.)

Des places de rassemblement on peut se porter au delà du glacis, soit par les rampes $f\ g$ et h, soit par les passages j, les rampes m et les passages o.

Lorsque de grandes sorties doivent être faites, les troupes se rassemblent au pied du glacis intérieur des faces (voir le profil I K), d'où elles se portent dans la campagne par des talus inclinés au tiers. L'artillerie et la cavalerie suivent le premier des deux chemins indiqués dans le paragraphe précédent.

Ravelin détaché.

La gorge du ravelin détaché se trouve à 160 mètres en avant de la contre-garde, et son saillant à 325 mètres.

L'escarpe et la gorge sont revêtues. La contrescarpe ne l'est qu'à l'arrondissement du fossé où se trouve une galerie crénelée, à laquelle on arrive par le passage souterrain xy qui a son entrée dans les locaux inférieurs de la batterie du saillant.

Cette galerie, qui peut être armée de mitrailleuses, procure une défense rapprochée au fossé du ravelin, lequel n'est flanqué que de loin par les batteries à ciel ouvert des faces de l'enceinte.

Les branches du ravelin sont brisées de manière à pouvoir battre efficacement le terrain en capitale du front et en avant des fronts collatéraux; nous appellerons *tête* les parties du parapet qui sont perpendiculaires à la capitale, *faces* les parties qui sont parallèles au fossé, et *flancs* les parties qui aboutissent à la gorge.

Le profil P Q fait connaître les principales dimensions des maçonneries et des terrassements des branches.

On arrive au chemin de ronde, par les poternes pp' dont le débouché est protégé par les traverses q.

Ces traverses ont une banquette pour la mousqueterie ; les passages r qui les séparent du mur de ronde, sont fermés par des portes grillées.

Les locaux habitables et les magasins se trouvent sous les remparts de la *tête* et des *flancs*, qui sont les parties les moins exposées aux feux plongeants.

Les remparts sont pourvus de traverses casematées, de traverses pleines et de parados, disposés à la manière ordinaire.

La gorge du ravelin est défendue par un fossé et par un réduit en forme de blockhaus.

Ce réduit se compose d'un étage casematé et d'une plate-forme à ciel ouvert.

L'étage casematé renferme des logements, des magasins et trois caves à canons de chaque côté, pour le flanquement du fossé de la gorge ; ces caves sont armées de mitrailleuses et précédées d'embrasures-tunnels qui les mettent à l'abri des feux éloignés.

La plate-forme à ciel ouvert est disposée pour la mousqueterie ; on peut y mettre au besoin 2 ou 3 pièces légères.

Le fossé du réduit est flanqué par une galerie crénelée de contrescarpe. La partie de cette galerie qui longe la gorge, communique avec celle qui contourne la tête, par deux passages souterrains. Les entrées c' de ces galeries se trouvent dans les murs de profil de la rampe en capitale du front, par laquelle on descend dans le fossé du réduit.

On débouche dans le ravelin par un ou deux ponts jetés sur le fossé de la gorge. Ces ponts conduisent au terre-plein de la *tête* du ravelin par des passages de 5 à 6 mètres de largeur, longeant le mur de soutenement des *flancs*, et par les rampes $s\ s$, appliquées contre les *faces*.

Si les défenseurs devaient se rendre par ces passages et le long de ces rampes aux bâtiments de la *tête*, pendant que l'assiégeant tirerait sur le ravelin, ils courraient de grands dangers. On les évitera, en reliant ces bâtiments à la poterne pp' par une galerie longeant le mur de soutenement des flancs et le mur intérieur des rampes $s\ s$.

Le ravelin n'a pas de chemin couvert. Toutefois, pour faciliter la surveillance du terrain extérieur, surtout pendant la nuit, on lui a donné une place d'arme saillante communiquant avec le fossé par les rampes t.

Cette place d'armes permet de faire des sorties contre

les travaux rapprochés de l'attaque. Elle est pourvue d'un blockhaus en maçonnerie, servant de corps de garde et communiquant, par un escalier, avec les galeries à l'arrondissement du fossé du ravelin.

Le blockhaus est crénelé; il bat l'intérieur de la place d'armes saillante et les passages u qui débouchent dans la campagne.

IV.

Front simplifié de 1,000 mètres de longueur, avec ravelin avancé.

PLANCHE XIII, FIG. I.

Le corps de place de ce front ne diffère du précédent que par la suppression de la caserne défensive et par l'établissement, dans l'enceinte même, des batteries qui flanquent la tête de la caponnière. Ces batteries (voir le profil E F) tirent par des tunnels, établis sous les extrémités des ailes de la caponnière.

Bien que nous préférions des batteries de canons ou de mitrailleuses, construites dans les ailes même de la caponnière (voir profil L M fig. 2), nous avons employé ici des tunnels pour donner un spécimen de ce mode de flanquement et faire apprécier ses inconvénients, qui sont de limiter trop le champ de tir des pièces dans le sens vertical, et d'exposer les murs de masque aux coups de la contre-batterie, supposée établie à l'arrondissement du fossé de la caponnière.

Pour parer à ce dernier inconvénient, il faudrait ou bien cuirasser les murs de masque, ce qui donnerait lieu à une dépense considérable, ou bien renforcer l'épaisseur de ces murs et les composer de gros blocs de pierres dures. Dans l'un et l'autre cas, la dépense serait aussi grande que si l'on créait, dans les ailes même de la caponnière, des batteries cuirassées conformes au profil L M fig. 2.

Le seul avantage que présentent les tunnels des extrémités des ailes, c'est qu'ils permettent de supprimer les poternes qui, dans le dispositif précèdent, mettent le fossé de la courtine en communication avec celui des ailes.

La contre-garde de la caponnière a un peu moins d'épaisseur dans ce front que dans l'autre.

Cette modification est justifiée par la protection qu'elle reçoit d'une espèce de couvre-face tenant lieu de chemin couvert, et qui est en réalité un chemin couvert à glacis coupé.

Le fossé de ce couvre-face est revêtu à la contrescarpe, et flanqué par les batteries hautes des faces de l'enceinte. Il communique avec les places de rassemblement e, par les poternes courbes f.

Les débouchés de ces poternes sont couverts par les glacis h, qui protégent en même temps les espaces g, d'où l'on se rend dans les locaux des places d'armes rentrantes par des portes (précédées d'un fossé diamant avec pont-levis) et dans le chemin couvert des faces ou dans la campagne, par les rampes $l\ l$.

Les places d'armes rentrantes n'ont pas de réduits, mais

les cours j, entourées de locaux voûtés, en tiennent lieu. L'ennemi ne peut arriver à ces locaux qu'en sautant du glacis intérieur des places d'armes rentrantes dans la cour (dont le sol est à 7 mètres au-dessous de la crête de ce glacis), ou en descendant dans le fossé capital par les rampes $l\ l$ et en forçant ensuite la porte d'entrée de la cour j; or l'une et l'autre opération offrent des difficultés et des dangers tels que l'on peut considérer comme suffisante la sûreté que les locaux sous les places d'armes rentrantes procurent aux défenseurs du chemin couvert.

Les places de rassemblement extérieures g communiquent avec la gorge du ravelin détaché, soit par les rampes $l\ l$ et m des places d'armes rentrantes, soit par rampes i et i' qui longent la contrescarpe du fossé du glacis coupé. Cette dernière communication est la plus directe et la plus sûre.

Ravelin détaché.

Le ravelin détaché diffère de celui du front précédent par la suppression du réduit et celle du fossé de la gorge.

Grâce à cette modification, l'intérieur du ravelin peut être battu par l'artillerie du corps de place, et le revêtement de la gorge vu jusqu'au pied par les défenseurs du chemin couvert à glacis coupé.

Ce revêtement est bastionné; la courtine et les flancs ont des locaux crénelés à l'épreuve de la bombe; dans chaque flanc on installera, au besoin, une ou deux mitrailleuses.

Les rampes OO facilitent l'armement des remparts et

les retours offensifs. Elles sont fermées par des grilles en fer.

Sous la tête du ravelin se trouvent des abris voûtés précédés d'une cour à laquelle on arrive par la poterne n en capitale de l'ouvrage. De cette cour on se rend par une poterne dans les souterrains de la batterie du saillant, par deux rampes et par deux escaliers p dans le terre-plein intérieur.

Le rempart des flancs du ravelin communique avec le chemin de ronde par deux passages à ciel ouvert longeant les murs de profil de ces flancs.

Par mesure d'économie, on a supprimé la pièce casematée et cuirassée de la batterie de revers qui, dans le type précédent, bat le terrain des attaques en capitale du front.

Le ravelin détaché du front fig. 1 est bien moins onéreux que celui du ravelin du front fig. 2. Néanmoins il offre des garanties suffisantes contre l'escalade et d'assez grandes facilités pour les retours offensifs. Les communications avec les abris de la tête du ravelin sont mieux couvertes aussi que dans l'autre type. Celui-ci toutefois est préférable, lorsque le ravelin doit être porté à une distance telle du front, qu'il constitue un ouvrage détaché. Il oppose, en effet, plus de résistance à une attaque par la gorge et il possède, en outre, tous les avantages inhérents au réduit.

V.

Fronts de 1,000 mètres de longueur pour l'enceinte de sûreté d'un grand pivot stratégique.

PLANCHE XI.

Les fronts de cette espèce doivent satisfaire aux conditions suivantes :

1° Être à l'abri de l'attaque de vive force; avoir, par conséquent, une escarpe d'au moins 6 mètres de hauteur, et des batteries flanquantes préservées des feux plongeants de l'attaque.

2° Avoir de larges et faciles communications et de vastes places de rassemblement pour les grandes sorties.

3° Avoir des remparts organisés pour soutenir avec succès une lutte prolongée d'artillerie.

4° Posséder un nombre suffisant de locaux à l'épreuve des bombes et des obus, pour abriter les troupes de garde et les réserves.

5° Posséder quelques ouvrages à défense intérieure, pour tenir en respect la population, lorsque celle-ci est nombreuse et encline à se révolter.

Type fig. 1.

Le type fig. 1 satisfait à ces conditions.

Le profil RS montre que l'escarpe détachée a $7^m,50$ de

hauteur, qu'elle est protégée contre les feux plongeants par un glacis dont le talus intérieur est incliné au tiers, et que ce glacis, prolongé sous le terrain naturel, crée le long des faces de larges espaces, où peuvent se rassembler les troupes de sortie. On arrive à ces places de rassemblement par des rampes taillées dans le talus roide de la contrescarpe. Au delà se trouve un chemin couvert avec glacis extérieur, dans lequel sont pratiqués des passages *ff* pour les sorties.

La caponnière est séparée du corps de place par une coupure de 8 mètres de largeur. Elle se compose d'un étage casematé avec masques d'embrasures, et d'une plateforme à ciel ouvert. L'un est armé de mitrailleuses et l'autre de canons montés sur des affûts de siége exhaussés. (Voir profil CD.)

Les masques d'embrasures ont des têtes en granit qui leur permettent de résister aux feux plongeants de l'artillerie éloignée.

Le fossé capital a 17 mètres de largeur devant les saillants, et 22 mètres en capitale du front. La partie en avant du mur détaché est battue par 4 pièces, et la partie en arrière, par 1 pièce.

La tête de la caponnière est aplatie pour que le dispositif central ait moins de saillie, et elle déborde les flancs, pour que ceux-ci soient à l'abri des feux d'écharpe.

Son fossé a 10 mètres de largeur ; il est flanqué à revers par une galerie de contrescarpe à laquelle on arrive, de l'intérieur de la caponnière, par la communication souterraine *zzz*.

Pour que les trouées, formées dans la contrescarpe du

corps de place par le fossé de la tête, n'exposent pas le mur détaché aux coups plongeants, elles sont bouchées au moyen de batardeaux.

Des murs semblables, avec deux passages *rr*, ferment les trouées entre le corps de place et la caponnière, et protégent la partie exposée de l'escarpe de la courtine.

La caponnière est couverte par une espèce de ravelin aplati, ayant un commandement de 2 mètres environ sur la crête du glacis.

Son terre-plein communique avec le fossé de la caponnière par deux escaliers auxquels on arrive par les passages *t* des batardeaux qui limitent ce fossé.

La tête du ravelin est précédée d'une tranchée de 8 mètres de profondeur, se raccordant par deux rampes R avec le terrain naturel, et dont le flanquement est assuré par une petite caponnière à mitrailleuses (Voir profil GHIK), communiquant avec la caponnière principale par la galerie de contrescarpe de celle-ci et par le passage souterrain *zz*. Le même commandant peut donc surveiller et diriger toutes les batteries flanquantes du front.

Le profil GHIK montre que les revêtements des dehors sont bien défilés et les reliefs convenablement réglés.

Deux larges poternes conduisent dans le fossé de la courtine, d'où l'on se rend au delà du glacis par les portes *rr*, les ponts-levis *ss* et les passages *vv* qui débouchent dans la tranchée longeant la tête du ravelin.

Les passages *vv* sont tracés de manière que l'assaillant ne puisse pas faire brèche au mur d'escarpe, en établissant une batterie devant leur porte de sortie.

La courbure donnée à ces passages n'empêche pas, du

reste, que des mitrailleuses, placées en *g*, derrière le mur détaché, ne les enfilent dans toute leur longueur.

Un fossé diamant, avec ponts roulants, permet d'interrompre la communication entre les poternes *vv* et la tranchée qui longe le ravelin. Cette tranchée n'est pas vue du corps de place, mais l'inconvénient qui en résulte est corrigé par la petite caponnière, dont le feu bat efficacement le débouché des poternes et les rampes R.

Les entrées et les sorties des communications avec la campagne sont surveillées en outre par les corps de garde *b*, *c* et *x*.

Le fossé du ravelin est précédé d'un glacis, ayant 3 mètres de relief au-dessus du terrain naturel, et servant à couvrir la petite caponnière et les parties voisines de l'escarpe.

Les logements pour les troupes de garde se trouvent sous le terre-plein des faces de l'enceinte et dans l'escarpe de la courtine.

Les ouvrages à défense intérieure sont des redoutes établies en arrière des saillants du corps de place, à 2,000 ou 3,000 mètres l'une de l'autre.

Ces redoutes sont à l'abri de l'attaque de vive force, et elles ont un commandement de 1 mètre sur la crête du rempart.

Leur fossé est battu par une galerie crénelée ou par des coffres de contrescarpe.

L'étage inférieur est casematé et pourvu de logements pour la réserve; l'étage supérieur est une plate-forme à ciel ouvert, armée de canons et de mitrailleuses.

Type fig. 2.

Ce type est applicable à des fronts dans le prolongement desquels il est impossible d'établir des batteries d'attaque.

La caponnière peut dès lors être simplifiée.

Elle se compose, sur une partie de sa longueur, d'un étage casematé, armé de canons ou de mitrailleuses et, sur la partie restante, de deux étages casematés (voir profil A. B.).

La partie qui n'a qu'un étage est la plus exposée aux coups plongeants d'écharpe.

Le ravelin qui couvre la caponnière est demi circulaire et pourvu de deux ailes servant à boucher les trouées de son fossé. Les coupures qui séparent ces ailes du glacis intérieur, donnent lieu à d'autres trouées, mais moins larges et plus courbes; elles sont du reste fermées au moyen de batardeaux.

Les passages t de ces batardeaux conduisent à des rampes par lesquelles on monte à la place d'armes centrale, d'où l'on peut se rendre soit dans la campagne, soit dans les places de rassemblement au pied du glacis intérieur de l'enceinte.

Cette communication est préférable à celle du front précédent, parce qu'elle permet aux troupes de sortie d'arriver dans les places de rassemblement sans être vues de la campagne, ce qui leur serait impossible par les rampes qui débouchent sur la crête du glacis intérieur (fig. 1), plus élevée que celle du glacis extérieur.

On monte sur le ravelin par les escaliers u, u', dont le pied est battu par la caponnière.

Le revêtement du ravelin est protégé par un glacis de contrescarpe p, p, qui contourne les rampes et les coupures des ailes.

En w se trouvent les entrées de la galerie qui flanque à revers le fossé de la caponnière, et en i, les entrées de la galerie de contrescarpe du ravelin.

Les trouées du fossé de la caponnière sont fermées par d'épais batardeaux.

En arrière de la courtine est une caserne qui peut, jusqu'à un certain point, assurer la défense intérieure de l'enceinte.

Elle est entièrement à l'abri des feux plongeants directs et d'écharpe. (Voir le profil E F.)

Les communications avec l'extérieur sont organisées comme dans le type précédent. Pour les rendre plus faciles et pour éviter tout encombrement au centre du front, en cas de prompte retraite des troupes de sortie, on les complétera par deux rampes taillées dans la contrescarpe des faces.

Type fig. 3.

Ce type se distingue du précédent en ce que les places de rassemblement, au lieu de se trouver au pied du glacis intérieur, sont au delà du mur détaché, dans la partie antérieure du fossé capital.

Cette partie est flanquée par trois pièces de l'étage inférieur de la caponnière et deux de l'étage supérieur.

La partie postérieure (en arrière du mur détaché) est flanquée par deux pièces basses.

La contrescarpe du fossé capital (voir le profil L M) a un talus de 2 sur 1, pouvant être franchi par l'infanterie ; s'il était plus doux, sa crête ne protégerait plus le mur détaché contre les coups plongeants.

Les chevaux et les voitures sortent de la place, comme dans les types précédents, par les rampes du dispositif central.

Le glacis est prolongé sous le terrain naturel, non-seulement pour augmenter les déblais, mais encore pour former un ressaut qui permette d'établir dans de bonnes conditions, au pied du glacis, des abatis ou des réseaux de fils de fer (1).

Ce front n'a de chemin couvert proprement dit qu'en avant du ravelin.

On pourra toutefois, comme l'indique le profil O P, organiser une banquette pour fusiliers tout le long du glacis, sauf à réserver quelques passages $f\,f$, pour les sorties.

La caserne défense est semblable à celle du type fig. 2.

Les trois types que nous venons de décrire ont le degré de résistance qui convient à l'enceinte des places à camps retranchés. Une plus grande valeur défensive n'est désirable que pour l'enceinte d'un pivot stratégique central, dernier refuge d'une armée et dernier espoir d'une nation. Dans ce cas, en effet, on doit chercher à prolonger la résistance, le plus longtemps possible.

---

1) Il va sans dire qu'on ménagera dans ces réseaux des passages pour les sorties.

Anvers offre un exemple de cette situation exceptionnelle.

Dans les cas ordinaires, on adoptera le type fig. 3 pour les fronts non ricochables, et le type fig. 1 pour ceux qui sont exposés à l'enfilade. Ces derniers ne peuvent pas être évités complétement, car les plus grandes places ont quelquefois des parties saillantes qu'il est indispensable de comprendre dans le périmètre de l'enceinte.

VI.

Front de 500 mètres de longueur, avec ravelin détaché.

PLANCHE XXIX, FIG. 8.

Le corps de place de ce front est semblable à celui du front que représente la fig. 1 de la pl. XIV et qui sera décrit plus loin.

Les dehors se composent d'une contre-garde et d'un chemin couvert avec réduits de places d'armes rentrantes. Ce dernier est analogue à celui du front fig. 1, pl. XIII.

La contre-garde porte au saillant une batterie casematée à la Haxo, qui enfile le chemin couvert et le glacis des faces de l'enceinte, et qui permet en outre de diriger des feux de revers sur les approches des fronts voisins.

Le fossé de la contre-garde est revêtu à la contrescarpe

pour augmenter les difficultés de la construction de la descente et les dangers de la retraite des colonnes d'assaut, en cas d'insuccès. Toutefois, pour que ce dernier avantage ne soit pas annulé par les rampes $l\ l'$ — qui permettent de déboucher à couvert derrière le ravelin — il sera prudent d'interrompre ces rampes par des *ha! ha!*

Les communications avec la campagne sont de deux espèces : les unes, parfaitement couvertes, se font par les poternes F F', les rampes q et $l\ l'$; les autres, moins bien couvertes, se font par les rampes du glacis intérieur ou par les poternes F F', les rampes N N' et les passages à ciel ouvert $p\ p'$.

Le ravelin détaché ne ressemble point à ceux des fronts fig. 1 et 2 de la pl. XIII, qui sont conformes au type généralement admis.

Ce dernier type a l'inconvénient d'éloigner beaucoup le saillant du ravelin, et de donner aux branches une direction favorable au ricochet.

On fera disparaître cet inconvénient en remplaçant la forme triangulaire du ravelin par la forme trapézoïdale, qui augmente la puissance des feux de front, mais diminue, en revanche, celle des feux d'enfilade et de revers dirigés contre les travaux d'approche des fronts collatéraux. D'un autre côté, la substitution d'un pan coupé à la pointe du ravelin, a pour effet de soustraire une partie du fossé à l'artillerie du corps de place.

On corrigera le premier défaut : 1° en établissant aux extrémités de la tête du ravelin des coupoles pouvant agir sur les côtés de l'ouvrage, et 2° en arrondissant les flancs du ravelin de manière à pouvoir soustraire 2 ou 3 pièces aux feux d'enfilade.

Quant au deuxième défaut, on en diminuera considérablement l'importance, en flanquant la tête du ravelin au moyen de coffres de contrescarpe H G, communiquant avec le ravelin par les passages souterrains *g h*.

La gorge du ravelin est bastionnée, revêtue sur 6 mètres de hauteur, et protégée par une galerie crénelée dans les rentrants de laquelle on peut établir des mitrailleuses.

Le profil A B fait connaître les principales dimensions de cette galerie, la largeur des fossés de la tête et des flancs, la hauteur de l'escarpe et de la contrescarpe, et l'organisation du rempart.

Ce même profil montre que tout le terre-plein du ravelin est soumis aux feux du corps de place.

Afin qu'on ne puisse pas reprendre ce dehors, au moment où l'ennemi s'en emparera, le milieu de la courtine de la gorge est pourvu d'une large rampe qui conduit à un palier coté 8, d'où l'on monte dans le terre-plein par deux rampes latérales. L'entrée de la première rampe est protégée par un mur crénelé *m n* et par un fossé diamant avec ponts-levis accolés. (Voir le profil C D.)

Au pied de cette rampe se trouve un premier palier, à la cote 4, sur lequel s'ouvrent les portes *f*, donnant accès dans la galerie crénelée de la gorge.

Lorsqu'on voudra reprendre le ravelin, on détruira à coups de canon le mur *m n*, on comblera le fossé diamant et on franchira les rampes, après avoir balayé par la mitraille tout le terre-plein de l'ouvrage.

La gorge est raccordée avec le terrain naturel par des talus soumis aux feux de la contre-garde. Ces talus permettent également à l'artillerie des faces de l'enceinte de battre les fossés des flancs du ravelin.

Le glacis de la tête, prolongé sous le terrain naturel, forme un ressaut derrière lequel on abritera des réseaux de fils de fer, des piquets ou des abatis. Son saillant T est occupé par un blockhaus, servant de corps de garde et de magasin de munitions pour les troupes chargées de la surveillance extérieure du front.

Le ravelin détaché que nous venons de décrire se trouve, sans nul doute, dans de meilleures conditions pour résister aux batteries de l'attaque, que le ravelin à longues branches ricochables de la pl. XIII.

On obtiendrait, sous ce rapport, des garanties plus complètes, en y substituant une batterie à coupoles analogue à celle de la pl. XXIX, fig. 7. On la placerait perpendiculairement à la capitale du front (voir fig. 9 de la même planche) et on la couvrirait par un glacis appuyé à une large galerie crénelée de contrescarpe, dont le profil M N fait connaître les principales dimensions. Cette galerie assurerait une défense suffisante à la partie du fossé que ne battent point les feux de la contre-garde, ni ceux du corps de place, et elle offrirait de plus un abri sûr aux troupes qui, à la fin du siége, doivent se tenir prêtes, soit à repousser une attaque contre le ravelin, soit à faire une sortie contre les travaux rapprochés de l'attaque. Ses larges portes *i* fourniraient un débouché commode à ces troupes, et l'on n'aurait point à craindre que l'ennemi en profitât, les galeries pouvant être enfilées par le canon de l'enceinte.

Le fossé de la tête du ravelin et le talus à pente douce, situé en arrière, sont des endroits très-favorables pour rassembler, à l'insu de l'ennemi et à l'abri de ses coups, les troupes chargées de faire de grandes sorties contre les premiers travaux de l'attaque.

Si un front se trouvait dans des conditions telles, que son ravelin détaché eût pour objet principal de battre le terrain en avant des fronts collatéraux, on placerait le grand axe de la batterie dans la direction de la capitale. Alors tout le fossé du ravelin pourrait être flanqué par la contre-garde et par les faces de l'enceinte.

La substitution des batteries à coupoles aux ravelins ordinaires, présente des avantages réels, sur lesquels nous croyons devoir appeler l'attention des ingénieurs.

Le moment n'est peut-être pas éloigné où l'emploi du fer apportera des modifications plus profondes aux formes usuelles de la fortification. C'est la conséquence nécessaire des progrès qui ont été réalisés dans l'armement et dans la métallurgie.

VII.

Front de 400 mètres de côté.

PLANCHE XIV, FIG. 1.

Quand les fronts ont moins de 500 mètres de longueur, il est nécessaire de réduire l'angle saillant de la caponnière à 60 et même à 55 degrés, pour que la courtine ne prenne pas un développement exagéré au détriment des faces.

La caponnière du front fig. 1, pl. XIV, a un saillant de 60 degrés.

Afin de ne pas trop éloigner ce saillant, nous avons supprimé les orillons qui, dans les fronts fig. 1 et 2, pl. XII, protégent les épaulements des batteries basses de la caponnière contre le tir d'enfilade.

Nous avons également supprimé les fossés diamant qui longent ces batteries et dont l'utilité est contestable, lorsque les deux étages de la caponnière sont casematés (l'attaque de vive force par d'étroites embrasures n'offrant aucune chance de succès).

La caponnière est couverte par un ravelin dont les fossés sont flanqués par des batteries basses cuirassées (voir profil IK) et par des batteries hautes à ciel ouvert.

Ce ravelin est relié au glacis intérieur, pour que l'escarpe des faces soit entièrement défilée. Son chemin couvert est pourvu d'un glacis de contrescarpe et de quatre traverses. Celles-ci sont tracées de manière à être enfilées par le ravelin, et elles occupent des parties où l'assiégeant n'a pas intérêt à construire des batteries ou des logements.

Pour augmenter les difficultés de l'établissement des contre-batteries au saillant du chemin couvert, on a renforcé ce saillant par un vaste réduit de places d'armes dont la plate-forme est armée de pièces légères ou de mitrailleuses. (Voir le profil H G.) Deux escaliers tt' mettent cette plate-forme en communication avec le fossé. Quant à l'étage casematé, on y arrive par une communication souterraine dont l'entrée est dans la galerie de contrescarpe du fossé de la caponnière et le débouché au point o, dans le passage qui longe la gorge du réduit. Ce passage est prolongé à travers les batardeaux $q\ r$, qui bouchent les trouées de la contrescarpe du ravelin et mettent le réduit en communication avec sa galerie de contrescarpe.

Pour mieux couvrir l'escarpe du réduit, le glacis est adossé au fossé. On n'a ménagé sur le bord de celui-ci qu'un étroit passage reliant entre elles les deux branches du chemin couvert.

Le glacis du ravelin, prolongé sous le terrain naturel, forme un ressaut de 4 mètres de hauteur, qui augmente les difficultés des derniers cheminements.

Un ressaut plus élevé termine le glacis des faces. Le revêtement W W', qui le soutient, est composé de voûtes entièrement ouvertes, sous lesquelles s'abriteront momentanément les troupes chargées de faire des sorties contre les travaux rapprochés de l'assiégeant.

Pour faciliter le débouché et la retraite de ces troupes,

chaque rentrant du chemin couvert est pourvu de deux places d'armes Z Z et d'un réduit intermédiaire.

Les places d'armes sont protégées contre les coups d'écharpe tirés du couronnement, au saillant du ravelin, par deux traverses, et leurs réduits sont tracés de manière que les maçonneries ne puissent pas être atteintes par les batteries de ce même couronnement. Ils communiquent par des passages souterrains $m\ m'$ avec les galeries crénelées qui longent les places de rassemblement Q et les rampes Y. Des passages souterrains o, mettent également les réduits en communication avec les galeries de contrescarpe de leur fossé.

Une double poterne, en capitale du front, débouche dans le fossé de la courtine, d'où l'on se rend, par les passages $h\ i$ et $h'\ i'$, dans le fossé des ailes et dans le fossé de la tête de la caponnière.

Les communications avec les dehors et avec la campagne, ont leurs entrées aux points T T, qui sont les mieux battus et les mieux surveillés de tout le fossé.

Près de là se trouvent les rampes qui conduisent au ravelin et sur la crête du glacis intérieur, et les poternes qui débouchent dans les batteries de mitrailleuses, dans les galeries crénelées $x\ x$ et dans les places de rassemblement Q.

Ces dernières communiquent avec le fossé du ravelin par les portes des batardeaux y, avec le chemin couvert du ravelin par les escaliers $s\ s'$, et avec la campagne par les portes des batardeaux z. Ces portes, précédées d'un fossé diamant avec pont-levis, s'ouvrent sur de larges rampes Y, tracées de manière que l'assiégeant ne puisse pas les enfiler, et débouchant sur le glacis intérieur, à 4^m,50 sous la crête du glacis des places d'armes rentrantes, vis-à-vis des rampes W. Ces dernières aboutissent aux passages à ciel ouvert l par lesquels on se rend dans la campagne. On peut arriver à ces mêmes passages par un chemin moins direct, mais plus sûr, en entrant, par les portes w, dans les galeries qui conduisent par les communications souterraines $m\ m'$ aux réduits de places d'armes rentrantes du corps de place, d'où, par des rampes $f\,f$ et des ponts en charpente, on débouche dans les places d'armes rentrantes Z Z.

Retranchements.

On a souvent prétendu que le tracé polygonal ne se prête pas aussi bien que le tracé bastionné à la construction de retranchements permanents.

Nous avons tenu à prouver que cette assertion n'est pas fondée.

La partie gauche de la fig. 1 représente un front dont le retranchement comprend les faces et les flancs du corps de place. Pour tourner ce retranchement, il faudrait faire brèche à la courtine, opération que rendraient impossible les *seconds flancs* de l'enceinte, qui ne peuvent être contrebattus ni de près ni de loin.

L'escarpe revêtue des branches A′ B′ et B′ C′ des retranchements, est couverte par le rempart des *premiers flancs* et par le glacis intérieur D′ E′. Les seules parties qui puissent être battues de loin, par des coups plongeants, sont les extrémités B′, correspondantes aux fossés des branches A′ B′ ; mais la difficulté de prendre les prolongements de ces fossés et de faire brèche en tirant au-dessus du ravelin et des ailes de la caponnière, est si grande, qu'il n'y a pas lieu de se préoccuper du danger dont il s'agit.

Les escarpes des retranchements ont 6 mètres de hauteur, et leurs voûtes en décharge ont des murs de masque crénelés. Dans les rentrants B′ se trouvent, de chaque côté, deux mitrailleuses.

De l'intérieur de la place on se rend dans les parties retranchées, par la poterne R R′ et par les rampes f' f'' qui longent le glacis intérieur D′ E′.

Ces communications sont directes, faciles et convenablement défilées.

Les logements des troupes de garde se trouvent sous les faces et sous les flancs, en o' o' et l' l'.

Les traverses R et R′ couvrent les seconds flancs et rendent moins dangereuse la circulation sur le terre-plein du rempart. Sous ce dernier rapport la traverse R′ est préférable à la traverse R.

VIII.

Front simplifié de 400 mètres de côté.

PLANCHE XIV, FIG. 2.

Les ailes de la caponnière des types précédents, les

coupures entre ces ailes et les extrémités des faces, les *premiers* et les *seconds flancs* de l'enceinte, donnent lieu à une dépense qu'il sera souvent nécessaire de réduire.

Dans ce cas, on adoptera le type fig. 2, beaucoup plus simple, et offrant néanmoins des garanties suffisantes contre l'attaque pied à pied.

La continuité entre le corps de place et la caponnière — indispensable pour couvrir le revêtement de la courtine — est obtenue par deux batardeaux épais, construits dans le prolongement de l'escarpe des faces. Ce moyen n'est pas aussi efficace que celui du type précédent, mais on peut s'en contenter quelquefois.

Par suite de la suppression des ailes de la caponnière on établira les pièces qui flanquent cet ouvrage, soit dans les locaux de l'escarpe des faces, soit dans des masques (ou *ailerons*) portés au delà du fossé capital.

Dans le premier cas, les masques se composeront de trois tunnels, et, dans le second, ils seront organisés comme les batteries de mitrailleuses de la pl. VIII, fig. 2 et 4.

Les masques seront séparés du glacis intérieur et du ravelin par des coupures dont on fermera les débouchés dans le fossé capital et dans le fossé de la caponnière, au moyen de batardeaux.

Il n'est pas nécessaire que la tête de la caponnière soit flanquée par l'artillerie, lorsque le front n'a pas à craindre une attaque pied à pied ou lorsqu'il importe peu qu'il résiste deux ou trois jours de plus.

Dans ce cas, on peut se contenter d'un flanquement de mousqueterie ou de mitrailleuse, obtenu par une galerie crénelée de contrescarpe à laquelle on arrive de la caponnière par le passage souterrain $f\ g\ g'$.

C'est ce que nous avons fait pour le front fig. 2, qui représente un front secondaire d'une place attaquable pied à pied, ou un front principal d'une place secondaire.

Les ailerons sont remplacés par des masques dont le profil Y Z fait connaitre les détails. Le revêtement de leur talus extérieur est assez élevé pour qu'on ne le franchisse pas sans le secours d'échelles, et il a assez d'épaisseur pour qu'il résiste convenablement aux coups, d'ailleurs fort incertains, tirés dans le prolongement du fossé, par-dessus la batterie haute du saillant du ravelin.

La galerie de contrescarpe de la caponnière communique par une poterne, en capitale du front, avec les locaux inférieurs de la batterie au saillant du ravelin. Pour que la caponnière ne coure aucun danger, cette galerie doit être entièrement séparée de celles qui contournent les places de rassemblement n.

Ces dernières communiquent par les passages x et y de leurs batardeaux, avec le fossé capital et avec le fossé de la caponnière, et par des portes (indiquées au moyen de flèches n) avec les galeries souterraines qui conduisent aux réduits des places d'armes rentrantes.

Le ravelin n'a pas d'escarpe revêtue, et son fossé n'est battu que par les faces de l'enceinte. Ce fossé a 20 mètres de largeur au saillant, et sa contrescarpe est alignée sur le centre des coupoles du corps de place.

Ces coupoles battent d'enfilade le chemin couvert et le fossé, et prennent des revers sur les logements au saillant du ravelin. Elles battent en outre le terrain des attaques, dans un secteur de 150 degrés. Leur utilité est par conséquent assez grande pour justifier l'excédant de dépense qu'elles exigent.

Le profil P Q fait connaître les détails qui se rapportent à l'établissement et au service des coupoles. La chambre x renferme le cabestan qui fait mouvoir la plateforme ; les locaux y contiennent les munitions pour la consommation courante, et la galerie circulaire z sert de magasin de dépôt. (Voir pour le plan de ces locaux la fig. 2, pl. XVIII.)

Le saillant du ravelin est occupé par une batterie de revers, dont les dimensions principales sont indiquées par la fig. 5. Cette batterie, s'élevant à $5^m,25$ au-dessus du niveau du terre-plein, met une partie de celui-ci à l'abri de l'enfilade. L'étage inférieur comprend des magasins à poudre et à projectiles, communiquant avec les caves à canon, au moyen d'élévateurs, et avec la caponnière, par la galerie de contrescarpe de la gorge du ravelin et par le passage souterrain $f\ g\ g'$.

Les contrescarpes des fossés des faces et du ravelin sont revêtues.

Le chemin couvert n'a d'autre communication avec la place, que les rampes $s\ s$, dont le pied est surveillé par les réduits de places d'armes rentrantes. Ces rampes sont interrompues au moyen d'un *ha! ha!*

On peut communiquer indirectement de la place avec le chemin couvert par les passages souterrains $m\ n$ débouchant dans les réduits de places d'armes rentrantes.

Au saillant du chemin couvert du ravelin se trouve un blockhaus k, servant de corps de garde aux troupes chargées de surveiller les abords du front pendant la nuit, et d'abri aux fusiliers chargés de tirer sur les derniers travaux d'approche, en capitale du front.

L'intérieur de la place communique avec le fossé de la courtine au moyen de la poterne centrale G', dont le débouché est protégé par un fossé diamant avec double pont-levis.

Les passages v des batardeaux situés dans les prolongements des faces de l'enceinte, conduisent aux points x vers lesquels convergent toutes les communications avec les dehors et avec la campagne.

L'escarpe des faces se compose de voûtes en décharge à terres roulantes. (Voir profil A B.)

Ses extrémités seules (près de la caponnière) ont des locaux habitables, dont les créneaux battent le pied des rampes N N et les points x.

Ces locaux font suite à ceux des flancs et de la courtine.

Pour défendre efficacement le fossé en arrière de la caponnière, les flancs sont armés de mitrailleuses. Toutefois comme ces flancs tirent l'un contre l'autre, on ne pourra pas les faire agir simultanément. Cet inconvénient a peu de gravité, quand les créneaux sont pourvus de portières métalliques à l'épreuve des balles de mitrailleuses.

On le corrigera, du reste, en traçant la courtine et la gorge de la caponnière parallèlement à la ligne brisée $v\ v'\ v'\ v$.

IX.

Front de 400 mètres, pour un grand fort.

PLANCHE XIV, FIG. 3.

Ce front convient pour un grand fort ou pour une place qui ne comporte ni une défense active ni une défense pied à pied de longue durée.

Il diffère du précédent par les points suivants :

1° Le corps de place n'a pas de coupoles aux saillants ;

2° L'étage supérieur de la caponnière est à ciel ouvert au lieu d'être casematé et cuirassé, et l'étage inférieur se compose d'une batterie de mitrailleuses avec masques d'embrasures, au lieu d'une batterie de canons avec épaulements à la Haxo. Une haute traverse, pourvue d'abris casematés, sépare la plate-forme de la tête de celle des flancs de la caponnière ; les communications de l'une à l'autre plate-forme sont assurées par le passage $u\ u$;

3° Le ravelin a pour talus extérieur un glacis prolongé au-dessous du terrain naturel de la quantité nécessaire pour établir la balance des déblais et des remblais ;

4° Le ressaut que forment ce glacis et celui des faces, opposera de sérieuses difficultés aux attaques de vive force comme aux attaques pied à pied ; en revanche, il empêchera que la garnison ne se porte au delà du glacis ; mais cet inconvénient n'a pas d'importance pour un fort détaché ou pour une place à défense passive. On le fera disparaître, du reste, en construisant deux rampes g dans les rentrants du ressaut ;

5° Le caractère particulier de la défense (purement passive) a permis de supprimer le chemin couvert et les réduits des places d'armes rentrantes, qui sont surtout utiles pour favoriser les sorties ;

6° Les rampes qui conduisent sur la crête du glacis des faces n'ont que 2 de base pour 1 de hauteur ; elles ne peuvent donc servir qu'à l'infanterie ; c'est encore un détail à modifier, quand le front doit se prêter à une défense active, exigeant le concours de l'artillerie et de la cavalerie ;

7° Le fossé de la courtine donne lieu aux mêmes observations que celui du front précédent. Pour que les flancs ne tirent pas l'un contre l'autre, on brisera la courtine et la gorge de la caponnière comme l'indique le tracé pointillé $v\,v'\,v'\,v$.

CHAPITRE IX.

FORTS POLYGONAUX PROPOSÉS PAR L'AUTEUR.

SOMMAIRE :

Principes généraux auxquels les forts détachés doivent satisfaire. — Application de ces principes à plusieurs types de forts. — 1er type : fort détaché faisant partie d'un grand camp retranché, et ne pouvant pas être attaqué pied à pied. — 2° Fort de camp retranché pouvant être attaqué pied à pied. — 3° Fort de camp retranché, organisé pour de puissants retours offensifs. — 4° Fort détaché sans caponnières ; idem avec caponnières mobiles. — 5° Deux espèces de forts ouverts à la gorge. — 6° Grand fort isolé, ou faisant partie d'une place purement militaire.

Nous avons exposé, dans le chapitre III du *Traité de fortification polygonale*, les principes généraux auxquels doivent satisfaire les forts d'un camp retranché et les forts isolés servant à défendre un défilé, une route ou un pont. Ces principes ne changent pas avec la nature du site, mais très-souvent les circonstances locales empêchent qu'on ne s'y conforme rigoureusement. L'ingénieur n'en tiendra donc compte que pour autant qu'il le puisse faire sans négliger des conditions plus importantes.

Nous indiquerons sommairement les principes généraux applicables aux forts d'un camp retranché :

1° Un fort de camp retranché doit être à l'abri de l'attaque de vive force et constitué de manière que les batteries éloignées ne puissent pas faciliter cette attaque en désorganisant les moyens de défense.

2° Il doit être pourvu d'un réduit qui permette à la garnison de soutenir l'assaut au corps de place, et aux troupes campées de diriger des retours offensifs contre l'ennemi, au moment où il pénètre dans le fort.

Ces retours, indispensables pour la défense d'ouvrages exposés surtout à des attaques d'emblée, ont moins d'importance quand il s'agit de forts pouvant être attaqués pied à pied. Dans ce cas, en effet, l'assiégeant ne donne l'assaut au corps de place que lorsqu'il a établi, avec sa dernière parallèle, des communications qui assurent sa retraite en cas d'insuccès.

3° Le réduit doit être à l'abri de l'escalade et constitué de manière à pouvoir surveiller et protéger efficacement le front de gorge.

4° La plate-forme du réduit doit battre le terre-plein et la cour intérieure, pour que l'ennemi ne puisse pas se maintenir dans le fort sans y construire des logements et des batteries.

5° Il n'est pas nécessaire que le réduit batte le front de la position; il suffit qu'il défende les intervalles des forts et l'intérieur du camp retranché.

6° Tout grand fort doit avoir deux entrées, indépendamment de l'entrée du réduit, et l'une au moins de ces entrées doit être disposée pour les retours offensifs.

7° Les prolongements du front de tête de chaque fort doivent tomber à égale distance des forts voisins, pour que le front soit, autant que possible, soustrait à l'enfilade.

8° Les fronts latéraux doivent être protégés contre les feux de flanc et les feux de revers.

9° Pour seconder l'artillerie du front de tête et pour empêcher que l'ennemi ne concentre tous ses feux sur le fort, on construira d'avance, ou au moment de la guerre, de puissantes *batteries latérales,* que viendront occuper les pièces de la réserve mobile de l'armement. Ces batteries seront établies, soit dans le prolongement du front de gorge (voir pl. XVI et XVII), soit dans les intervalles des forts. Elles dépendront du réduit qui en assurera le service et l'entretien.

10° Le front de tête ne doit pas avoir de chemin couvert. L'artillerie du corps de place paralyserait en effet ce dehors qui ne pourrait plus être occupé sans danger et dont les défenseurs, en cas d'attaque *de vive force,* seraient acculés à la contrescarpe ou coupés de leur ligne de retraite, à moins qu'on ne ménageât pour eux des escaliers ou des rampes dans la contrescarpe. Or, ces communications auraient le grave inconvénient de permettre à l'ennemi de descendre dans le fossé, soit pour tenter une escalade, soit pour donner la chasse aux défenseurs du chemin couvert, lesquels par leur présence dans les fossés obligeraient l'artillerie flanquante à cesser le feu.

Il suffira que le front de tête soit précédé d'un couloir qui permette aux sentinelles de nuit de surveiller les abords du glacis. Ce couloir s'élargira et formera un véritable chemin couvert sur les côtés et en arrière du fort, où il sera utile :

A. Pour diriger des feux rasants de mousqueterie ou d'artillerie de campagne sur les colonnes ennemies qui essaieront de passer par les intervalles des forts ;

B. Pour recueillir les détachements que les troupes campées enverront au delà des forts et qui, dans certains cas, pourraient être serrés de près et coupés de leur ligne de retraite.

11° Les communications entre les fronts et avec les portes d'entrée du fort doivent, autant que possible, être à l'abri des feux plongeants. On pourra donc supprimer à peu près complétement les cours intérieures. L'inutilité de ces cours a été mise en évidence par le siége de Paris.

« Il était plus dangereux d'y séjourner, » dit un officier du génie français, « ou de se rendre de la porte d'entrée » aux remparts que de rester sur le terre-plein » (1).

12° Les dispositions qu'il convient de donner aux entrées des forts et aux rampes, pour favoriser les retours offensifs, sont indiquées T. II, pages 76, 77 et 78 du *Traité de fortification polygonale*. Nous verrons plus loin quelles

---

(1) Voir le *Journal des sciences militaires*, 1872.

modifications il sera nécessaire d'y apporter, dans le cas des fossés secs.

13° Aucune rampe ne doit mettre les fossés du front de tête et des fronts latéraux en communication avec le chemin couvert. Toutefois, pour lancer rapidement des troupes par ces fossés contre les flancs des colonnes d'assaut, et pour favoriser les retours offensifs dans l'intérieur du fort, il sera utile d'interrompre la contrescarpe du front de gorge par une ou deux rampes, en ayant soin de protéger leur débouché au moyen de palanques ou de tambours en maçonnerie.

14° La présence d'un réduit permettra non-seulement d'établir ces rampes sans aucun danger pour la sécurité du fort, mais encore de supprimer, dans bien des cas, soit le revêtement d'escarpe, soit le revêtement de contrescarpe du front de gorge.

Pour compléter l'exposé de ces principes généraux, nous croyons utile d'examiner deux points sur lesquels les ingénieurs sont loin d'être d'accord ; l'un est relatif aux dimensions et au tracé des forts, l'autre à l'utilité des réduits.

Les forts d'un camp retranché doivent offrir d'autant plus de résistance qu'ils ont moins d'appui à attendre des troupes campées. Or comme la durée de la résistance dépend surtout de la puissance de l'armement, de l'effectif de la garnison, du moral des troupes et de l'intelligence du commandant, les grands forts, bien construits et bien pourvus, auront sous ce rapport une incontestable supériorité sur les petits forts. Il faudra donc que les ouvrages extérieurs d'un pivot stratégique secondaire, qui doit pouvoir être abandonné à lui-même, soient plus grands et offrent plus de résistance à l'attaque pied à pied, que ceux d'un pivot stratégique central à la défense duquel une armée active prendra part.

Cette conclusion n'a pas été admise, semble-t-il, par le comité du génie prussien qui vient d'arrêter un type de petits forts à 32 canons, pour la défense extérieure de Metz et de Strasbourg. Mais l'autorité d'une pareille décision ne saurait prévaloir contre celle du raisonnement qui nous fait poser en principe, que *la grandeur et la force intrinsèque des ouvrages détachés doivent être en raison inverse de l'appui qu'ils ont à attendre des troupes mobiles.*

Dans un même camp retranché, et, quelle que soit la nature de ses ouvrages, on donnera le maximum de valeur défensive :

1° Aux forts qui sont le plus éloignés de l'enceinte et des forts voisins ;

2° A ceux qui seront vraisemblablement les premiers attaqués et dont la résistance marquera, par conséquent, le temps dont pourra disposer l'assiégé pour organiser ses défenses en arrière des forts ;

3° A ceux qu'on aura le plus de difficulté à soutenir, en cas d'attaque, et qui, par leur situation ou par la nature du terrain environnant, offriront le plus d'avantages à l'assiégeant ;

4° Enfin, à ceux dont la prise fera le plus de tort à la défense de la position.

De petits fort pourvus d'un armement de 20 à 30 bouches à feu et d'une garnison de 400 à 600 hommes ne peuvent donc convenir, pour un pivot stratégique secondaire, que dans le cas où ce pivot n'est pas exposé à être cerné ou attaqué au début des hostilités. On pourra alors les utiliser comme réduits de grands ouvrages passagers ou mixtes à construire au moment de la guerre. Ces ouvrages, dont l'ennemi ne connaîtra ni le tracé ni le profil, emprunteront une grande valeur à la présence de pareils réduits (inattaquables de vive force et puissamment armés); il convient cependant de faire observer qu'un défaut très-réel de ce type d'ouvrages détachés, moitié improvisés, moitié permanents — très en faveur aujourd'hui — est d'obliger la défense à immobiliser plus de troupes que n'en exigent de bons forts construits d'avance et pourvus de réduits inexpugnables.

A ce point de vue il serait plus logique d'établir de petits fortins (destinés à servir de réduits à de grands forts provisoires), autour de Paris qu'autour de Metz et de Strasbourg, qui peuvent être menacés quelques jours après la déclaration de guerre.

La question des réduits, quoique plus simple, n'est cependant pas mieux comprise.

Les ingénieurs français qui voulaient, du temps de Vauban, et qui veulent encore aujourd'hui — non sans raison — donner à toute demi-lune et à tout bastion attaqués un réduit ou un retranchement pour en compléter la défense (voir annexe n° 9), n'ont pas trouvé illogique de construire de grands forts sans réduits, et de ne prendre aucune disposition ni pour soutenir l'assaut aux brèches, ni pour assurer la retraite de la garnison, ni pour permettre aux troupes campées de faire un retour offensif, immédiatement après la prise du fort.

Les Allemands, mieux avisés, avaient jusqu'ici donné à tous leurs forts des réduits qui devaient satisfaire aux conditions suivantes :

A. Avoir une cour intérieure, pour permettre aux défenseurs du fort de s'y rassembler ;

B. Empêcher l'ennemi, établi sur le rempart du fort, de prendre des vues sur les troupes dans cette cour ;

C. Avoir un nombre suffisant d'abris voûtés, pour mettre la garnison à l'abri du bombardement auquel elle doit s'attendre après l'assaut (1).

Aujourd'hui ils semblent avoir renoncé à cet excellent principe, à en juger par les nouveaux forts qu'il est question d'exécuter à Metz et à Strasbourg.

Cela provient, croyons-nous, de ce qu'ils ont reconnu que les réduits des forts construits chez eux et en Autriche, sont exposés aux feux plongeants des batteries éloignées, défaut des plus graves, mais qu'il est possible de corriger et qu'il eût été facile d'éviter.

Cela provient en outre de ce qu'ils ont comparé les réduits des forts aux retranchements de bastions, qui ont généralement offert peu de résistance.

« Le désordre qui régnait parmi les défenseurs qui se » retiraient dans les retranchements, « dit le capitaine » du génie Schott, » se communiquait aux garnisons de

---

(1) Extrait d'une brochure sur *les forts détachés*, publiée en 1867 par le capitaine du génie Schott de l'armée prussienne.

» ces derniers et permettait ainsi à l'ennemi d'y pénétrer
» à son tour. »

Il est évident que cette critique n'est applicable qu'à des réduits mal combinés et mal défendus.

La confusion qu'on redoute et le danger qui en est la conséquence ne se produiront pas lorsque, conformément à nos principes, on donnera aux réduits :

1° Une grande résistance et un flanquement propre ;

2° Une plate-forme battant l'intérieur et la gorge du fort, ainsi que le terrain dans les intervalles du camp retranché ;

3° Une garnison spéciale et un chef indépendant, responsable de la défense du réduit ;

4° Un fossé et des abris extérieurs dans lesquels on puisse recueillir momentanément la garnison du fort, qui, sous aucun prétexte, ne doit entrer dans le réduit.

Ces abris extérieurs se trouveront ou bien dans la galerie de contrescarpe du réduit ou bien dans les *retranchements* du fort (1). (Voir nos projets pl. XV, XVI, XVII, XVIII et XIX, fig. 1.)

On y logera pendant le siége, le tiers de la garnison au *repos* ; le tiers au *piquet* se tiendra dans les abris, sous les remparts du front de tête, et le tiers de *garde* sera employé sur les remparts ou abrité momentanément dans les traverses casematées.

Quant à la garnison du réduit, elle fournira les servants

---

(1) Ils sont formés par les *remparts intérieurs* qui, partant de l'extrémité des deux dernières branches des fronts latéraux, convergent vers le centre de la tête du réduit.

et les soutiens des *batteries latérales* qui constituent les annexes du fort et dont l'abandon précédera généralement le moment de l'assaut. Elle fournira en outre les travailleurs nécessaires pour réparer et entretenir ces batteries.

La plupart des ingénieurs prétendent que tout en tenant compte de la nature et de la configuration du terrain, on doit chercher à donner aux forts la forme d'une grande lunette. (Voir pl. XXIII et pl. XXXI, fig. 2.)

Cette opinion est contraire au principe en vertu duquel les fronts doivent être tracés de manière à battre le terrain dans les meilleures conditions possibles. On ne satisfait point en effet à ce principe, lorsque les fronts peuvent être enfilés de loin. Or le front de tête d'un fort sera toujours dans ce cas s'il a un tracé qui s'écarte de la direction déterminée par la ligne qui joint les centres des deux forts voisins.

C'est donc une faute que de briser le front de tête en dehors, pour donner au fort la forme d'une lunette à saillant plus ou moins obtus. Cette faute, nous avons eu soin de l'éviter à Anvers, en traçant les fronts de tête des forts en ligne droite, parallèlement au périmètre du camp.

Le principe contraire a prévalu en Allemagne, en Autriche, en Angleterre et dans d'autres pays, parce qu'on y est moins frappé de l'avantage d'éviter l'enfilade du front de tête, que de la nécessité de soustraire les flancs de la caponnière à l'action des batteries éloignées.

Mais on a perdu de vue qu'il y a un moyen sûr d'atteindre ce dernier but sans renoncer aux fronts de tête rectilignes, battant directement le terrain des attaques, c'est de protéger les flancs des caponnières par des masques d'embrasures ou par des plaques de blindage.

Ces masques ou ces plaques sont dans tous les cas nécessaires pour permettre aux flancs de lutter avec les batteries du couronnement.

En brisant les fronts de tête des forts pour empêcher que l'ennemi n'atteigne de loin les flancs des caponnières, et en s'abstenant de protéger par des masques les embrasures en maçonnerie de ces flancs, les ingénieurs Allemands ont renoncé à la possibilité de combattre l'établissement des dernières batteries, à une époque du siége ou l'artillerie du rempart sera presque toujours réduite au silence.

Un autre inconvénient des fronts de tête brisés en dehors est de rendre impossible le flanquement du fossé de la caponnière par le corps de place (à cause de la grande obliquité du tir). Aussi toutes les caponnières allemandes sont-elles flanquées par des coffres ou par des galeries de contrescarpe. Or ces coffres et ces galeries, tombant au pouvoir de l'ennemi avant l'établissement du passage du fossé, ne conviennent que pour des forts qui n'ont pas d'attaque pied à pied à redouter ; par exemple, les forts d'un pivot central de manœuvres, à la défense duquel une grande armée prendra part, *quoi qu'il arrive*.

C'est uniquement dans ce cas et lorsque des circonstances locales s'opposeront à ce que le front de tête d'un fort soit rectiligne, que nous adoptons le tracé en forme de lunette.

Dans tous les autres cas l'avantage de soustraire les flancs de la caponnière aux batteries éloignées ne peut s'obtenir qu'au prix d'inconvénients qui doivent y faire renoncer absolument.

N. B. Les types de forts que nous décrirons plus loin, sont conformes aux principes généraux qui précèdent. Ils ont une escarpe et une contrescarpe revêtues. La nécessité de mettre la première à l'abri des coups plongeants, impose à l'ingénieur des combinaisons onéreuses et même nuisibles, à un certain point de vue. Telles sont l'accroissement du relief du glacis, qui diminue le commandement du corps de place sur ce dehors, et qui exige en outre des expropriations et des remblais considérables ; la diminution de la largeur du chemin couvert, qui nuit à la défense active, et celle de la largeur du fossé, qui nuit au flanquement.

Dans la pratique on sera souvent obligé de supprimer l'escarpe, par mesure d'économie. Cette suppression, qui serait une faute s'il s'agissait d'un front d'enceinte à défense active, présente peu d'inconvénients lorsqu'il s'agit d'un front de fort *isolé*, à défense passive, ou d'un front de fort *détaché*, à défense active indirecte, c'est-à-dire n'admettant d'autres sorties que celles que font les troupes campées, agissant par les intervalles des forts.

Dans ces divers cas, en effet, la contrescarpe n'ayant pas besoin d'être interrompue par des passages ou des rampes, offre assez de résistance aux attaques de vive force, et même aux attaques pied à pied, pour que l'on puisse supprimer l'escarpe revêtue sans compromettre la sûreté de l'ouvrage.

Nous faisons cette remarque pour avertir le lecteur que nos types de forts détachés ne sont que des *études* auxquelles on est conduit par l'application des principes exposés plus haut, *lorsqu'on veut obtenir le maximum de valeur défensive.*

Si nous avions à les transformer en *projets*, nous y apporterions les simplifications qu'impose toujours à l'ingénieur la question d'argent, quand on est obligé de descendre du domaine de la théorie dans celui de la pratique.

PREMIER TYPE.

Fort détaché faisant partie d'un grand camp retranché, et ne pouvant être attaqué pied à pied.

PLANCHE XV.

Le front de tête de ce fort a 340 mètres de longueur ; les fronts latéraux ont 170 mètres.

Le front de tête est rectiligne, sauf dans le cas exceptionnel où l'on doit le briser en dehors, pour mieux battre le terrain ou pour soustraire la caponnière de tête au feu plongeant des batteries éloignées.

Les fronts latéraux font avec le front de tête un angle d'environ 120 degrés. Le front de gorge a un saillant de 170 degrés. On l'eût fait rectiligne et parallèle au front de tête, n'était la nécessité de battre, avec l'artillerie des flancs du réduit, le terrain situé en avant des fronts latéraux des forts voisins.

Cependant il ne faut pas que ses prolongements tombent au delà de ces forts; car, s'il en était ainsi, les remparts pourraient être ricochés et les batteries flanquantes attaquées de loin.

Le front de tête est flanqué par une caponnière; les fronts latéraux (qui représentent des demi-fronts polygonaux,) sont flanqués par des demi-caponnières, et le front de gorge, qui constitue un front polygonal mixte, est flanqué par la queue du réduit.

Pour que les caponnières ne soient pas flanquées par un tir trop oblique, leur angle saillant a été réduit à 60 degrés.

On doit admettre que, faisant partie d'un vaste camp retranché, défendu par l'armée d'une grande puissance militaire, le fort ne pourra pas être attaqué pied à pied par des cheminements continués jusque sur la crête du glacis.

L'assiégeant, en effet, se trouvera dans l'impossibilité de couronner le chemin couvert et de construire des contre-batteries, des batteries de brèche et des descentes de fossé, aussi longtemps que l'intérieur du camp sera occupé par des troupes actives, pouvant, à chaque heure du jour ou de la nuit, tomber à l'improviste sur les travailleurs et sur les gardes de tranchée. Ces dernières ne seront, du reste, jamais très-fortes, parce que devant se tenir à portée des travaux, elles occuperont des cheminements étroits, dans lesquels elles auront beaucoup à souffrir des feux verticaux.

Ce n'est qu'aux grandes distances que l'assiégeant peut efficacement soutenir ses batteries et ses cheminements.

Le fort atteindra donc son but : 1° s'il est à l'abri de l'attaque de vive force, et 2°, si l'ennemi ne peut y faire brèche de loin, ni réduire ses batteries flanquantes au silence, avant d'avoir couronné le glacis.

On satisfera à la première condition en adoptant un bon profil avec revêtement détaché (plus économique et plus efficace contre les attaques d'emblée, que le revêtement appliqué).

On satisfera à la deuxième condition en préservant les batteries flanquantes des feux éloignés, par le tracé des fronts ou, en cas d'impossibilité, par des masques d'embrasures.

Bien que ces masques ne soient indispensables qu'aux batteries qui flanquent les têtes de la caponnière et des demi-caponnières, nous en avons pourvu également les batteries de la caponnière de tête, parce qu'il faut prévoir le cas où l'ennemi, maître d'un fort, chercherait à abréger l'attaque des forts voisins, en établissant des contre-batteries dans le prolongement du fossé de leur front de tête (1).

C'est pour la même raison que nous avons donné des masques aux batteries flanquantes du front de gorge.

---

(1) Ce danger est également à craindre lorsque les forts ont la forme d'une lunette; cependant, comme dans ce cas les prolongements des faces du front de tête tombent en arrière de la ligne des forts, les difficultés sont plus grandes pour l'assiégeant. C'est un avantage que présente cette forme de fort; nous le reconnaissons, tout en niant qu'elle dispense de l'obligation de couvrir les batteries flanquantes au moyen de masques ou de boucliers d'embrasures.

Nous ne reviendrons pas sur le tracé ni sur la construction de ces masques, au sujet desquels nous avons fourni tous les éclaircissements désirables dans le chapitre VII.

Les masques qui ont le plus à souffrir, les seuls même que l'ennemi puisse attaquer de loin, avant d'avoir pris un des forts voisins, sont ceux des batteries flanquant les têtes des caponnières. Ces batteries et leurs masques forment les *ailerons*. (Voir pl. XV, profil A B.)

Comme il s'agit surtout de mettre le fort à l'abri des attaques de vive force, et que les fossés des caponnières ont peu de longueur, le flanquement peut être assuré au moyen de mitrailleuses.

Les extrémités des piles et les têtes des voûtes des masques étant construites en gros blocs de granit, résisteront avec succès aux coups plongeants des batteries éloignées.

On pourrait, du reste, creuser devant les masques (voir profil A B) un petit fossé $a\ c\ d\ b$, et former avec les déblais, le massif $b\ e\ f$, qui les boucherait en partie et cacherait complétement leurs maçonneries vulnérables.

Quand la proximité des travaux de l'ennemi ferait craindre une attaque, on déboucherait les masques et l'on remettrait les terres en place; moins d'une heure suffirait pour ce travail.

On pourrait même supprimer complétement les batteries des ailerons et donner à ceux-ci le profil $a\ b$, de la planche VII.

Dans cette prévision, et pour augmenter l'énergie du flanquement, nous avons renforcé le front de tête par une galerie crénelée de contrescarpe. Toutefois, au lieu de l'arrêter en *l*, il faudrait (si l'on renonçait aux batteries des ailerons) la prolonger jusqu'en *i* (1).

Les passages souterrains qui mettent la galerie de contrescarpe en communication avec l'intérieur du fort, ont leur entrée dans la dernière cave à canon des demi-caponnières.

Il est important que la garnison puisse faire des sorties dans les fossés des caponnières et des demi-caponnières, où se réuniront de préférence les troupes chargées d'escalader le fort. Pour faciliter ces sorties, on a ménagé deux larges passages dans les batardeaux qui relient les ailerons à la contrescarpe. Ces batardeaux servent à boucher les trouées que forment dans la contrescarpe les fossés des ailerons, trouées par lesquelles des coups plongeants pourraient atteindre le mur détaché.

Avant de décrire les caponnières, nous avons un mot d'explication à donner au sujet du profil du fort. (Voir coupe O P.)

Le fossé devant avoir 14 mètres environ de largeur, pour satisfaire aux conditions indiquées dans le chapitre IV p. 291, nous avons jugé utile d'établir l'escarpe détachée à 3 mètres du pied du talus d'escarpe : 1° pour la rapprocher de la masse couvrante et diminuer ainsi les difficultés du défilement ; 2° pour laisser en arrière du mur un passage, soustrait aux coups directs, dans lequel pourront se réunir les travailleurs chargés de

---

(1) Les magasins et les autres locaux nécessaires aux défenseurs de la contrescarpe se trouveraient alors en arrière de la galerie qui contourne les ailerons.

réparer les dégâts du talus extérieur. Ce passage, que nous appellerons par analogie *chemin de ronde*, sera utile encore pour attaquer en flanc les troupes assaillantes au moment où elles déboucheront au delà du mur détaché. Toutefois on obtiendra généralement plus d'effet en laissant agir dans ce moment les pièces de la caponnière qui enfilent le chemin de ronde.

Le talus du rempart a une berme x de 2 mètres de largeur, située au niveau du terrain naturel. Afin de pouvoir réparer plus promptement les dégâts provenant de l'explosion des obus, il serait utile qu'il y eût une seconde berme en y (voir profil O P).

Pour faire la balance des remblais et des déblais, on a prolongé le glacis sous le terrain naturel. Le ressaut de 6 mètres qui en résulte, augmente beaucoup les difficultés de l'attaque de vive force, surtout quand le pied du glacis est défendu par une ou deux rangées d'abatis.

Comme il importe que les deux côtés du mur détaché soient battus par la caponnière, on a évité de l'appuyer à des contre-forts, qui auraient créé des couverts. Le mur n'a que l'épaisseur nécessaire pour assurer sa stabilité et sa durée. Les ingénieurs allemands sont d'avis qu'on peut réduire cette épaisseur à 3 pieds, lorsque le mur a moins de 18 pieds de hauteur. L'escarpe détachée porte alors le nom de *mur-palissade*.

Caponnières. — La caponnière du front de tête (voir le plan et le profil E F), se compose d'un étage casematé et d'une plate-forme à ciel ouvert. N'ayant pas à lutter avec des contre-batteries logées sur la crête du glacis, son étage casematé est armé de mitrailleuses, et sa plate-forme à ciel ouvert, disposée pour la mousqueterie.

Grâce à l'épaisseur des *ailerons*, on a pu donner aux flancs assez de longueur pour qu'ils débordent la crête du glacis et assurent à celui-ci un certain flanquement.

Les défenseurs de la plate-forme sont protégés contre les feux d'enfilade, d'écharpe et de revers, par la tête de la caponnière, qui s'élève à 2 mètres au-dessus de la ligne de feu, et par une gabionnade longitudinale qui occupe le milieu du terre-plein.

C'est dans le mur de soutenement de la tête de la caponnière, que se trouvent les portes conduisant aux escaliers, qui mettent la plate-forme en communication avec l'intérieur de la caponnière.

L'ennemi ne pouvant contre-battre l'artillerie flanquante, cherchera naturellement à pénétrer dans le fort, sans s'exposer aux feux de cette artillerie. Il ne le pourra qu'en s'emparant de la caponnière par une attaque d'emblée. Afin que cette tentative échoue, on établira une coupure entre la caponnière et le corps de place, et on accumulera en avant du fossé les défenses accessoires les plus redoutables.

La coupure dont il s'agit est encore très-utile, par ce qu'elle facilite l'éclairage et la ventilation de la caponnière, et qu'elle tient celle-ci en dehors des communications de l'intérieur du fort avec le chemin de ronde.

Le premier local de chaque flanc de caponnière a 5 mètres de largeur et est occupé par deux mitrailleuses. Les cinq locaux suivants n'ont que 4 mètres de largeur;

deux sont armés d'une mitrailleuse; le troisième sert de communication avec l'aileron; le quatrième est utilisé comme logement, et le cinquième renferme une mitrailleuse pour le flanquement du fossé de l'aileron.

Dans le massif de la tête de la caponnière se trouvent un magasin à poudre, un laboratoire, de petits magasins à projectiles, des latrines et d'autres dépendances.

Pour que l'ennemi ne puisse pas s'introduire par les ailerons dans la caponnière du front de tête, le local qui précède les portes de communication, sera transformé en tambour intérieur au moyen de créneaux percés dans ses pieds-droits.

La coupure en arrière de la caponnière est battue par la mousqueterie des locaux situés à droite et à gauche du débouché de la poterne, en capitale du fort.

Les demi-caponnières n'ont qu'un étage casematé. Les magasins et les accessoires sont établis sur les côtés de la poterne d'entrée. L'escarpe et les terrassements de leur tête sont combinés de manière à interrompre complétement la communication entre le chemin de ronde du front principal et celui des fronts latéraux. Cette interruption est nécessaire pour prévenir les attaques simultanées et enveloppantes.

Les batteries de mitrailleuses qui flanquent le fossé du front de gorge sont établies dans les locaux de l'étage inférieur du réduit. (Voir profil K L.)

Organisation des remparts, abris et logements. — Les détails que nous avons donnés dans le chapitre VI sur l'organisation des remparts en général, nous permettent d'abréger beaucoup ceux qui concernent spécialement le fort dont nous nous occupons.

Des quatre grandes traverses en maçonnerie qui se trouvent sur le front de tête, deux sont destinées à servir d'abris aux pièces mobiles de l'armement, et deux à recevoir les canons de gros calibre, dont nous avons indiqué le rôle dans ce même chapitre VI. Il convient, à cause de leur importance, que ces dernières soient protégées par des boucliers en fer. S'il était impossible de leur assurer cette protection, il serait prudent de les établir derrière un épaulement ordinaire, sur le terre-plein intérieur du fort, et de les faire tirer par-dessus le rempart, en dirigeant le pointage au moyen de fiches et de points de repère invisibles à l'ennemi.

Toutes les pièces du front de tête, à l'exception de celles qui flanquent la caponnière et des deux pièces cuirassées, sont établies sur des affûts exhaussés qui permettent de tirer à barbette au-dessus d'un épaulement de $1^m,60$ à $1^m,70$ de hauteur.

Dans la partie centrale, en arrière de la caponnière, le terre-plein du rempart est assez large pour qu'on puisse y établir une batterie de mortiers. Le profil R S fait connaître les principales dimensions de cette batterie.

Les rampes pour l'artillerie sont perpendiculaires au front; à côté se trouvent des rampes plus larges, inclinées au tiers, qui permettent à la réserve d'infanterie de se porter en ordre de combat sur le terre-plein du rempart, au moment où les troupes assaillantes pénètrent dans le fort.

Les logements pour les troupes de garde se trouvent

sous le terre-plein du front de tête. Ils sont entourés d'une galerie de $5^m,50$ de largeur, qui servira de hangar d'artillerie en temps de paix, et dans laquelle on réunira, en temps de guerre, les troupes destinées à renforcer la défense au moment de l'assaut.

Ces troupes, formées en colonnes, déboucheront de la galerie dès que les assaillants envahiront le fort. On pourra également abriter sous cette galerie les pièces attelées, que dans certaines circonstances on tirera du camp retranché pour appuyer une grande sortie par les intervalles des forts. (Voir profil A B.)

Quelques-uns des locaux du front de tête seront, en prévision de cet emploi exceptionnel de la galerie circulaire, transformés en écuries.

Sous les rampes à canons du front de tête se trouvent les cuisines, les puits et les latrines.

Les parapets des fronts latéraux ne suivent pas entièrement la direction du fossé. Pour flanquer la tête des demi-caponnières et battre d'écharpe le terrain en avant des intervalles des forts, une partie du parapet est retirée en arrière de l'escarpe; on obtient ainsi un autre avantage, qui est de soustraire à l'enfilade le quart environ de la longueur du front. La première des quatre branches qui composent ce front est casematée, la seconde est organisée d'après les indications de la fig. 6, pl. II, la troisième et la quatrième sont disposées pour un tir à barbette sur affûts de siége exhaussés. Les pièces qui constituent leur armement sont abritées sous des traverses casematées, jusqu'au moment où elles doivent entrer en action; mais comme la manœuvre de ces pièces présente d'assez grandes difficultés quand elles sont du calibre de 12 ou de 24, il est préférable d'adopter, pour la troisième partie, le deuxième dispositif de la fig. 7, pl. II (qui permet de laisser l'armement en batterie sans trop l'exposer aux coups de l'ennemi) et, pour la quatrième partie, le dispositif de la fig. 6, même planche.

Les deux premières branches ont un parados qui les protége contre les feux de revers; le passage en arrière des pièces est soustrait, autant que possible, à l'enfilade par une haute traverse casematée.

L'organisation des remparts du front de gorge est beaucoup plus simple; elle ne comprend qu'un parapet de 2^m50 de hauteur et un parados.

Les traverses sur ce front seraient plus nuisibles qu'utiles, parce qu'elles fourniraient à l'assaillant un abri contre les feux du réduit.

Retranchements. — Pour assurer la défense successive du fort et favoriser le débouché des troupes qui doivent repousser l'ennemi avant qu'il se soit solidement établi dans l'ouvrage, on formera deux *retranchements*, composés chacun du demi-front de gorge, des troisième et quatrième branches du front latéral contigu, et *d'un rempart intérieur* joignant l'extrémité de la troisième branche à la crête du glacis du réduit.

Le rempart intérieur sera organisé pour la mousqueterie et tracé de manière que son talus extérieur soit battu par l'artillerie de la tête du réduit. Ses deux extrémités s'arrêteront, l'une à quelques mètres du parapet du front latéral, pour ne pas interrompre la circulation sur le rempart, et l'autre, à quelques mètres de la crête du glacis du réduit, pour livrer passage aux troupes qui devront ou bien pénétrer dans le fort pour le reprendre, ou bien en sortir pour se replier sur l'armée campée.

Au moment de l'assaut, on fermera le premier de ces passages avec des sacs de terre ou des gabions.

Une grille en fer vaudrait mieux, parce qu'elle permettrait de rétablir la communication au moment où les troupes chargées de reprendre le fort déboucheraient dans le retranchement.

Chemin couvert. — Le chemin couvert du front de tête n'a que les dimensions d'un couloir pour fusiliers. A ses extrémités se trouvent deux blockhaus en maçonnerie ou en charpente, dans lesquels se tiendront les postes chargés de surveiller pendant la nuit le glacis et le terrain extérieur. Ces blockhaus sont enterrés et tracés de manière que l'ennemi ne puisse pas les voir ni les détruire de loin.

Le chemin couvert des fronts latéraux a plus de largeur (pour les raisons que nous avons indiquées au commencement de ce chapitre); toutefois, comme l'éloignement du glacis exposerait le mur détaché aux coups plongeants des batteries de l'attaque, on a protégé ce mur au moyen d'un glacis de contrescarpe.

Le chemin couvert du front de gorge a plus de largeur encore, et il est pourvu de deux places d'armes rentrantes.

Le glacis extérieur des fronts latéraux est terminé par de grandes batteries d'un faible relief qui ont pour but : 1° de renforcer l'action du front de tête ; 2° d'attirer sur elles une partie des projectiles de l'ennemi, et 3° de former des masques derrière lesquels on pourra abriter des troupes, lorsque les batteries ne seront pas contre-battues.

Le fort n'ayant pas à craindre d'attaque pied à pied, il n'est pas nécessaire que les batteries latérales aient un commandement sur la crête du glacis.

Réduit. — La forme du réduit diffère peu de celle des réduits des forts d'Anvers.

Sa *tête*, devant battre l'intérieur du fort, sera limitée par les prolongements des lignes de feu du front de gorge, et sa *queue*, devant battre le fossé et le chemin couvert de ce front, sera composée d'une partie droite, limitée par les prolongements de la contrescarpe, et d'une partie circulaire ayant son centre au point d'intersection de ces prolongements.

Le fossé du réduit est battu par une galerie crénelée d'escarpe et par une galerie crénelée de contrescarpe. Les masques d'embrasure des flancs du réduit divisent cette dernière en deux parties. La partie antérieure communique avec le réduit par deux passages souterrains, et la partie postérieure débouche dans la poterne d'entrée. Cette séparation empêchera que l'ennemi, après s'être emparé de la contrescarpe de la tête, ne pénètre dans la contrescarpe de la gorge, pour couper les communications du réduit avec le fort et avec le camp retranché.

La tête du réduit a quatre étages habitables et une batterie circulaire à la Haxo. (Voir profil G H.) Son escarpe, composée de voûtes en décharge, a 9 mètres de hauteur, y compris le mur de ronde, qui a $2^m,30$. Elle est défilée par le glacis contre les coups plongeants tirés sous l'inclinaison du quart.

Le chemin de ronde a 5 mètres de largeur. Il serait avantageux de réduire cette dimension à 2 mètres et d'interrompre le talus extérieur (qui a 5 de base sur 4 de hauteur) par deux bermes y et x de $1^m,50$ de largeur.

On arrive au chemin de ronde par deux petites poternes que le plan ne renseigne pas, mais qui sont indiquées sur la planche XVII.

La batterie à la Haxo a un commandement de 1 mètre sur le front de tête ; comme elle ne doit servir qu'à défendre l'intérieur du fort, on masquera ses embrasures avec des sacs à terre, jusqu'au moment où l'ennemi s'apprêtera à donner l'assaut. On préservera de la sorte les têtes des voûtes et l'armement des casemates, sans devoir recourir aux boucliers, dont l'emploi entraîne à d'énormes dépenses.

Les bouches à feu sont hissées sur la batterie au moyen d'un moufle établi à l'extrémité de la voûte qui forme le milieu de l'étage inférieur. Les servants montent à la plate-forme de la queue du réduit par des escaliers tournants, près desquels se trouvent des rampes ascendantes, conduisant au couloir à ciel ouvert qui longe la batterie à la Haxo, et des rampes descendantes, conduisant au couloir à ciel ouvert qui longe le troisième étage du réduit, avec lequel il communique par deux escaliers.

Le plan et le profil K L font connaître l'ensemble et les détails de la partie postérieure du réduit. En temps de guerre, on complétera l'organisation de la plate-forme, en construisant des parados analogues à ceux que représente le profil G H de la pl. XVIII.

Pour éclairer et ventiler convenablement le réduit, on a séparé ses deux flancs par une cour de 14 mètres de largeur; grâce à cette cour, les locaux pourront être habités en temps de paix, sans aucun inconvénient pour le service ni sans aucun préjudice pour la santé des hommes. Au point de vue de la sécurité des défenseurs, il serait sans doute préférable qu'il n'y eût point de cour ; mais on supprimera en grande partie les dangers que présente ce vide intérieur, par une ou deux traverses établies sur des arcades allant d'un flanc du réduit à l'autre. Ces traverses (voir le profil K L de la pl. XVIII) arrêteront en effet les obus qui, passant au-dessus de la batterie à la Haxo, atteindraient la partie concave de la cour. Il n'y aura plus dès lors qu'à se prémunir contre le choc et l'explosion des bombes ; mais il suffit de donner aux murs de masque 1 mètre d'épaisseur pour détruire le premier effet, et de blinder quelques fenêtres pour supprimer les dangers du second.

Communications. — La communication ordinaire et directe avec le fort se compose d'une rampe, située vis-à-vis de l'entrée de la place d'armes de gauche, d'un pont, dont le tablier est à 4 mètres au-dessus du fond du fossé, et d'une poterne en rampe, dont le débouché dans le fort est couvert par la traverse z, à construire au moment de la mise en état de défense (pour ne pas gêner la circulation en temps de paix).

L'entrée de la poterne est défendue par les créneaux du corps de garde et des locaux situés à droite et à gauche. Les souterrains de ces bâtiments sont également crénelés pour qu'on puisse battre la partie rentrante du fossé, soustraite à l'action de l'artillerie flanquante.

Vers le milieu de la poterne débouche un passage plus étroit, formant avec elle un angle droit et donnant accès dans le retranchement de gauche, d'où l'on peut communiquer par des rampes avec le terre-plein du front latéral. On arrive également à ce terre-plein par une rampe accolée au talus extérieur du retranchement, à gauche du débouché de la poterne principale. Cette dernière voie est plus commode pour les transports d'artillerie, mais aussi plus dangereuse, étant exposée aux feux plongeants des batteries de l'attaque.

L'ennemi pouvant, après qu'il s'est emparé du fort, détruire la poterne d'entrée ou l'occuper avec des troupes, sans avoir rien à craindre de l'artillerie du réduit, il est nécessaire d'assurer les retours offensifs, par une communication plus facile et moins précaire.

Pour remplir cette condition, nous avons accolé à la rampe du pont une rampe plus roide, débouchant au niveau du fossé du front de gorge. Cette dernière conduit à deux ponts roulants vis-à-vis desquels se trouve une rampe plus large qui monte au retranchement et au passage laissé libre entre ce retranchement et la crête du glacis intérieur.

Étant surveillée de près et battue efficacement sur une partie de sa longueur par le réduit, cette communication n'offre aucun danger pour les défenseurs du fort. On aura, du reste, soin de fermer le débouché de la rampe de la place d'armes par une forte grille en fer (1).

Pour que les retours offensifs puissent se faire dans de bonnes conditions, il faut qu'il y ait une porte ou une rampe sur chaque demi-front, sinon les troupes qu'on en chargerait pourraient, en cas d'insuccès, être coupées et forcées de mettre bas les armes.

La communication du demi-front de droite est plus directe, plus simple et moins coûteuse. Elle se compose d'une rampe et d'un pont passant à 4 mètres au-dessus du fond du fossé. Ce pont, dont on ne construit que les piles (en maçonnerie) sera achevé, au moment où la sortie devra avoir lieu, par un détachement de soldats du génie, pourvu des longerons et des madriers nécessaires. Ces matériaux étant préparés d'avance, il suffira d'une demi-heure pour les mettre en place, sous la protection des feux du réduit.

Au débouché du pont se trouve une première rampe en terre, conduisant à la berme, vis-à-vis d'une deuxième rampe, taillée dans le talus extérieur du rempart et aboutissant au terre-plein.

Il sera donc facile à une colonne de troupes de se porter rapidement dans le retranchement de droite et de se répandre de là, par deux issues, dans l'intérieur du fort.

Les premières troupes qui pénétreront dans les retran-

---

(1) Nous préférons dans ce cas les grilles aux portes, parce que les assaillants ne peuvent pas, en essayant d'ouvrir ou de forcer les premières, se mettre à l'abri des coups tirés par les défenseurs du rempart ou des murs crénelés vis-à-vis desquels les passages débouchent.

chements garniront la banquette du *rempart intérieur*, pour faciliter le débouché du reste de la colonne et couvrir au besoin sa retraite.

Les communications avec le fossé du fort sont :

1° La rampe du demi-front de gauche, au débouché de laquelle se trouvent les deux ponts roulants établis sur le fossé diamant qui longe l'extrémité du mur détaché;

2° La rampe qui conduit de la place d'armes rentrante au fond du fossé;

3° La poterne du réduit, les ponts du fossé diamant du tambour dans lequel débouche cette poterne, et les tunnels du masque d'embrasure des batteries qui flanquent le fossé du front de gorge.

Il serait utile qu'il y eût une communication qui permît aux défenseurs du fort d'arriver plus promptement aux fossés de la caponnière du front de tête et des demi-caponnières des fronts latéraux. On pourrait atteindre ce but en ouvrant une porte, précédée d'un fossé diamant avec pont-levis, de chaque côté de la caponnière, dans l'escarpe détachée (à peu près à l'endroit où elle est coupée par la ligne pointillée A B).

La porte d'entrée du fort communique au point y avec une galerie qui conduit à la poterne de la demi-caponnière de gauche. Cette galerie permet aux défenseurs de pénétrer dans le fort et d'en sortir, pendant les plus fortes canonnades, sans s'exposer aux effets des projectiles éclatant ou ricochant sur le terre-plein intérieur. On a vu à Paris combien ces effets sont redoutables, et quelle difficulté la défense éprouve à s'en préserver, lorsqu'il n'y a point été pourvu d'avance.

Pour faciliter les communications le long du front de tête (seul endroit qui ne soit pas exposé aux coups plongeants), on a établi des passages voûtés sous les rampes de ce front.

Les défenseurs peuvent donc se rendre en sûreté depuis la demi-caponnière de droite jusqu'à la porte d'entrée.

La communication du camp retranché avec le réduit est indépendante du fort. Elle se compose de deux rampes aboutissant à un palier défendu par la mousqueterie des locaux situés à droite et à gauche de la poterne. Celle-ci descend de la cote 5 à la cote 2, et débouche vis-à-vis de l'entrée du réduit. Pour mieux protéger cette entrée, une partie du fossé a été transformée en tambour au moyen de murs transversaux, pourvus de créneaux et précédés d'un fossé diamant. Les portes de ces murs et les ponts-levis qui les protégent, permettent aux défenseurs du réduit de faire des sorties dans le fossé, et aux défenseurs du fort, de se retirer par ce fossé dans le camp retranché, lorsqu'ils ne peuvent plus suivre la voie ordinaire.

La communication entre le fossé du fort et le fossé du réduit passe à travers les masques d'embrasure, afin qu'elle soit surveillée et battue par l'artillerie des flancs.

Les coupures qui établissent une séparation entre les masques et le glacis extérieur du réduit, sont fermées par un batardeau servant en même temps à défiler, contre les coups plongeants, la partie de l'escarpe du réduit qui correspond à la trouée.

La galerie de contrescarpe de la gorge du réduit contourne ces coupures, afin que l'assiégeant ne puisse pas y trouver un abri contre les feux flanquants.

REMARQUE.

Le type de fort que nous venons de décrire peut être simplifié dans la pratique :

1° Par la suppression de l'escarpe détachée ;

2° Par la diminution du relief et de la largeur du glacis du front de tête et des fronts latéraux, diminution qui donne lieu à un élargissement du fossé et à un accroissement de la puissance du flanquement ;

3° Par la suppression du revêtement de la contrescarpe du front de tête (excepté autour de la queue du réduit);

4° Par la suppression des ailerons de la caponnière et des demi-caponnières, suppression entraînant celle des quatre batteries de mitrailleuses qui flanquent les fossés de la caponnière et des demi-caponnières. Ces fossés ne seront plus, dès lors, battus que par la mousqueterie de la galerie de contrescarpe, et, en partie, par l'artillerie du corps de place.

DEUXIÈME TYPE.

Fort de camp retranché pouvant être attaqué pied à pied.

PLANCHE XVII, FIG. 3.

Les forts détachés qui, en raison de leur situation plus isolée, plus éloignée ou plus difficilement accessible du côté de la place, sont exposés à des attaques pied à pied, continuées jusque sur la crête du glacis, doivent être organisés différemment.

La planche XVII, fig. 3, représente un type de fort détaché qui satisfait à toutes les nécessités de la défense rapprochée.

Ses dimensions et ses dispositions générales se rapprochent beaucoup de celles du type précédent.

Les différences ne portent que sur les points suivants :

A.

L'escarpe détachée du type pl. XV est remplacée par une escarpe terrassée avec voûtes en décharge, à terres roulantes. (Voir profil E F G.)

Cette modification a pour objet d'augmenter les difficultés du tir en brèche et de restreindre l'assaut aux parties éboulées du mur.

L'escarpe terrassée étant plus éloignée de la masse couvrante que l'escarpe détachée, nous avons dû, pour la défiler convenablement, relever de 1^m,50 la crête du glacis et porter la cote de la ligne de feu du corps de place de 20 à 22.

B.

La contrescarpe crénelée du front de gorge est remplacée par une contrescarpe avec voûtes en décharge à terres roulantes. Cette modification est justifiée par les considérations que nous avons émises précédemment (voir ch. IV) sur les propriétés de l'une et l'autre espèce de contrescarpe.

C.

La caponnière du front de tête a deux étages casematés. L'étage supérieur, armé de canons, est cuirassé (voir profil L K); l'étage inférieur, armé de mitrailleuses, est protégé par des masques d'embrasure. Elle aurait le maximum de valeur défensive, si l'étage inférieur était constitué comme celui de la caponnière du type pl. XVIII.

La batterie à ciel ouvert qui occupe la tête de la caponnière, a un commandement de 2 mètres environ sur le glacis du front de tête; elle a pour objet de flanquer ce glacis et de rendre plus difficile l'attaque de vive force du saillant de la caponnière. On y monte par un escalier débouchant dans une traverse perpendiculaire à la capitale. (Voir, pour les détails, la fig. 1, pl. XVII.) Deux escaliers plus petits, qu'au besoin l'on remplacera par des rampes, permettent aux travailleurs de descendre de la plate-forme sur la berme des flancs de la caponnière, lorsque les talus extérieurs de ces flancs doivent être réparés.

La tête de la caponnière est flanquée par des batteries établies dans la galerie d'escarpe du corps de place. Ces batteries sont précédées de masques avec piles en granit et têtes de voûtes cuirassées. (Voir fig. 5 de la pl. VII.) On pourrait également assurer le flanquement par des ailerons analogues à ceux du type pl. XV, en ayant soin de protéger les têtes des voûtes au moyen de plaques ou d'un massif de terre, sauf à déblayer ce massif au moment où l'assiégeant doit faire taire ses batteries éloignées sous peine d'atteindre ou d'inquiéter les défenseurs de ses travaux rapprochés. (Voir profil A B, pl. XV.)

D.

Le flanquement du fossé des demi-caponnières est assuré de la même manière que celui du fossé de la caponnière de tête.

E.

Les bâtiments construits sous le terre-plein des fronts latéraux sont protégés contre les feux de revers par de hautes traverses renfermant des magasins et d'autres locaux.

Vis-à-vis du milieu de ces traverses (voir le demi-fort de gauche) se trouvent les entrées des poternes $v\ w$, conduisant aux coupoles dont il sera question plus loin.

F.

Les bâtiments du front de tête ne sont pas organisés comme ceux du premier type.

La poterne conduisant à la galerie crénelée d'escarpe et à la coupure en arrière de la caponnière, ne débouche plus dans la galerie R S, qui enveloppe ces bâtiments. Son entrée est à 5 mètres sous le niveau du terre-plein intérieur, et l'on y arrive par deux rampes longeant la façade des bâtiments. Au-dessus de cette poterne s'en trouve une autre (voir profil C D) dont l'entrée est au niveau du terre-plein intérieur et qui mène au chemin de ronde par les passages d.

Cette poterne débouche dans la galerie R S, qui, n'étant plus inclinée comme dans le premier type, peut servir de communication couverte entre les abris du front de tête.

G.

Les batteries flanquant le fossé de la caponnière communiquent avec le terre-plein intérieur par les poternes P Q, qui permettent de les surveiller facilement et de les isoler de la galerie crénelée d'escarpe au centre du front. Cette galerie protégeant les sorties et défendant l'entrée de la caponnière ainsi que le débouché de la poterne inférieure (en capitale du fort), il importe que l'ennemi ne puisse pas s'y introduire après avoir détruit le mur de masque des batteries flanquantes.

Les poternes $z\ y\ t$ des batteries qui flanquent le fossé des demi-caponnières ont également leur entrée sur le terre-plein intérieur. Celle de gauche est en communication avec la galerie $y\ y$, par laquelle les défenseurs peuvent gagner la porte d'entrée du fort, sans s'exposer aux coups plongeants des batteries ennemies ni aux éclats des projectiles qui tombent dans la cour.

H.

Le pont de la gorge ne se trouve plus, comme dans le cas précédent, vis-à-vis de la porte d'entrée. Cette modification a pour but d'empêcher que l'ennemi ne rende l'accès du fort trop difficile ou trop dangereux en établissant une ou deux pièces ou simplement un peloton d'infanterie sous la voûte de la poterne pour tirer dans le prolongement du pont.

Le même pont conduit au pied de la rampe qui débouche dans l'intérieur du retranchement de gauche et sur le glacis intérieur du réduit. Il a été possible de simplifier de la sorte les communications du premier type, parce que la substitution de l'escarpe terrassée à l'escarpe détachée a permis d'assigner une côte unique à l'entrée de la poterne et au pied de la rampe. Pour la même raison on a pu établir le pont en dehors de l'alignement de la poterne, ce qui serait inexécutable dans le type de la pl. XV.

I.

Les coupures entre les masques des batteries flanquantes du front de gorge et le glacis du réduit sont fermées au moyen de batardeaux. On y arrive par les portes *g*. La mousqueterie de la galerie de contrescarpe empêche que l'assaillant ne se jette dans les coupures pour éviter les feux flanquants.

K.

La queue du réduit n'a plus de cour intérieure. La tête seule a conservé la sienne, qui est indispensable pour donner de l'air et de la lumière aux nombreux locaux qu'elle renferme. (Voir le profil A B.)

Deux hautes traverses casematées en forme de T, préservent l'artillerie de la queue du réduit des coups d'enfilade et des coups de revers.

Pour assurer les communications entre les diverses parties de la plate-forme, on a donné à l'une des traverses trois passages voûtés et à l'autre un seul, établi en capitale.

La batterie de la tête du réduit est analogue à celle du type pl. XV, avec cette différence que les caves à canon, au lieu d'être fermées par un mur, sont ouvertes et pourvues d'un parados, couvrant un passage de $2^m,50$ de largeur nécessaire pour circuler, sans danger, en arrière de la batterie, pendant le tir.

La queue du réduit n'a pas d'autres locaux habitables que ceux qui longent la cour intérieure et ceux qui constituent la galerie crénelée d'escarpe.

Si ces locaux étaient insuffisants, on pourrait organiser la queue du réduit comme l'est celle du type fig. 3, pl. XVI.

Ce type se distingue, en outre, par la suppression de la cour intérieure et de la batterie à la Haxo de la tête du réduit. On a substitué à cette dernière une batterie à ciel ouvert dont l'armement, composé de pièces légères, sera, jusqu'au dernier moment, abrité sous les voûtes du parados circulaire de la batterie. La plate-forme ainsi modifiée ne coûtera pas, à beaucoup près, autant que l'autre et remplira néanmoins son but dans la plupart des cas, surtout lorsqu'on aura trouvé un bon affût à éclipse pour tirer au-dessus du parapet.

Nous ajouterons que la suppression de la cour intérieure fera disparaître les dangers résultant de l'explosion des bombes; mais si l'on met en parallèle ces dangers avec les avantages qui résultent d'un bon aérage, on reconnaîtra que le meilleur type est celui qui admet la conservation d'une partie de la cour, sauf à donner à cette cour des dimensions telles qu'il soit possible de la blinder quand le besoin s'en fera sentir.

Le type fig. 4 ne se trouve pas dans ces conditions; il permet d'abriter les défenseurs de la plate-forme contre les feux verticaux et de porter l'armement au maximum par la suppression de toutes les traverses. Ces avantages ne sont point à dédaigner; toutefois, comme ce type est plus onéreux que les autres, on ne l'appliquera qu'aux forts d'une très-grande importance. Il n'exclut pas, du reste, la construction d'une cour intérieure, pouvant être blindée au moment de la mise en état de défense.

L.

Les chemins couverts du front de tête et des fronts latéraux n'ont que les dimensions d'un couloir pour fusiliers. On ne les a pas élargis sur les côtés du fort, parce qu'il eût été trop difficile de mettre l'escarpe des fronts latéraux à l'abri des coups plongeants, tirés sous l'angle du quart, et de battre le glacis directement du corps de place. L'élargissement du chemin couvert n'offre pas d'ailleurs de grands avantages, quand les forts ont des batteries *latérales* derrière lesquelles on peut masquer les troupes de sortie, et dont les feux commandent non-seulement le front du camp retranché, mais encore les intervalles.

Pour faciliter la surveillance de nuit du chemin couvert

et pour tenir en permanence un poste près de la caponnière, qui est le point le plus exposé aux attaques d'emblée, on a établi des blockhaus en maçonnerie sous le glacis, aux extrémités et dans les rentrants du front de tête. Ces blockhaus dont le sol est plus bas que le chemin couvert, sont soustraits à tous les feux de l'attaque. Ceux des rentrants communiquent avec le passage souterrain $x\ x$, dont il sera question plus loin.

Pour faire la balance des remblais et des déblais, on doit prolonger le glacis jusqu'à la cote 4, ou à 6 mètres sous le terrain naturel. Il en résulte que le pied du glacis est terminé par un ressaut qui forcera l'assiégeant à construire des travaux de mine ou des descentes d'une exécution très-difficile. L'assiégé retardera sans peine ces travaux, s'il possède à proximité un établissement qui surveille et batte efficacement le bord du ressaut. C'est dans ce but que nous avons établi dans les rentrants du front de tête, au delà du glacis, deux places d'armes avec réduits, dont les dimensions diffèrent peu de celles des places d'armes de la pl. XIV. (Voir profil E F.)

Ces places d'armes servent :

1° A assurer la surveillance extérieure du fort, surtout pendant la nuit ;

2° A faciliter et à protéger les sorties au delà du glacis ;

3° A rendre possible la défense du glacis par la mine ;

4° A diriger des feux de flanc sur le terrain en avant du ressaut.

La fig. 2, pl. XVII, fait connaître les détails des maçonneries des réduits.

Les profils sont réglés de façon que les réduits ne puissent pas être vus de loin et qu'ils n'interceptent pas les feux du corps de place.

Les fossés des réduits sont flanqués par une galerie crénelée de contrescarpe à laquelle on arrive par deux batardeaux crénelés. Dès que la contrescarpe sera sur le point de tomber au pouvoir de l'ennemi, on interrompra ces communications au moyen de portes ou de barrages en poutrelles. Il serait utile que l'un des passages fût souterrain pourque l'on pût construire dans le batardeau correspondant à ce passage, une ou deux arcades par lesquelles déboucheraient les troupes chargées d'attaquer l'ennemi en flanc, au moment où il tenterait l'escalade du réduit.

Les gorges des réduits sont tracées de manière que l'ennemi, logé sur le bord du ressaut, au delà du glacis, ne puisse pas faire brèche à leurs maçonneries.

L'entrée se trouve dans le mur de gorge; elle est précédée d'un fossé diamant avec pont-levis. Cette communication, toutefois, ne sera utile que pour les petites sorties à faire au commencement du siége. Afin d'assurer la retraite des défenseurs de la place d'armes rentrante, après le couronnement du ressaut, il sera nécessaire d'établir entre le réduit et le fossé du fort, une communication souterraine, en évitant que l'ennemi n'en puisse profiter, soit pour descendre dans le fossé, soit pour renverser par la mine une partie de la contrescarpe.

Nous avons fait déboucher cette communication dans le fossé de la caponnière. Elle serait moins longue et mieux protégée, si elle s'ouvrait sur le fossé capital, sous le feu des batteries de la caponnière. Peut-être vaudrait-il mieux encore la faire déboucher dans les blockhaus des rentrants du chemin couvert, pour que les défenseurs des places d'armes pussent se retirer sans devoir traverser les fossés. Il y a des circonstances, en effet, où cette retraite par les fossés offrirait l'inconvénient d'interrompre le feu de l'artillerie flanquante et de compromettre la sûreté des communications (les portes devant rester ouvertes pendant tout le temps que dure la retraite.)

Les sorties contre les travaux rapprochés de l'attaque peuvent se faire :

1° Par l'extérieur du fort, en contournant les batteries latérales, établies dans le prolongement du front de gorge;

2° Par les rampes qui longent les places d'armes rentrantes, en arrivant à ces rampes par les extrémités des batteries latérales et le pied du glacis, et

3° Par ces mêmes rampes, en y arrivant par les galeries souterraines qui mettent les réduits des places d'armes rentrantes en communication avec le fossé ou avec les blockhaus des rentrants du chemin couvert.

Le pied des rampes qui longent les places d'armes rentrantes, est protégé par une barrière et par une palissade se reliant, d'une part, au mur de soutenement du glacis de contrescarpe du réduit et, de l'autre, à la palissade qui défend le pied du glacis extérieur du fort. Cette palissade a pour objet de faciliter la surveillance et de rendre plus difficile l'attaque de vive force. Elle présente toutefois l'inconvénient de fournir à l'assaillant un abri contre la mousqueterie du chemin couvert, abri derrière lequel il peut établir des tireurs pour combattre les défenseurs de ce dehors et les sorties de la garnison. Il sera donc utile de la remplacer par une grille, par une ligne d'abatis, ou par un réseau de fils de fer, toutes les fois qu'il s'agira d'un fort pouvant être attaqué pied à pied.

M.

Les batteries latérales sont destinées non-seulement à battre le terrain des attaques, conjointement avec l'artillerie du front de tête du fort, mais encore à diriger des feux de flanc et de revers sur les travaux du couronnement, aux extrémités du front de tête. C'est dans ce but que nous avons donné aux batteries un commandement de $1^m,00$ sur la crête du glacis. Il est évident que l'assiégeant ne pourra pas établir sa contre-batterie sur ce glacis, aussi longtemps qu'il n'aura pas démonté l'artillerie des batteries latérales ou forcé l'assiégé à évacuer ces batteries. Or l'une et l'autre opération offriront de grandes difficultés et retarderont de plusieurs jours le moment de l'assaut.

N.

L'organisation des remparts du fort ne diffère de celle du fort de la pl. XV qu'en ce seul point, que les traverses avec pièces cuirassées du front de tête sont remplacées par des coupoles, armées chacune de 2 pièces de gros calibre.

On arrive à ces coupoles par les poternes *v w*. Le profil P Q de la pl. XIV fait connaître leur organisation intérieure; c'est sans nul doute la meilleure, mais c'est aussi la plus coûteuse. On sera souvent obligé de la simplifier en établissant les coupoles sur des plates-formes en maçonnerie s'élevant à peu près au niveau du terre-plein du rempart. Pour faciliter le service, on construira dans ce cas autour des coupoles une galerie couverte, débouchant sur le rempart et communiquant par un monte-charges et un monte-projectiles avec deux petits magasins construits sous le terre-plein.

Les coupoles occuperont des emplacements tels que, tout en battant la plus grande étendue possible du terrain en avant, sur les côtés et en arrière du fort, leur artillerie enfile et prenne à revers le couronnement du chemin couvert. Les points qui satisfont le mieux à cette condition sont les intersections du front de tête avec les prolongements des axes des fossés des fronts latéraux.

Si les coupoles exigent une grande dépense, d'un autre côté elles augmentent beaucoup la résistance du fort, par les difficultés qu'elles posent à l'avancement des travaux d'approche et à l'établissement des dernières batteries. Dans certaines circonstances, ces difficultés seront même insurmontables, à moins que l'assiégeant ne parvienne à établir à proximité du glacis, des batteries de très-gros calibre, protégées par des boucliers en fer : difficulté non encore résolue dans la pratique, mais qu'il serait téméraire de déclarer invincible.

REMARQUE.

Ce type de fort exigeant une grande dépense, il sera souvent nécessaire de le simplifier.

Voici dans l'ordre de leur importance, les modifications qu'on pourra y apporter sans trop l'affaiblir :

1° Remplacement de l'escarpe terrassée par une escarpe détachée;

2° Diminution du relief et de la largeur du glacis du front de tête et des fronts latéraux (1);

3° Suppression des places d'armes rentrantes;

4° Suppression du revêtement de contrescarpe de la gorge (excepté autour de la queue du réduit).

TROISIÈME TYPE.

Fort de camp retranché, disposé pour de puissants retours offensifs.

PLANCHE XVI, FIG. 1 ET 2.

Ce fort (voir fig. 1 et 2) offre plus de garanties contre l'attaque pied à pied que le fort de la pl. XV, à cause de l'organisation de ses batteries flanquantes et de la nature de son revêtement; il offre aussi plus de facilités

---

(1) Diminution qui permettra d'élargir le fossé et d'accroître la puissance du flanquement (si on le juge nécessaire).

aux défenseurs du camp retranché pour les retours offensifs, à cause de l'organisation particulière de son front de gorge.

Nous n'insisterons que sur ces deux points, les dispositions générales et les détails ne différant point de ceux du type pl. XVII décrit plus haut.

Caponnière.

La caponnière de la fig. 1 est précédée d'une contre-garde dont le fossé est flanqué par l'artillerie du rempart. Le masque qui ferme la trouée de ce fossé est terminé en glacis, pour qu'il ne donne pas lieu à un angle mort. Toutefois comme ce glacis atteint, à l'extrémité des branches de la contre-garde, la cote 9, qui est celle du cordon de l'escarpe, il favoriserait l'attaque d'emblée s'il n'était séparé de la contre-garde par une coupure $u\,v\,v$. Cette coupure servira en même temps de communication avec le fossé de la contre-garde et avec le chemin couvert.

Pour arriver au fossé, on sortira par la porte t du batardeau qui relie le masque à la contrescarpe du front de tête, et l'on gagnera ensuite le pied de la rampe $v\,v$, en contournant l'extrémité T de la contre-garde.

Pour arriver au chemin couvert, on suivra la même voie et l'on montera ensuite du fond du fossé jusqu'à la place d'armes rentrante w, par le glacis du masque.

L'inconvénient de ce glacis est de fournir à l'ennemi un moyen facile de descendre dans le fossé (voir la direction des flèches partant de w); mais il est à considérer que la prise de la contre-garde, par un coup de main, ne peut conduire à aucun résultat décisif, puisqu'un fossé profond, flanqué à revers par une galerie de contrescarpe, sépare cet ouvrage de la caponnière. Il faudra donc que l'ennemi se loge sur la contre-garde, ce qu'il ne pourra faire qu'après avoir assuré ses communications avec le couronnement, au moyen d'une descente et d'un passage de fossé.

La galerie de contrescarpe communique avec le fossé capital par les poternes s et par les batardeaux creux qui en forment le prolongement. On pourrait aussi la mettre en communication avec la caponnière au moyen de deux passages souterrains, comme nous l'avons fait dans plusieurs de nos projets; mais il est prudent d'isoler autant que possible les batteries flanquantes, qui seront le principal objectif de l'attaque.

Quant à la communication du fort avec le fossé de la caponnière, les mêmes raisons de prudence nous engagent à la faire déboucher de la galerie de contrescarpe plutôt que de la tête de la caponnière; seulement, pour empêcher que l'ennemi ne s'introduise par là dans la galerie, l'accès en sera défendu par un fossé diamant avec pont-levis.

La contre-garde de la caponnière n'a aucune communication permanente avec le fossé de la caponnière. Les bouches à feu sont hissées sur son terre-plein au moyen de chèvres, et les défenseurs y montent par des escaliers en bois, qu'on aura soin de renverser dans le fossé aussitôt que l'ouvrage devra être abandonné.

La caponnière du fort fig. 2, pl. XVI ressemble à celle du fort de la pl. XVII. Elle n'en diffère que par le mode de flanquement de son fossé. Les batteries qui doivent assurer ce flanquement ne se trouvent plus dans la galerie d'escarpe du corps de place; elles occupent les emplacements des masques et elles sont disposées pour recevoir des mitrailleuses.

Les communications avec le fossé de la caponnière se font par des poternes t, débouchant d'une part dans le fossé capital et, d'autre part, dans une portion de galerie de contrescarpe, dont la porte est protégée par un fossé diamant avec pont-levis.

Cette disposition de caponnière semble à première vue plus simple que la précédente; en réalité elle est plus compliquée et plus coûteuse, parce qu'elle exige deux batteries cuirassées de mitrailleuses.

La disposition de la fig. 1 sera donc appliquée dans la plupart des cas.

Elle opposera de grandes difficultés à l'attaque, surtout quand les extrémités du front de tête seront pourvues de coupoles dont l'artillerie, en quelque sorte invulnérable, prendra à revers les travaux du couronnement et les logements de l'ennemi sur la contre-garde de la caponnière.

Demi-caponnières.

Les demi-caponnières des fig. 1 et 2, pl. XVI diffèrent de celles de la fig. 3, pl. XVII, en ce que leurs fossés sont flanqués par des coffres de contrescarpe au lieu de l'être par des batteries installées dans la galerie d'escarpe et tirant à travers de masques à tunnels.

Ces masques, toutefois, n'ont pu être supprimés, parce qu'ils servent à fermer les trouées du fossé, mais on les a considérablement simplifiés. (Voir profil L M pl. XVI.)

Les coupures entre les masques et le chemin couvert sont flanquées par la galerie de contrescarpe (1).

Les trouées que forment ces coupures, sont fermées par d'épais batardeaux dans lesquels on a ménagé des passages pour les sorties, les rondes dans le fossé et les détachements de travailleurs.

Si l'on voulait donner plus d'efficacité au flanquement et parer à l'inconvénient qu'ont les coffres d'être à la merci de l'assiégeant, dès que celui-ci a couronné le glacis, on devrait, ou bien revenir au dispositif de la fig. 3, pl. XVII, ou bien remplacer le masque en terre par une batterie cuirassée de mitrailleuses.

Front de gorge.

Le front de gorge d'un fort de camp retranché ne peut jamais être attaqué pied à pied. Quant à l'attaque de vive force, elle ne conduira à aucun résultat quand le fort aura un réduit bien défilé, pourvu de hautes escarpes et battant efficacement la gorge et le terre-plein intérieur. Néanmoins, il est conforme à un principe généralement admis, de mettre tous les forts détachés à l'abri des surprises et des attaques d'emblée. Nous avons observé ce principe dans nos divers types de forts, tout en prenant des précautions, jusqu'ici inusitées, pour faciliter les retours offensifs.

---

(1) Cette galerie commence à l'arrondissement du fossé, au saillant de la demi-caponnière, et finit au débouché de la coupure dans le fossé du front latéral.

Nous croyons que l'avantage de pouvoir jeter rapidement de fortes colonnes dans un ouvrage détaché, doit quelquefois l'emporter sur celui de rassurer plus complétement la garnison contre les attaques par la gorge.

C'est dans cet ordre d'idées que nous avons projeté les forts fig. 1 et fig. 2, pl. XVI.

Le premier se distingue par de larges trouées T S, laissées entre les extrémités des demi-fronts de gorge et le pied du glacis du réduit. Ces trouées, couvertes seulement par le glacis du front de gorge, conduisent aux poternes XY, qui débouchent dans le fort, ainsi qu'aux rampes des retranchements et aux passages Z, ménagés entre ces retranchements et la crête du glacis du réduit, lesquels y débouchent également.

La gorge du fort fig. 2 n'a pas ces trouées, mais la moitié environ de son rempart forme une double rampe inclinée au tiers, dont la crête s'élève au niveau de la ligne de feu de la partie conservée.

Cette disposition couvre mieux l'intérieur des retranchements, mais l'autre est plus facile et permet l'entrée des voitures; on l'appliquera donc à un des demi-fronts, pour les communications du temps de paix.

Chaque demi-front sera pourvu d'une rampe pour les retours offensifs à exécuter dans le fossé. Il convient que cette rampe soit battue par l'artillerie du réduit et fermée à son extrémité par une forte grille en fer.

En organisant le front de gorge de cette manière, on rendra les retours offensifs si faciles et si prompts que l'ennemi n'essaiera pas de s'introduire dans le fort avant d'y avoir fait brèche.

Le danger sera donc nul pour tout fort qui n'a pas à redouter une attaque pied à pied.

On objectera, sans doute, qu'au moment de donner l'assaut au front de tête, l'ennemi fera assaillir la gorge, pour mettre entre deux feux les troupes chargées de repousser l'attaque principale.

Mais cette objection n'a pas une grande importance. Il sera facile, en effet, de prendre des mesures pour faire échouer l'attaque par la gorge, soit en massant des troupes dans les retranchements, formés par les *remparts intérieurs* Q R, Q R, soit en abritant de fortes réserves dans des tranchées creusées en arrière du fort, à portée de fusil du front de gorge.

Quant à la sécurité du fort pendant le siége, on pourra l'assurer au moyen de palissades, faciles à détruire à coups de canon ou autrement, quand l'assaut sera proche.

REMARQUE.

Pour diminuer la dépense, on peut :

1° Remplacer l'escarpe terrassée du front de tête et des fronts latéraux par une escarpe détachée.

2° Diminuer la hauteur et la largeur du glacis de ces fronts.

QUATRIÈME TYPE.

Fort détaché sans caponnières et fort détaché avec caponnières mobiles.

Les types que nous venons de décrire peuvent être simplifiés, quand il s'agit d'un grand camp retranché dont les ouvrages ne sont pas exposés à des attaques pied à pied, continuées jusqu'au passage du fossé. Dans ce cas, un flanquement de revers suffit, lorsque les coffres ou les galeries de contrescarpe qui doivent l'assurer, sont à l'abri des feux plongeants de l'attaque.

La fig. 3, pl. XIX, représente un type de fort simplifié de la sorte, avec front de tête en ligne droite. La fig. 2 représente ce même type, lorsque des considérations locales obligent à briser le front de tête en dehors.

Nous examinerons successivement ces deux types.

Fort fig. 3.

Pour obtenir un flanquement direct, nous avons tracé les fossés des fronts latéraux parallèlement à l'axe du fort, ce qui n'empêche pas de donner aux parapets de ces fronts la direction la plus convenable pour battre les intervalles du camp et le terrain en avant des forts voisins.

La galerie de contrescarpe du front de tête se prolonge

sur une partie des fronts latéraux. Elle communique avec le fort par les escaliers qui mènent aux passages souterrains $u\ u$.

Les locaux destinés au flanquement sont armés de mitrailleuses ou de petites pièces sans recul, tirant à mitraille.

Lorsque les prolongements du front de tête tombent sur les forts voisins, les coffres de contrescarpe n'ont rien à craindre du feu des batteries éloignées. Dans le cas contraire, il est utile de remplacer le tracé $c\ d$, par le tracé $c\ d'$ de manière à former un léger rentrant. Toutefois, pour que ce rentrant n'expose pas les faces du front de tête à l'enfilade, on tracera le parapet de celles-ci suivant la direction primitive, en le retirant derrière les saillants d', opération qui n'a que l'inconvénient de diminuer le commandement des extrémités du front de tête sur le glacis des saillants. L'angle rentrant du fossé donne une sécurité complète aux coffres, mais oblige à créer un flanquement séparé pour chaque moitié de fossé, tandis qu'une seule batterie flanquante suffit quand le front n'est pas brisé. Cette dernière disposition sera donc généralement préférée, non-seulement à cause de sa simplicité, mais parce qu'elle permettra d'établir la batterie du côté le moins exposé. Dans certains cas il sera avantageux de construire une batterie flanquante à chaque extrémité du front de tête, sauf à masquer les embrasures de l'une, quand l'autre sera en action. La première n'interviendra dans la lutte que lorsque la seconde sera détruite (ce qui ne peut arriver qu'après la prise d'un des forts voisins).

Les forts à contrescarpe revêtue ont deux points vulnérables, qui sont les parties de la contrescarpe du front de gorge situées dans le prolongement des fossés des fronts latéraux. Ces parties peuvent, en effet, être mises en brèche par les batteries éloignées de l'attaque. Bien que ce défaut ne compromette pas la sûreté du fort, il importe cependant de le corriger, parce que toute rampe ou brèche qui permet à l'ennemi de descendre dans le fossé, diminue les difficultés et les dangers de l'attaque de vive force.

Nous y sommes parvenus en construisant dans le prolongement des fossés des fronts latéraux, les traverses P qui interceptent les coups plongeants.

Pour que ces traverses ne donnent pas lieu à des angles morts, la galerie crénelée de contrescarpe du front de gorge a été continuée autour de leur fossé.

Il sera généralement plus facile et moins coûteux de renforcer le revêtement de la contrescarpe, dans le prolongement des fossés que l'ennemi peut enfiler. En le composant de voûtes superposées, profondes et remplies de terre, on préviendra la chute des terres qu'il soutient et la formation d'une brèche praticable. C'est pourquoi nous n'avons admis que très-exceptionnellement l'emploi de traverses dans le fossé.

Réduit.

Les réduits que nous avons décrits précédemment ne conviennent que pour les forts d'un grand camp retranché. Ils occupent en effet trop de place et exigent une trop forte dépense pour être applicables à des forts d'une importance secondaire ou à la construction desquels on ne peut affecter que des sommes minimes.

Dans ce cas, on adoptera le type de la fig. 3, pl. XIX, beaucoup plus simple et moins coûteux.

La tête se compose d'une coupole armée de 2 canons de gros calibre. (Voir le plan et le profil L M.) Cette coupole a un commandement de $2^m,50$ à 3 mètres sur le front de gorge et de 5 mètres sur la queue du réduit; elle peut donc battre non-seulement la cour du fort, mais encore les intervalles des forts et l'intérieur du camp retranché.

La queue du réduit (voir le plan et le profil G H) se compose d'un étage de locaux habitables et d'une plate-forme à ciel ouvert dont le terre-plein n'a que 8 mètres de largeur. Elle est armée de mitrailleuses ou de canons légers (les canons d'un flanc placés vis-à-vis des intervalles des canons du flanc opposé).

Le fossé du réduit est flanqué de la même manière que celui des réduits des grands forts, avec cette différence que la contrescarpe crénelée de la queue est continuée le long du front de gorge jusqu'à l'extrémité des coupures en arrière des traverses P.

L'entrée du réduit est la même dans les deux cas.

Organisation intérieure et communications.

L'organisation intérieure du fort ne donne lieu à aucune remarque que nous n'ayons déjà faite : mêmes traverses, mêmes parados, mêmes rampes D' pour l'artillerie et D pour l'infanterie, mais disposées autrement.

Nous ne mentionnerons que les légères différences qui existent dans les communications du fort avec le camp retranché.

L'entrée ordinaire se compose d'une rampe conduisant à un pont dont le tablier est à 4 mètres au-dessus du fond du fossé et à 3 mètres au-dessus du chemin de ronde. Le débouché de la poterne dans le fort est couvert par une haute traverse. Cette poterne conduit à une galerie $o\ p$ qui débouche dans les locaux du front latéral de droite, lesquels sont en communication avec les locaux du front de tête par le couloir $s\ r$. (Voir la partie gauche.) On peut donc circuler à couvert depuis le vestibule t du front latéral de gauche jusqu'au ponts-levis à l'entrée du fort.

Pour les retours offensifs, on a établi les rampes E' et F' auxquelles on arrive par les rampes et les poternes qui conduisent au fossé du réduit, par les ponts-levis du tambour et par le dernier tunnel des masques.

Ce chemin étant surveillé et défendu par le réduit, l'ennemi ne peut ni l'intercepter, lorsqu'il s'est emparé de l'enveloppe, ni s'en servir pour attaquer le fort ou pour opérer une diversion, pendant que le gros de ses forces donnera l'assaut au front de tête.

La surveillance du chemin couvert (réduit aux dimensions d'un simple couloir) est rendue facile par les blockhaus O en maçonnerie ou en charpente, construits aux extrémités du front de tête.

Le type de fort que nous venons de décrire conviendrait pour une défense pied à pied, si l'on supprimait la galerie de contrescarpe et si l'on remplaçait les coffres par des caponnières métalliques; ces caponnières, établies sur des rails, seraient abritées, pendant les premières périodes du siége, dans des poternes où aucun projectile ne pourrait les atteindre. On ne les pousserait dans le fossé qu'au moment où l'ennemi tenterait une attaque de vive force ou se préparerait à donner l'assaut. Mais pour être réellement utiles, les caponnières devraient pouvoir résister au feu des contre-batteries que l'assiégeant ne manquerait pas de construire, pour les écraser à leur première apparition, si elles étaient seulement à l'abri de la balle. Or, des caponnières à l'épreuve du canon n'auraient pas besoin d'être mobiles et seraient avantageusement remplacées par des caponnières ordinaires avec masques d'embrasure. Voilà pourquoi nous n'avons pas proposé de type de fort, basé sur l'emploi de caponnières mobiles roulantes ou flottantes, bien que nous eussions signalé cette idée il y a déjà plusieurs années, comme ayant peut-être de l'avenir (1).

Fort fig. 2.

Le type fig. 2 ne diffère du précédent que par le mode de flanquement des faces. Celles-ci pouvant être enfilées,

---

(1) Cette même idée a été préconisée tout récemment par le capitaine Parnell, dans un article sur la *Réforme défensive*, publié dans le tome XIX des *Professional papers of the corps of Royal Engineers* (1871). L'auteur propose de grands fronts rectilignes de 1,600 yards, sans dehors, organisés pour l'emploi de canons sur affûts Moncrieff, ayant un champ de tir de 120 degrés. Ces fronts sont flanqués par des caponnières métalliques mobiles, armées de huit mitrailleuses, et composées de plaques de $\frac{5}{8}$ pouce d'épaisseur.

Contre une attaque pied à pied ce front modèle serait absolument insuffisant. L'auteur ne s'est préoccupé que de l'attaque éloignée et de l'attaque de vive force.

il n'est plus possible de les flanquer au moyen de coffres établis vis-à-vis des angles d'épaule. Ces coffres doivent être remplacés par une caponnière analogue à celle du type fig. I, pl. XIX, ou par des coffres établis vis-à-vis du saillant, comme ceux de la fig. 2.

Cette dernière disposition des coffres conduit à un tracé bastionné qui a l'inconvénient d'éloigner trop du mur d'escarpe la masse couvrante du glacis. On y remédiera en exhaussant le glacis, en même temps qu'on diminuera sa pente ou qu'on augmentera le relief du rempart.

On peut y remédier aussi en remplaçant la courtine rectiligne par la brisure $x\ y\ z$, comme les Autrichiens l'ont fait dans un des forts de la tête de pont de Pastrengo.

Chaque coffre est armé de deux mitrailleuses ou de deux obusiers courts.

Le glacis des fronts latéraux doit être aplati devant les parties retirées du parapet, pour que le rempart conserve le même commandement sur ce plan.

La galerie $o\ p$, destinée à conduire les défenseurs des fronts latéraux jusqu'à la sortie du fort, débouche dans les abris du front de tête ou dans l'un des passages souterrains qui mènent à la galerie de contrescarpe.

Pour diminuer les inconvénients du ricochet et rendre le défilement plus facile, on a composé de trois ressauts chaque face du front de tête. Dans certaines circonstances, on pourra supprimer ces ressauts et donner au parapet une légère pente du saillant vers les angles d'épaule.

Le ressaut supérieur commande le réduit de $1^m,50$. Il n'en résulte aucun inconvénient, puisque la coupole qui bat l'intérieur du fort est à l'abri des feux plongeants et même des feux verticaux.

REMARQUE.

On peut simplifier ce type de fort :

1° En remplaçant l'escarpe terrassée du front de tête et des fronts latéraux, par une escarpe détachée, et en diminuant le relief du glacis de ces fronts ;

2° En supprimant le revêtement de contrescarpe du front de gorge, excepté autour de la queue du réduit.

CINQUIÈME TYPE.

Deux espèces de forts ouverts à la gorge.

Un fort ne peut être ouvert à la gorge que lorsqu'il est soutenu en arrière par une batterie ou un ouvrage qui le bat à bonne portée. Ce cas se présente rarement pour les forts d'un camp retranché ; il n'en est pas de même pour les ouvrages détachés d'une tête de pont ou d'une place ordinaire, servant uniquement à assurer le débouché ou la rentrée d'un corps de troupes.

Les forts d'une tête de pont doivent être battus par le noyau, et ceux d'une place ordinaire, par l'enceinte.

A cause de cela, et pour éviter toute dépense inutile et toute dissémination de forces nuisible à la défense, on établit rarement ces forts à plus de 2,000 mètres du noyau ou de l'enceinte.

Si leur front de gorge était terrassé, l'assiégeant pourrait, après y avoir pénétré, diriger l'artillerie de ce front contre le noyau ou contre l'enceinte, ce qui abrégerait ses travaux d'approche et en diminuerait les dangers.

Les fig. 1 et 4 de la pl. XIX représentent deux types d'ouvrages ouverts à la gorge : le premier, grand et à saillant aplati; le second, petit et à saillant aigu.

Fort fig. 1.

Ce fort pourrait être flanqué comme celui de la fig. 2. Pour donner un exemple de flanquement plus efficace, nous avons admis, indépendamment de la galerie crénelée de contrescarpe, une caponnière de tête et deux demi-caponnières.

La première est séparée du corps de place par une coupure demi circulaire qui débouche dans le chemin de ronde, derrière les batteries flanquantes. Grâce à cette disposition, l'ennemi ne pourra tirer à travers la coupure, ni de loin, ni de près.

On descend dans le fossé par une poterne établie en capitale du fort. De petites flèches indiquent le chemin à suivre pour entrer dans la caponnière et pour arriver au chemin de ronde.

Le côté défectueux de cette disposition, c'est que les flancs qui battent le fossé de la tête de la caponnière peuvent être attaqués de loin. On corrigera ce défaut en supprimant les flancs et en donnant à la caponnière une tête légèrement arrondie, dont le fossé sera battu par les créneaux de la galerie de contrescarpe. (Voir le tracé pointillé.)

Comme l'intérieur du fort est entièrement soumis aux feux du réduit, il n'est pas nécessaire que la gorge soit ouverte, dans l'acception ordinaire du mot. Il suffira qu'elle n'ait pas de parapet de ce côté. Nous proposerons, en conséquence, d'élever à quelque distance du fossé de la gorge les retranchements P Q, qu'occuperont, au moment de l'assaut, les troupes de la réserve et, après l'assaut, les avant-gardes des colonnes chargées de faire un retour offensif contre le fort.

N'ayant que l'épaisseur nécessaire à une défense de mousqueterie, et leur talus extérieur étant battu par la coupole du réduit, ces retranchements ne pourront servir d'épaulement à l'ennemi qu'après qu'il les aura épaissis par la construction d'une plate-forme en terre et après qu'il se sera emparé du réduit.

Les retranchements serviront à faciliter la défense au moment de l'assaut, à protéger la retraite de la garnison et à favoriser les retours offensifs.

Ils augmenteront, en outre, la sécurité des défenseurs du rempart, qui ne seront plus exposés à recevoir des coups de fusil dans le dos, lorsque des colonnes de troupes ou des tirailleurs passeront derrière le fort ou s'y arrêteront au moment d'une attaque.

Les communications couvertes (si utiles pendant les fortes canonnades), sont :

1° La galerie $o\ p$ qui débouche par une de ses extrémités dans la porte d'entrée et, par l'autre, dans les abris voûtés du front latéral de droite ;

2° La poterne fg dont l'entrée se trouve derrière le retranchement de gauche, et le débouché, dans le local f qui conduit au porche du magasin à poudre et à la poterne y, de la demi-caponnière. A partir de cette poterne, les coups plongeants et les éclats d'obus ne sont plus à craindre. On longe la façade des abris du front de tête et l'on arrive ainsi à la galerie de contournement h, en passant sous les rampes, par les poternes vw.

Les retours offensifs se font :

1° Par le pont d'entrée, dont l'accès est protégé par un tambour en maçonnerie G. Ce pont doit se trouver en dehors du prolongement de la poterne, pour que l'ennemi, maître de l'enveloppe, ne puisse pas le battre d'enfilade en établissant du canon ou des fusiliers sous la voûte du passage ;

2° Par la rampe ss, à laquelle on arrive en débouchant du tambour du réduit et en passant sous les voûtes du masque M.

Pour que l'ennemi ne poursuive pas nos troupes dans le fossé de la gorge — ce qui lui serait facile s'il n'avait à craindre que les feux du réduit (lesquels ne pourraient agir pendant la retraite) — nous avons prolongé jusqu'à l'entrée r de la rampe ss, la galerie de contrescarpe de la tête du réduit. (Voir le plan et le profil A B.)

REMARQUE.

On peut simplifier ce type de fort en supprimant le

revêtement de contrescarpe du front de gorge, excepté autour du réduit.

Fort fig. 4

Il peut y avoir des circonstances locales qui obligent à donner, à l'un des forts d'une tête de pont, un saillant aigu. Dans ce cas on appliquera le type fig. 4, pl. XIX.

Les fossés des flancs sont flanqués par une caponnière d'une forme spéciale et dont la tête, fort aplatie, est tracée de manière que l'assiégeant ne puisse pas établir une batterie éloignée dans le prolongement de la partie droite de son fossé.

Cette partie, de même que les parties demi circulaires, sont flanquées par une galerie crénelée de contrescarpe, à laquelle on arrive par des passages souterrains u v débouchant dans la poterne x de la caponnière.

Afin que les trouées que forme dans la contrescarpe le fossé de la caponnière, n'exposent pas l'escarpe aux coups plongeants des batteries de l'attaque, on les a fermées au moyen de deux gros batardeaux G, dans lesquels se trouvent des passages c c, d'où se feront les sorties contre les troupes qui essayeraient d'escalader la tête de la caponnière.

Le front de gorge du fort est flanqué par le réduit, et tracé de manière que l'assiégeant ne puisse pas prendre le prolongement de son fossé.

Pour soustraire une partie des faces à l'enfilade, et pour mieux battre le terrain en avant du fort, on a retiré leur parapet en arrière de l'escarpe.

Le saillant est protégé par une haute traverse casematée et par deux parados. Il y aurait avantage à construire sur ce saillant une batterie de revers armée de six ou huit pièces, dont une cuirassée, tirant dans l'axe du fort. (Voir fig. 5, pl. XIV.)

Pour compenser l'infériorité du fort sous le rapport des feux de front, nous avons donné plus d'importance au chemin couvert et formé des crochets dont les faces, perpendiculaires à la capitale, peuvent être armées de mitrailleuses. Nous avons, en outre, créé des batteries basses sur les côtés du fort, dans le prolongement du fossé de la gorge.

Le réduit se compose d'une tête et de deux flancs, armés de trois mitrailleuses chacun.

Les flancs, séparés seulement par un passage voûté, battent le fossé de la gorge. Ils sont précédés de masques à tunnels dont le profil O P fait connaître les principales dimensions.

La tête du réduit renferme des logements et deux petits magasins à munitions. Elle est flanquée par une galerie crénelée de contrescarpe communiquant par deux passages souterrains i avec la galerie qui défend la gorge du réduit. Cette dernière a son entrée en l, dans la poterne qui mène au tambour du fossé.

On sort de ce tambour par deux portes précédées de ponts-levis, et l'on arrive ensuite à la rampe qui conduit dans l'intérieur du fort. Le pied de cette rampe est protégé par un fossé diamant avec pont roulant.

Indépendamment de cette entrée (pour les retours offensifs), il y a une entrée ordinaire, du temps de paix, qui comprend une rampe et un pont.

Près du débouché de ce pont, à l'endroit marqué par la flèche p, se trouve une porte qui s'ouvre dans les bâtiments du front de droite, lesquels conduisent à la galerie $h\ g$ des abris de la tête.

L'entrée du réduit se compose d'une rampe g et d'un escalier f. L'un et l'autre sont défendus contre les coups de main et les surprises, par un tambour extérieur en palanques ou en maçonnerie, pourvu de deux portes. (Voir les traits interrompus.)

La rampe avec pont roulant, destinée à favoriser les retours offensifs, serait avantageusement remplacée par la rampe $m\ n$, construite dans le prolongement du fossé de la tête du réduit. On ne pourrait pas en établir une de chaque côté, sans supprimer le coffre destiné à flanquer le fossé. D'un autre côté, si l'on construisait les rampes en deçà de ces coffres, en $m'\ n'$, l'ennemi s'en servirait pour battre en brèche le réduit, par la trouée qu'elles formeraient dans la contrescarpe.

Au-dessus de l'étage casematé du réduit se trouve une plate-forme à ciel ouvert dont les côtés, mesurés sur la ligne de feu, ont 14 mètres de longueur. On devra la blinder en temps de guerre, pour mettre ses défenseurs à l'abri des feux plongeants de l'ennemi logé sur les remparts du fort.

Il serait avantageux d'y substituer une coupole ou un puits à la Moncrieff, lequel, n'exigeant qu'un espace de 6 à 7 mètres de diamètre, permettrait d'exhausser la crête du parapet et de donner au réduit un commandement sur le terre-plein du rempart.

A la coupole et au puits à la Moncrieff, on pourrait également substituer une plate-forme mobile portant une pièce sur affût ordinaire, qu'on élèverait au-dessus du parapet pour le tir et qu'on abaisserait pour le chargement. Cette double manœuvre se ferait assez rapidement, au moyen d'un système à contre-poids (1).

REMARQUE.

Pour diminuer la dépense sans trop affaiblir le fort, on substituera une escarpe détachée à l'escarpe terrassée des faces, et l'on supprimera le revêtement de contrescarpe de la gorge, excepté autour de la queue du réduit.

SIXIÈME TYPE.

Grand fort isolé ou faisant partie d'une place purement militaire.

La fig. 2, pl. XVIII, représente ce type de fort.

Nous l'avons fait très-complet, dans la supposition qu'il

---

(1) On expérimente, en Russie, un système de plates-formes mobiles de cette espèce, pour des pièces de 11 pouces, destinées à la défense des rades. Ces pièces, avec leurs affûts, pèsent environ 30 tonnes. L'échafaudage qui supporte la plate-forme pèse autant. Six contre-poids de 10 tonnes chacun soulèvent et abaissent la pièce d'environ 8 pieds, en 30 ou 40 secondes.

On estime qu'un canon établi dans ces conditions coûte la moitié (100,000 fr.) de ce que coûte un canon établi dans une coupole.

doive être occupé par une forte garnison, avoir des vivres pour un temps très-long et pouvoir résister à des attaques pied à pied, exécutées dans les meilleures conditions.

Ce fort constitue par conséquent une petite place purement militaire. Lorsqu'il fera partie d'un grand camp retranché dépourvu de population civile (voir fig. 1 pl. XVIII), on pourra le simplifier sans inconvénient, à cause de la protection qu'il recevra des ouvrages voisins et du noyau intérieur.

Le fort a la forme d'un pentagone régulier dont les côtés, mesurés sur la magistrale, ont 400 mètres de longueur.

Le réduit occupe le front le moins exposé ou celui par lequel des secours peuvent arriver le plus facilement. Les autres fronts diffèrent peu de celui de la fig. 2, pl. XIV, dont la description a été donnée plus haut. (Voir p. 159.) La principale différence provient de la suppression des rampes qui, dans le front fig. 2, pl. XIV, mettent le glacis en communication directe avec le fossé capital. La défense d'un fort n'exigeant pas d'aussi importantes sorties que celle d'une place ordinaire, nous avons pensé qu'il suffisait de conserver les communications indirectes entre le glacis et le fossé, par les rampes m (voir fig. 2, pl. XVIII), longeant les murs de profil des branches du ravelin, par le terre-plein du ravelin et par les rampes qui de ce terre-plein descendent vers les portes g' des batardeaux, aux extrémités des ailerons de la caponnière.

Les mêmes raisons nous ont engagé à supprimer les rampes $s\ s$ qui, dans le front fig. 2, pl. XIV, conduisent directement au chemin couvert sans passer par les réduits des places d'armes.

Pour donner au fort le maximum de résistance, nous avons supposé que le fossé de la caponnière serait flanqué par des batteries avec masques cuirassés occupant la galerie d'escarpe du fort. (Voir profil E F.)

Ce flanquement permettrait de supprimer la galerie crénelée de la contrescarpe. Nous l'avons néanmoins maintenue pour augmenter le nombre des locaux et des magasins. Le même motif nous a engagé à tirer parti de voûtes en décharge de l'escarpe du fort.

Le fossé du ravelin est flanqué par le corps de place et par les coupoles établies aux extrémités du front. L'action de ces coupoles sera si puissante, que l'ennemi ne pourra pas se loger sur le ravelin avant d'avoir éteint leur feu, ce qui sera extrêmement difficile.

Les communications souterraines avec les places d'armes rentrantes ont leur entrée dans la galerie de contrescarpe du ravelin. Il vaudrait mieux qu'elles fussent indépendantes de cette galerie et qu'elles débouchassent directement dans les fossés des orillons, en h, par exemple. Alors les portes de la galerie de contrescarpe se trouveraient en h' sous le feu des batteries flanquantes.

La caponnière diffère de celle de la fig. 2, pl. XIV, en ce que l'étage inférieur est cuirassé et pourvu d'un masque en terre X. (Voir profil A B.)

La partie droite de ce profil est préférable à l'autre, parce qu'elle permet, sans augmenter la largeur totale de la caponnière (68 mètres), de donner à l'étage supérieur un masque en terre V, dans l'épaisseur duquel on construira une galerie de 3 mètres de largeur, pouvant servir de logement ou de magasin.

La partie gauche offre plus de garanties contre l'attaque de vive force, à cause du fossé diamant; mais il n'y a pas lieu de se préoccuper de ce mode d'attaque, la caponnière n'ayant d'autres ouvertures que les trous ménagés dans les plaques pour le passage de la volée des pièces. Toutefois, pour obtenir dans ce cas une sécurité complète, il faudra renoncer à mettre la batterie supérieure en communication avec la plate-forme à ciel ouvert de la tête de la caponnière.

On arrive au fossé de cette tête, soit par les passages $v\,v$, soit par les portes g des batardeaux situés aux extrémités des ailerons, soit par les portes g' et par les portes i des murs de soutènement des rampes. Ces murs s'élèvent à la cote 8, entre le point s et le batardeau, pour que l'ennemi, après avoir pénétré dans le ravelin, ne puisse pas sauter des rampes dans le fossé de la caponnière.

Les locaux habitables se trouvent sous le terre-plein du front, dont ils occupent toute la longueur. Ils sont protégés contre les coups de revers par de hautes traverses appuyées à des locaux pouvant servir de logements ou de magasins. Ces locaux sont séparés des précédents par une rue de 12 mètres de largeur qui fait le tour intérieur du fort (voir profil C D), en passant sous les rampes perpendiculaires qui montent de la cour au terre-plein du rempart. Si l'on tenait à mettre la rue à l'abri des coups d'enfilade, on pourrait construire de distance en distance des arcades portant des traverses en terre, analogues à celles qui protègent la cour du réduit. (Voir profil K L.)

Pour raccourcir les communications entre le fort et les caponnières, les poternes en capitale des fronts sont prolongées à travers les parados.

Quand le fort devra contenir un plus grand nombre de bâtiments, on tracera une deuxième et même une troisième rue, parallèlement à la première.

L'organisation du rempart ne présente rien de particulier; nous ferons observer seulement qu'on a profité de la grande largeur du terre-plein, aux extrémités des faces, pour y construire des batteries de mortiers. (Voir profil CD.)

Front de gorge.

Le front de gorge n'a pas de caponnière. C'est le réduit qui en tient lieu.

Les batteries flanquantes se trouvent dans la galerie d'escarpe; elles sont protégées par des masques à tunnels, semblables à ceux des batteries qui flanquent les caponnières.

Le réduit est très-grand et disposé pour recevoir une forte garnison. Afin qu'il se trouve dans de bonnes conditions hygiéniques, il a une cour intérieure, divisée en trois compartiments par des arcades avec traverses en terre (voir profil K L). Ces traverses doivent non-seulement intercepter les coups passant au-dessus de la tête du réduit, mais encore ceux passant au-dessus de la queue (voir les flèches); nous avons supposé, en effet, que le fort peut être attaqué de tous les côtés.

Le type de réduit représenté par la fig. 4 de la pl. XVI offre sous ce rapport plus de garanties, mais les locaux en sont moins bien aérés et d'un aspect plus triste, ce qui n'est pas sans importance au point de vue de l'état sanitaire et de l'énergie morale de la garnison.

La tête du réduit est pourvue d'une batterie demi circulaire à la Haxo, dont les parties vulnérables sont composées de gros blocs de granit; ces blocs résistent assez bien au tir des batteries éloignées de l'attaque, pour qu'il soit inutile de cuirasser les casemates.

Si les voûtes étaient extradossées horizontalement et recouvertes d'une couche de pierres dures, on pourrait même supprimer les blocs de granit, en versant dans les embrasures, au commencement du siége, les terres qui recouvrent la batterie, sauf à les remettre en place au moment où le fort serait menacé d'un assaut. La fig. 3 représente cette disposition, qui soustrait convenablement les maçonneries des embrasures aux coups éloignés.

Pour que le fort puisse résister à une attaque pied à pied, dirigée contre le front de gorge, la queue du réduit est couverte par un ravelin. Le fossé de ce dehors est flanqué par des batteries construites dans l'escarpe du front de gorge et tirant à travers de masques à tunnels, ou par des batteries de mitrailleuses occupant l'emplacement de ces masques.

On communique avec le réduit par la poterne $f'\ f'$ dont l'entrée est dans le fossé du ravelin. Sur les côtés de cette poterne se trouvent les corps de garde $d\ d$, les magasins à poudre $a\ a$, et l'escalier qui débouche sur le terre-plein du ravelin, au point q.

L'entrée de la poterne $f'\ f'$ est protégée par un fossé diamant avec pont-levis, soumis au feu de la batterie flanquante.

Le glacis et une partie du fossé du ravelin étant battus par les coupoles des extrémités du front de gorge, on peut affirmer que l'attaque de ce front présentera autant de difficultés que celle des autres fronts.

La communication avec le fossé du ravelin de la gorge se fait par la rampe R' R' dont l'entrée est couverte par un tambour en maçonnerie. Cette rampe est tracée de manière qu'elle ne forme pas, dans la contrescarpe, une trouée par laquelle l'assiégeant puisse faire brèche à l'escarpe du ravelin.

Le même tambour protége l'entrée ordinaire du fort, qui se compose d'une rampe conduisant à un pont dont le tablier est au niveau du chemin de ronde, et d'une poterne débouchant sur le terre-plein intérieur. Cette dernière, pour les raisons que nous avons indiquées plus haut, devrait se trouver en dehors de l'alignement du fossé, en S' S', par exemple, au lieu de suivre cet alignement, comme le dessin l'indique par erreur. Il y aurait alors vis-à-vis du pont une rampe débouchant sur le terre-plein du rempart et par laquelle s'élanceraient les troupes chargées de reprendre le fort.

Une rampe semblable se trouve sur le demi-front de droite, vis-à-vis d'un pont dont les piles seules et la rampe R qui y conduit, sont construites d'avance. Les longerons et le tablier ne doivent être mis en place qu'au moment où le fort est menacé d'un assaut.

En avant de l'entrée ordinaire du fort est une grande place d'armes communiquant par la rampe T' T' avec le chemin qui longe la contrescarpe du front collatéral.

Le fort que nous venons de décrire pourra recevoir une garnison considérable et de vastes approvisionnements. Son prix sera nécessairement très-élevé, mais il offrira aussi un degré de résistance en rapport avec ce prix. On pourra, du reste, le simplifier sans trop l'affaiblir, en supprimant les places d'armes rentrantes, ainsi que les boucliers des masques et des batteries basses des caponnières, et en remplaçant l'escarpe terrassée avec voûtes en décharge, par un simple mur crénelé.

Si de plus grandes économies étaient jugées nécessaires, on supprimerait les batteries qui flanquent les caponnières et l'on remplacerait les cinq coupoles par des puits à la Moncrieff.

Dans ce cas, toutefois, le flanquement des fossés des caponnières ne reposerait plus que sur la galerie crénelée de contrescarpe, ce qui ne suffirait pas pour une bonne défense pied à pied.

CHAPITRE X.

FORTIFICATION PROVISOIRE OU MIXTE.

SOMMAIRE :

I. Conditions générales auxquelles doit satisfaire la fortification provisoire ou mixte. — Quelques idées nouvelles sur les éléments de cette espèce de fortification. — Emploi de contrescarpes en maçonnerie. — Propriétés des grilles et des réseaux en fils de fer. — Propositions du major Schumann pour exécuter rapidement des abris et des communications souterraines en fer, en tôle et en briques. — Forts provisoires de Dresde, construits en 1866. — II. Camp retranché sur la rive gauche du Danube, construit la même année; description de ce camp; détails d'exécution; garnisons et armement des ouvrages; composition de l'armée qui occupait le camp à la fin du juillet; examen critique de l'ensemble et des détails. — III. Description d'un des forts improvisés de Washington, construits pendant la guerre de la sécession; détails qui distinguent ces ouvrages. Précautions prises pour éviter l'humidité, etc. — IV. Abris, magasins et autres éléments de fortification provisoire, proposés par le général Julius Von Wurmb. — V. Forts provisoires de Bellina et de Città-Vecchia.

construits à Vérone en 1866 ; description et examen de ces forts. Leurs principales dispositions ont été appliquées à deux des forts provisoires de Paris (les Hautes-Bruyères et Montretout). — VI. Type de fortin mixte, proposé par l'auteur; précautions à prendre pour mettre certaines parties du revêtement de contrescarpe à l'abri des feux plongeants. — VII. Enceintes de sûreté mixtes; idées générales et projets divers du colonel Tunckler. Enceinte provisoire, proposée par l'auteur pour un noyau de camp retranché. — VIII. Enceinte provisoire d'une *place du moment*; deux types de front préconisés par un ingénieur allemand. — Modifications que l'auteur propose d'y apporter.

I.

Le chapitre XV de notre *Traité de fortification polygonale* indique les circonstances où il y a lieu d'exécuter des travaux de défense provisoires ou mixtes pour défendre des positions qui ne doivent être occupées que temporairement ou pour suppléer au manque de fortifications permanentes, sur des points qui ont une grande importance stratégique.

Nous avons également exposé dans ce chapitre les principes généraux de la fortification mixte.

Enfin, nous avons fait l'application de ces principes aux sites aquatiques où la nappe d'eau se trouve à 1 ou 2 mètres sous le terrain naturel.

Dans ce qui suit, nous nous occuperons exclusivement de la construction des forts et des enceintes provisoires, en site élevé.

Les principes généraux sont les mêmes dans les deux cas.

Il faut donc :

1° Que le profil offre une résistance suffisante pour

mettre l'ouvrage à l'abri de l'attaque d'emblée, ou du moins pour rendre cette attaque difficile et meurtrière ;

2° Que les fossés importants soient flanqués par l'artillerie ;

3° Que les batteries flanquantes soient, autant que possible, soustraites aux feux des batteries éloignées ;

4° Que les ouvrages aient des abris à l'épreuve des bombes et des obus, pour les deux tiers de la garnison;

5° Que l'enceinte d'une place provisoire ait des points d'appui intérieurs (redoutes ou fortins), qui permettent de soutenir l'assaut et de continuer la lutte, après que l'ennemi aura pénétré dans la place.

Avant de faire connaître les types qui satisfont le mieux à ces conditions, nous exposerons quelques idées nouvelles sur l'emploi du fer dans la fortification mixte.

Cette espèce de fortification admet quelquefois des contrescarpes revêtues (témoin les travaux de Florisdorf); mais elle exclut les revêtements d'escarpe, qu'il est impossible de mettre à l'abri des feux plongeants, sans donner une très-grande profondeur aux fossés.

Nous avons indiqué, en 1863, dans nos *Études sur la défense des États*, T. 2, p. 129, un moyen facile de créer un obstacle qui peut, jusqu'à un certain point, remplacer les revêtements d'escarpe et de contrescarpe : c'est d'établir, au milieu du fossé, une forte grille en fer.

« Les sapeurs, « disions-nous, » et même les mineurs de
» l'assiégeant auraient difficilement raison de cet obstacle.
» Il est présumable, en effet, qu'un sac de poudre ou un

» baril, éclatant contre une grille, ne produirait pas de
» trouée et laisserait l'obstacle intact.

» Les grilles établies près de la contrescarpe auraient,
» en outre, l'avantage de ne point intercepter le feu de la
» galerie d'escarpe (dans la fortification permanente), ni
» celui de la mousqueterie du parapet (dans le cas où le
» fossé serait large et peu profond).

« Pour la même raison, les grilles en fer remplaceraient
» très-utilement les murs transversaux employés à Lyon, à
» Vérone, à Ulm et dans la plupart des forteresses alle-
» mandes, pour empêcher que l'ennemi, parvenu sur le
» chemin de ronde, ne se répande autour de l'ouvrage
» attaqué. »

Ces prévisions ont été confirmées par une série d'expériences faites à Tégel, en 1869. (Voir t. I, p. 221.) Il y a lieu de remarquer, toutefois, que les Prussiens avaient, dans ces expériences, remplacé notre grille unique par deux grilles établies à 7 pieds l'une de l'autre, et reliées au moyen de croix de St-André (fig. 10, pl. XXIX). Cette combinaison offrait évidemment plus de garanties de solidité, mais présentait aussi une plus grande surface aux feux directs et aux feux d'enfilade. Néanmoins, l'essai a prouvé qu'une double grille de cette espèce résiste parfaitement au tir à mitraille direct ou d'enfilade et que, par conséquent, elle ne diminue pas l'efficacité du flanquement.

Les grilles pouvant être préparées en temps de paix, conservées indéfiniment dans les magasins, et mises rapidement en place, constituent donc un élément de défense précieux.

La même observation s'applique aux réseaux en fils de

fer, qui opposent un obstacle en quelque sorte indestructible à l'attaque de vive force, lorsqu'ils se trouvent à portée de la mousqueterie ou de l'artillerie de la défense. (Voir t. I, p. 219.)

Ces réseaux, établis sur le glacis ou mieux encore dans le fossé, donneront une grande valeur aux ouvrages improvisés. On pourra également les employer avec succès, de même que les grilles, dans la fortification permanente.

La construction des abris, des communications souterraines et des revêtements de contrescarpe en briques ou en bois, exige beaucoup de temps et une main-d'œuvre coûteuse. Dans les cas urgents, il sera donc impossible d'y recourir.

Il peut arriver aussi que les bois ou les briques fassent défaut.

Le major du génie prussien Schumann a proposé d'employer dans ce cas un mode de construction beaucoup plus rapide et plus économique. Il consiste à fixer des fermes ogivales en poutrelles de fer, sur des semelles en pierre de taille, ou mieux encore, sur des semelles en fer laminé dont le profil a la forme d'un U. Les dimensions des poutrelles varient avec la largeur et la hauteur de l'abri. La fig. 3, pl. XXIX, indique la section employée pour l'abri que représentent les fig. 4 et 5 de la même planche. Quand les galeries ont un rayon de 5 pieds au lieu de $7\ ^1/_2$, on peut réduire la hauteur des poutrelles à 10 centimètres. Les petites galeries de mines, enterrées à une grande profondeur, n'exigent que des demi-poutrelles de 7 à 8 centimètres de hauteur.

Les fermes sont établies à 3 pieds l'une de l'autre, et réunies par deux tringles x, qui les traversent aux deux tiers environ de leur hauteur. (Voir fig. 5.)

Quand ce travail est fait, on construit entre les fermes de petites voûtes en briques de 10 à 20 centimètres d'épaisseur à la partie inférieure, et de 20 à 30 centimètres à la partie supérieure, suivant que l'abri est petit ou grand.

Un bon maçon peut poser en dix heures 600 briques, formant une surface de voûte de 124 pieds carrés (la voûte ayant une brique d'épaisseur).

Le placement des semelles, des fermes et des tringles se fait avec plus de rapidité encore. Il a été prouvé, en effet, à Tégel, qu'une galerie de mine de 36 pieds de longueur peut être montée en 22 minutes par une brigade de 24 ouvriers.

Pour obtenir la plus grande célérité possible et supprimer entièrement les briques, on remplacera les voûtes par des plaques en fer, courbées à la presse hydraulique. Ces plaques, d'épaisseur variable, pèseront 8 livres au pied carré, à la partie supérieure de l'abri, et 5 livres, à la partie inférieure. (Voir fig. 4.)

Le major Schumann a proposé un mode de construction analogue pour les revêtements de contrescarpe destinés à servir d'abri ou de galerie de revers (voir fig. 1).

La fig. 1 *bis* fait connaître le mode de construction de la paroi extérieure, qui doit pouvoir résister aux éclats des projectiles lancés contre l'escarpe ou dans le fossé. Elle n'a que 1 $1/2$ brique d'épaisseur, et l'on y a ménagé, pour l'éclairage, de petites ouvertures qui serviront, au besoin, de créneaux.

La fig. 2 représente un revêtement plus simple et moins

coûteux, composé de poutrelles avec contre-fiches, reliées par de petites voûtes d'une demi-brique ou par des plaques courbées en tôle de fer. (Voir la partie supérieure du revêtement.)

Le premier type de revêtement et plusieurs spécimens d'abris et de galeries de mines, ont été expérimentés, pendant l'hiver de 1869 à 1870, au polygone de Tégel. Il y avait 5 à 6 pieds de terre au-dessus des abris et des galeries et au moins 7 pieds sur les reins des voûtes. (Voir fig. 6.)

On tira avec le mortier lisse de 28 centimètres, à la distance de 500 pas et sous l'angle de 75°, 25 bombes, dont la charge explosive était de 2,5 kilogrammes.

Le résultat fut très-favorable.

On enterra ensuite des bombes à 1 pied de profondeur et à 1 $^1/_2$ pied du revêtement de contrescarpe.

L'explosion et les éclats de ces projectiles ne produisirent aucun dommage.

La commission d'expérience conclut de ces divers essais :

1° Que les abris en fer, préparés d'avance et conservés en magasin, peuvent être exécutés en peu de temps et avec un petit nombre d'ouvriers exercés;

2° Que ces abris résistent aux effets du choc et de l'explosion de la bombe de 28 centimètres et de l'obus de 21 centimètres, aussi longtemps qu'ils sont couverts de terre.

Pour ce qui regarde la dépense, nous trouvons l'indication suivante dans la 12e livraison des *Mittheilingen des ingenieurs-comités* de Berlin, 1872 :

Une perche (3^m,76) d'abri, conforme à la fig. 5, coûte

150 thalers, tandis qu'une perche d'abri ordinaire, en maçonnerie, coûte 400 thalers.

Ce même abri, avec plaques courbées du poids de 5 livres au pied carré, coûte, par perche, 180 thalers.

Une contrescarpe sans abri, conforme à la fig. 2, avec voûtes d'une demi-brique, coûte, par perche, 110 thalers, tandis qu'une contrescarpe ordinaire coûte 300 thalers.

La même contrescarpe avec des plaques courbées du poids de 5 livres par pied carré, coûte 168 thalers.

II.

Dans notre *Traité de fortification polygonale*, nous avons cité, comme type de forts provisoires à fossés secs, les ouvrages exécutés en 1866 à Dresde, sous la direction du colonel Von Mertens.

La fig. 5, pl. XVII de l'atlas dudit traité, fait connaître ce type, dont la description se trouve T. II, p. 137, 138 et 139.

Les défauts qu'il présente sont les suivants :

1° La gorge du fort est trop faible, son fossé n'ayant pour tout flanquement que la mousqueterie d'un tambour en palissades, dominé par la crête du glacis ;

2° Les abris qui longent la gorge ne sont pas préservés des coups plongeants ;

3° Les espaces $y\ y$, près des demi-caponnières, se trouvent dans l'angle mort.

Pendant la guerre de 1866, les Autrichiens firent une

application non moins heureuse de la fortification improvisée, à Vienne, sur la rive gauche du Danube.

Les travaux qu'ils exécutèrent dans cette position avaient pour but la création d'un camp retranché protégeant la Capitale, menaçant en flanc une armée ennemie qui essayerait de passer le Danube en amont ou en aval, offrant un champ de bataille avantageux pour une rencontre décisive, et pouvant au besoin permettre à leur armée de se retirer sur la rive droite du fleuve.

L'ensemble de ces travaux (voir pl. XXVI, fig. 4) se compose :

1° *De la tête de pont de Florisdorf*, enveloppant le village de ce nom. Elle forme un arc de 2,500 à 3,300 pas de rayon et de 9,000 pas de développement. Les neuf ouvrages qui la constituent sont espacés de 750 à 1,750 pas et reliés entre eux par des retranchements. La planche représente le front VII-VIII de cette tête de pont;

2° *La tête de pont de Stadlau*, destinée à couvrir un pont provisoire débouchant sur la rive gauche du Danube, à trois quarts de lieue en aval de Florisdorf. L'arc formé par cette tête de pont a un rayon de 2,800 pas et un développement de 5,000 pas. Les cinq ouvrages qui la composent sont espacés de 1,000 à 1,500 pas, et reliés entre eux par des retranchements ;

3° *La ligne extérieure*, s'étendant depuis le Danube supérieur jusqu'au Danube inférieur et passant à plus d'une lieue de Florisdorf.

Pour ne pas traverser Gerasdorf, Sussenbrun et Breitenlée, elle forme en arrière de ces villages un rentrant qui constitue la partie la plus forte du camp.

La ligne extérieure a un développement de 32,000 pas; elle se compose de 31 ouvrages et de plusieurs batteries; les intervalles varient entre 400 et 2,000 pas. L'aile gauche, comprenant les ouvrages n°⁵ 1 à 15, forme le champ défensif, d'une lieue d'étendue; le centre, comprenant les ouvrages n°⁵ 15 à 22, presque en ligne droite, forme le champ offensif, d'une étendue égale.

Léopoldau et Kagran sont d'excellents point d'appui, pouvant être utilisés comme position de flanc contre une attaque venant du Nord. L'aile droite, comprenant les ouvrages n°⁵ 22 à 31, a également une lieue de longueur, dont le tiers, compris dans la vallée du Danube, est inaccessible. Le point d'attaque présumé, près d'Aspern, est entouré des fortifications les plus solides. Aspern et Hirschstetten sont des positions de flanc contre une attaque par le Nord.

Les plans de ces ouvrages furent dressés du 11 avril au 10 mai par le colonel comte de Welsperg. Le 15 juin, on donna l'ordre d'exécution; le 1ᵉʳ juillet, les contrats étaient passés, les matériaux et les outils à pied d'œuvre, les troupes et les ouvriers prêts à commencer les travaux.

A partir de ce moment jusqu'au 27 juillet, on déploya la plus grande activité; 75 officiers du génie et des pionniers et 11 compagnies de troupes spéciales y furent employés. Le nombre de travailleurs était en moyenne de 7,000 par jour.

On exécuta pendant cette période 51 fortins, 19 batteries, 11,000 pas de retranchements (entre les ouvrages), 123,000 verges cubes de déblais, 7,500 verges cubes de maçonnerie, 41,000 verges courantes de fascines, 1 ¹/₈ lieue de palissadement, ¹/₄ de lieue de logements (de 10 pieds de largeur et 8 pieds de hauteur) tenant lieu de hangars à l'épreuve de la bombe, 24 abris blindés en bois, pour canons, 48 baraques, 22,500 pas de ponts sur bateaux et sur chevalets, 5 ¹/₄ lieues de routes, d'une largeur de 10 à 48 pas. On eut, en outre, à couper 2,700 acres de bois.

Les fortins les plus importants avaient 300 hommes de garnison et un armement de 11 à 13 canons ; les moins importants avaient 200 hommes et 5 à 6 canons; les flèches et les batteries n'avaient que 30 hommes et 4 canons. L'ensemble de la position exigeait 12 à 13,000 hommes et 500 à 520 canons. Il y avait, en outre, dans le camp, un corps d'infanterie, formé de bataillons tirés des troupes de dépôt, et 14 batteries rayées de campagne. L'armement (effectué du 2 au 27 juillet) comprenait :

Tête de pont de Florisdorf.

101 canons rayés.
39 " lisses.

Tête de pont de Stadlau.

37 canons rayés.
10 " lisses.

Ligne extérieure.

212 canons rayés.
32 " lisses.

La composition des troupes à la fin de juillet était la suivante :

Garnison de Florisdorf.
- 10ᵉ corps d'armée, non comprise la brigade Mondel . . . . hommes. 13,000
- Une brigade du 9ᵉ corps. 5,000
- Une brigade de la 1ʳᵉ division de cavalerie légère 1,500
- Artillerie de siège 2,750
- Total. 22,250

Plus, dix batteries de campagne.

Réserve pour Florisdorf, sur la rive droite du Danube et en avant de Vienne.
- 3ᵉ corps d'armée. . . . . hommes. 20,000
- Troupes saxonnes (8 bataillons) . . . 5,500
- Garnison de Vienne (6 bataillons). . . 4,250
- Total. 29,750

Plus, onze batteries de campagne.

Les troupes destinées à la défense de Florisdorf comptaient donc 52,000 hommes et 164 bouches à feu.

L'armée autrichienne, établie en arrière du Danube, entre Vienne et Presbourg, comprenait

102,000 hommes et 443 canons de *l'armée du Nord*.
50,000 ″ 112 ″ de *l'armée du Sud*.
18,000 ″ 46 ″ de *l'armée saxonne*.

Total 170,000 hommes et 601 bouches à feu.

L'armée prussienne occupait, à la même date (fin de juillet), la ligne Wolkersdorf-Stampfen.

Elle comprenait :

76,000 hommes et 300 canons de *la 1ʳᵉ armée*.
72,000 ″ 306 ″ de *la 2ᵉ armée*.
46,000 ″ 168 ″ de *l'armée de l'Elbe*.

Total 194,000 hommes et 774 bouches à feu.

Les fig. 1 et 2 font connaître les principaux détails de deux des ouvrages exécutés sur la rive gauche du Danube. La première représente un des ouvrages indépendants de la tête de pont de Florisdorf, et la seconde, un des fortins construits en avant de cette tête de pont.

Les autres ouvrages ne sont pas tous semblables à ceux-ci. Ils présentent dans le détail d'assez grandes différences. Ainsi la contrescarpe en maçonnerie est remplacée, dans les ouvrages n°s 1 et 8, par une paroi en madriers, de 6 pieds de hauteur; cette paroi est posée d'aplomb au pied de la contrescarpe dans l'ouvrage n° 1, et au pied de l'escarpe dans l'ouvrage n° 8.

Le mur de gorge crénelé est remplacé, dans les ouvrages n°s 1, 2 et 8 de la tête de pont de Florisdorf, par une palissade.

Les ouvrages n°s 9, 12 et 13 de la tête de pont de Stadlau sont en terre, et fermés à la gorge par une palissade. Il s'y trouve des hangars pour le logement de la troupe.

Les magasins à munitions, dans tous les ouvrages, sont établis sous les traverses ou dans le coffre du rempart. A la demande de l'artillerie, aucun de ces magasins n'a été construit sous les plates-formes des pièces.

Les parois des magasins à poudre sont en maçonnerie; la toiture est composée de poutres et de fascines, et le plancher repose sur des dés en maçonnerie ou en bois. Les entrées font un ou deux crochets.

Il y avait dans chaque ouvrage un approvisionnement de 50 coups par pièce.

Les palissades étaient construites comme l'indique la fig. 3; aucune pièce horizontale ne reliait les corps d'arbres entre eux. La même disposition a été adoptée dans les forts provisoires de Vérone, construits en 1866.

L'examen des plans et l'inspection des lieux nous ont prouvé que le camp retranché de Florisdorf est bien appliqué au terrain et qu'il offre toute la résistance qu'on pouvait espérer dans les conditions où il fut exécuté.

Les tracés des lignes continues et des ouvrages détachés sont conformes aux bons principes.

Quant aux profils, ceux des forts détachés et des ouvrages qui constituent les têtes de pont, ne laissent rien à désirer. Les profils des lignes de communication (voir coupe A B, fig. 1) n'offrent pas les mêmes garanties; mais on augmenterait facilement leur résistance, en couvrant le glacis d'une ligne d'abatis ou d'un réseau de piquets reliés par des fils de fer.

Les forts et les ouvrages des têtes de pont ne sont inférieurs aux forts provisoires de Dresde, que par le flanquement, qui n'est point assuré dans les travaux autrichiens. En revanche, ceux-ci l'emportent sur les autres par le nombre et la disposition des abris, la facilité et la sûreté des communications.

La fig. 1 montre que, entre les ouvrages indépendants et les lignes de communication, il y a de larges passages pour les grandes sorties, et que ces passages sont efficacement battus par l'artillerie des flancs, lesquels ne peuvent être enfilés, étant retirés en arrière de la gorge des ouvrages.

L'idée de réunir les abris au centre et d'en former un réduit, est excellente au point de vue de la résistance à l'assaut; mais au point de vue de la facilité du service et de la sécurité des défenseurs, il eût été préférable d'établir les abris sous le terre-plein des remparts, comme l'a fait le colonel Tunckler, dans les projets que nous décrirons plus loin.

Le tambour en maçonnerie de la gorge du réduit, défend les entrées de celui-ci en même temps que celles de l'enveloppe; mais ses maçonneries sont trop exposées aux feux plongeants, ainsi qu'on peut s'en assurer par le profil C D E F.

Les remparts des ouvrages indépendants n'ont que deux traverses. Il en aurait fallu un plus grand nombre, pour les mettre à l'abri des feux de flanc et de revers.

L'artillerie est trop exposée sur les barbettes des saillants et des angles d'épaule.

Les Prussiens ont pu éviter cet inconvénient dans les forts de Dresde, grâce à leurs affûts de siége exhaussés, qui permettent de tirer au-dessus d'un épaulement de $1^m,65$ de hauteur.

Le fort détaché fig. 2 offre, sous le rapport de l'organisation des remparts, les mêmes inconvénients. Les flancs sont entièrement exposés aux feux d'enfilade et de revers. Pas une seule traverse ne les protége, et les abris sont trop éloignés des remparts. Ces abris forment avec le redan de la gorge une espèce de réduit qui n'est pas assez complétement séparé de l'enveloppe pour qu'il ne tombe pas au pouvoir de l'ennemi en même temps que celle-ci.

Le redan de la gorge a d'excellentes batteries blindées (voir profil P Q), qui assurent un flanquement éloigné aux forts voisins.

Il résulte de ce qui précède, que les ouvrages détachés de la rive gauche du Danube se prêtaient un mutuel appui;

mais qu'ils n'étaient pas organisés pour soutenir un combat prolongé d'artillerie.

Sous ce rapport, les projets du colonel Tunckler et les nôtres (dont il sera question à la fin du chapitre) se trouvent dans de meilleures conditions ; en revanche, ils exigent plus de temps et plus de ressources que n'en ont eu les ingénieurs autrichiens pour l'exécution des travaux de la rive gauche du Danube.

III.

Comme types d'ouvrages provisoires rapidement faits, on peut citer encore les travaux de défense des villes et des côtes des États-Unis, exécutés pendant la guerre de la Sécession.

La fig. 9, pl. XXVII, donne un spécimen de ces travaux, extrait d'un remarquable rapport sur les défenses de Washington, fait par le général du génie Barnard (1).

La plupart des forts construits pendant cette guerre avaient des dimensions plus grandes et un flanquement propre, obtenu, soit par le tracé bastionné, soit par le tracé tenaillé.

Ce flanquement laissait à désirer ; cependant il n'en est résulté aucun préjudice, parce que les forts, les batteries et les retranchements des lignes de Washington se proté-

---

(1) *A Report on the defenses of Washington, to the chief of Engineers*. Washington, 1871.

geaient mutuellement et tiraient une grande valeur de leur armement et de leurs défenses accessoires. L'expérience de la guerre civile aux États-Unis a prouvé qu'un faible retranchement (et même une tranchée-abri), défendu par deux rangs de fusiliers, résiste parfaitement à l'attaque de vive force, lorsqu'il est protégé par une ligne d'abatis, de piquets ou de réseaux de fils de fer, et que les approches en sont battues par l'artillerie (1).

Dans quelques circonstances, le flanquement était assuré par des coffres de contrescarpe. La fig. 10 donne le profil d'un de ces coffres, établi dans le fossé du fort Foote, grande batterie de côte, élevée en aval d'Alexandria, sur la rive gauche du Potomac.

Sous le rapport de l'organisation des remparts, de l'installation de l'artillerie, de la construction des traverses et des abris, les grands forts de Washington ne diffèrent pas du fort Tillinghast, représenté par la fig. 9.

Nous avons donné le dessin de ce dernier, de préférence à d'autres, parce qu'il indique une disposition, souvent employée en Amérique, pour augmenter la sécurité des ouvrages ouverts à la gorge.

Le fort Tillinghast faisait partie des lignes d'Arlington, situées en face de Washington, sur la rive opposée du Potomac. Il était soutenu à droite et à gauche par des retranchements dont ses flancs défendaient l'approche. Une partie de ces retranchements était armée de canons.

Le profil C D montre que les abris pour la garnison

---

(1) Général Barnard (voir son *Mémoire*, p. 87).

étaient pourvus d'une banquette, sur laquelle on montait par des escaliers en bois, et qui servait à diriger des feux de mousqueterie sur les colonnes d'assaut.

Nous ne ferons qu'une seule observation critique au sujet de ces travaux ; c'est que l'intérieur des forts et des redoutes n'était pas suffisamment abrité contre les coups plongeants. On aurait dû approfondir davantage leur terre-plein intérieur, ou bien le traverser, ou bien creuser une tranchée au pied du talus intérieur, ou bien encore établir derrière les fronts d'attaque les abris qui, dans la plupart des ouvrages, longeaient le front de gorge.

Une application judicieuse de la fortification au terrain, l'emploi de nombreuses défenses accessoires, parmi lesquelles les abatis, les fils de fer et les torpédos de campagne occupaient le premier rang, beaucoup d'intelligence et de soins dans la construction des magasins et des abris : tels sont les caractères distinctifs des ouvrages improvisés des Américains.

Comme il est de la plus haute importance que les magasins et les abris des places provisoires soient préservés de l'humidité, bien aérés et construits de manière à servir plusieurs années (la guerre pouvant se prolonger ainsi que cela s'est vu en Amérique), nous croyons utile de citer, d'après un rapport du général Barnard, les remarques et les faits que cet ingénieur a recueillis pendant la construction des travaux de défense de Washington.

Magasins et bâtiments à l'épreuve de la bombe.

Les constructions intérieures, les magasins, les bâtiments à l'épreuve, etc., avaient, au début de la guerre, le caractère passager des ouvrages eux-mêmes. Ils étaient conformes (sauf quelques détails) aux plans donnés dans le traité de fortification passagère de Mahan. Tout en satisfaisant aux exigences ordinaires des ouvrages de campagne, leur mode de construction n'offrait pas les garanties nécessaires pour préserver de l'humidité les grands approvisionnements de munitions que renfermaient les forts ; en outre, leur charpente intérieure était trop légère pour résister longtemps au poids des terres qui les couvraient.

Aussi, après l'expérience de la première année, lorsque l'on se vit forcé d'entreprendre d'importantes réparations, en même temps que la construction d'ouvrages nouveaux, s'efforça-t-on d'obtenir plus de solidité, de meilleures conditions de ventilation et plus de garanties contre l'humidité. Les coupes transversales de ces constructions modifiées sont représentées par les fig. 6 et 7 de la pl. XX, appartenant l'une au fort Slocum, l'autre au fort Ward.

Le premier type (fig. 6) fut généralement employé dans les ouvrages construits au nord du Potomac, où le bois de charpente était très-abondant ; le second (fig. 7), dans les ouvrages construits au sud du fleuve, où le bois était devenu assez rare. La différence entre les deux types consiste en ce que les parois du premier étaient faites en poutres rondes, verticales, serrées l'une contre l'autre, tandis que celles du second se composaient de chapeaux équarris et de montants placés sur des semelles, à quatre pieds l'un de l'autre.

La coupe (fig. 6) du fort Slocum peut être décrite de la manière suivante :

Les parois sont formées de montants en chêne ou en marronnier de 9 pieds de longueur et de 1 pied de diamètre minimum, placés l'un contre l'autre sur une planche de 2 pouces d'épaisseur, enfoncée à deux pieds sous le sol ; les extrémités supérieures de ces poutres sont reliées par un chapeau de 2 pouces d'épaisseur, fixé à chaque poutre au moyen d'une broche ou cheville (voir fig. 6 *bis*) ; à l'intérieur de la paroi se trouve une planche de 4 pouces de largeur sur 2 pouces d'épaisseur, dont le bord supérieur arase le chapeau (1). Cette disposition permet de donner une assiette uniforme à la charpente du toit. La largeur ordinaire du local est de 12 pieds (dimension qui permet l'emmagasinage des barils sur trois rangées) ; la longueur varie d'après la capacité à donner au magasin. Les poutres employées pour la toiture ne doivent pas avoir moins de 12 pouces de diamètre ; elles couvrent tout l'espace compris entre les parois, et elles débordent celles-ci de six pouces. Ces poutres sont entaillées aux extrémités sur 3 pouces de profondeur, pour faciliter l'assemblage avec le chapeau. L'épaulement *a* (fig. 6 *bis*) leur permet de résister à la pression des terres.

Le contact des poutres est assez complet pour empêcher que les terres ne pénètrent dans la chambre.

---

(1) Le dessin n'indique pas cette planche ; son utilité n'est, du reste, pas démontrée.

Leurs extrémités sont sciées obliquement, et contre ces extrémités, à des intervalles de 3 pieds, sont appuyés des arcs-boutants de 6 à 8 pouces de diamètre, dont le pied repose sur une semelle formée d'un demi-rondin. Ces arcs-boutants soutiennent un revêtement en rondins de 2 à 4 pouces de diamètre, placés horizontalement, ou en rondins plus forts, fendus en deux. On construit ce revêtement à mesure que les terres s'élèvent autour de l'abri. Par cette disposition, et par l'emploi de tuyaux de ventilation, on obtient une circulation d'air et une siccité suffisantes.

Les planchers sont posés sur des traverses établies de manière que le magasin ait une hauteur de sept pieds dans œuvre.

Le magasin en charpente du fort Ward (fig. 7) se compose de deux chapeaux et de deux files de montants réunis par des semelles. Ces semelles sont taillées sur les faces supérieure et inférieure seulement; elles ont une épaisseur de 12 pouces; les montants sont taillés à l'intérieur pour qu'on puisse y appliquer des planches de 1 $^1/_2$ pouce; la longueur de ces montants est de 6 pieds 9 pouces, y compris les tenons de chaque extrémité, qui ont 3 pouces de hauteur et 4 pouces sur 2 $^1/_2$ de section. Ils sont espacés de 4 pieds, d'axe en axe, et engagés par leurs tenons inférieurs dans les mortaises des semelles.

Dès que les murailles de charpente sont placées, la construction s'achève comme dans le cas de la fig. 6 (fort Slocum) décrite ci-dessus.

Pour obtenir une toiture imperméable à l'eau, on employa le procédé suivant, qui fut appliqué non-seulement aux magasins, mais encore aux bâtiments à l'épreuve de la bombe, aux ateliers, aux corps de garde et à d'autres constructions analogues :

Au-dessus des poutres de la toiture et dans l'axe de la construction, établir une poutre de 12 pouces de diamètre minimum; parallèlement à celle-ci, placer des poutrelles de moindre équarrissage, espacées de 2 $1/2$ pieds d'axe en axe, et taillées de manière à former des cours depannes dont la surface supérieure ait une inclinaison de 1 sur 4. Tasser de la terre jusqu'à la surface supérieure de ces pannes; clouer ensuite sur celles-ci des planches de chêne de 1 pouce d'épaisseur, assemblées à rainures et languettes et enduites *intérieurement* d'un mélange, appliqué à chaud, de goudron, de houille et de résine. Pour remplir les joints au moment où on les assemble, employer une composition plus épaisse, faite de goudron, de résine et de sable. Recouvrir ensuite d'une forte couche du mélange précité la face extérieure des planches de chêne, et en même temps que l'on exécute cette opération, clouer sur ces planches une nouvelle série de planches de sapin de 1 pouce d'épaisseur, en prenant les précautions les plus minutieuses pour éviter toute fissure par laquelle l'eau pourrait s'introduire. A cet effet, enduire avec le mélange chaud, en se servant d'un tampon de vieille toile, une bande de la toiture en chêne, large de 1 pied seulement, et appliquer immédiatement sur la couche encore visqueuse une planche de sapin; presser fortement cette planche contre la toiture et lui imprimer un mouvement de va et vient dans le sens de la longueur, pour faire pénétrer le mélange dans tous les interstices.

Lorsque la seconde série de planches est fixée, l'enduire extérieurement d'une couche de goudron pour faire disparaître entièrement les joints. Compléter cette toiture par un lit de deux ou trois pouces de sable fin et de 2 pieds d'argile. (L'argile doit être appliquée par couches de 6 à 8 pouces, fortement tassées.) Charger ensuite les terres, en donnant aux talus la pente voulue, et recouvrir ces talus d'un placage de gazon, si leur inclinaison le permet.

Abris.

Les abris ont été construits d'après deux types. La coupe fig. 8 du fort Ward (1) fait connaître le type qui a été adopté pour les travaux au midi du Potomac, et les coupes fig. 9 et 10 du fort Slocum, celui qui a été appliqué dans le nord.

La différence essentielle réside dans les murailles qui, dans le premier type, sont en charpente, et dans le second, en montants verticaux, établis en contact serré.

La coupe fig. 8 du fort Ward peut être décrite comme suit :

Les semelles, taillées à arêtes vives, ont une section de 12 pouces carrés; on y a pratiqué des mortaises, à 4 pieds d'intervalle, d'axe en axe, pour recevoir les tenons

---

(1) Cette coupe est prise dans le front de gorge et dans un abri qui longe ce front, à l'intérieur du fort.

des montants. Les montants postérieurs sont taillés sur les faces intérieure et extérieure; ils ont une épaisseur de 12 pouces; leur longueur, entre les épaulements des tenons, est de 9 pieds. Les montants antérieurs ne sont taillés que sur la face intérieure; ils ont une longueur de 7 pieds, entre les épaulements. Les deux parois comprennent un espace de 12 pieds, mesuré entre les montants. La toiture est construite comme celle des magasins; les poutres employées à cet effet ont au moins 12 pouces de diamètre; leur longueur est de 17 $^1/_2$ pieds; elles débordent de 3 pieds les montants postérieurs. Ce prolongement forme une banquette qui permet de tirer au-dessus du talus supérieur de l'abri; on y monte par des escaliers en bois. (Voir fig. 8.)

Les dispositions, pour assurer la ventilation et pour rendre la toiture imperméable, sont conformes aux détails donnés précédemment.

La paroi intérieure est revêtue en planches de 1 pouce, et la face extérieure du mur du fond est doublée de planches ordinaires. Le sol est creusé à 3 ou 4 pieds au-dessous du niveau du terre-plein, et continué devant l'abri par une excavation de 4 à 6 pieds de largeur, raccordée au terre-plein par des rampes de 1 sur 1 $^1/_2$. Cette excavation rend l'abri plus habitable et forme, en outre, une espèce de couloir dans lequel les hommes sont en sûreté tout aussi bien que dans l'abri même. Les rampes qui y conduisent sont gazonnées, et le fond du couloir est couvert d'une couche de gravier communiquant, par des tuyaux, avec les aqueducs du fort.

La masse de terre qui couvre les abris ne doit pas avoir

moins de 8 pieds d'épaisseur ; cette dimension est mesurée à partir de l'extrémité des poutres du toit, suivant une ligne faisant avec le plan du toit un angle vertical de 30°. Le talus supérieur est de $1/6$; le talus latéral est incliné à 45 degrés.

Pour que l'abri résiste à la poussée des terres, une poutre sur deux de la toiture déborde de 8 pieds la muraille antérieure.

Les poutres prolongées sont ancrées solidement à une pièce longitudinale, également recouverte de terre, et soutenue par des montants verticaux.

La fig. 11 représente le profil d'un abri du fort Slocum, qui diffère des autres abris du même fort, et la fig. 12, le profil d'un abri du fort Foote, construit sur la rive gauche du Potomac. Ce dernier offre un spécimen de revêtement en rondins placés debout, l'un contre l'autre, sous l'inclinaison de $1/6$.

Les profils des fig. 6, 7, 8 et 10 ont également des revêtements de cette espèce, qui résistent fort longtemps à l'action de l'air et de la poussée.

IV.

Comme étude de détails pour l'organisation des ouvrages isolés et des retranchements provisoires, nous avons cité, dans le chapitre VII, les abris exécutés par les Russes à

Sébastopol. Nous mentionnerons également une étude publiée dans le *Journal militaire de Streffleur* (1) de 1867, par le général du génie autrichien Julius von Wurmb.

La fig. 7, pl. IX, empruntée à cette étude, représente une partie de rempart organisée pour une défense d'artillerie. Elle comprend une traverse ordinaire et une traverse blindée, avec magasin à poudre.

Entre les plates-formes se trouvent des rigoles de 2 pieds de profondeur, conduisant à de petits magasins d'approvisionnement, et dans lesquelles descendent les artilleurs dès que la pièce est chargée, pour se soustraire aux coups plongeants de l'ennemi.

Le profil C D fait connaître le détail d'un petit magasin d'approvisionnement établi dans l'intervalle de deux pièces, et celui d'un abri particulier où les hommes de garde peuvent se tenir assis, lorsqu'ils ne sont pas de service sur le rempart.

La fig. 12 indique l'organisation des batteries à barbette dans une redoute provisoire. Sous l'une des barbettes se trouve un abri pour les défenseurs de l'ouvrage, et, sous l'autre, un magasin blindé pour les munitions.

Les magasins à munitions ne doivent pas être placés sous les barbettes, à cause des dangers qui peuvent en résulter et du tamisage des terres que produisent les détonations. On les établira sur les côtés des batteries, sous les merlons, ou à l'extrémité des barbettes, au delà de l'emplacement réservé pour les plates-formes.

---

(1) *Mittheilungen uber Gegenstande der ingenieurs — und kriegs — Wissenschaften.*

La fig. 6 est un profil de traverse avec abris, qui se construit dans l'intérieur d'un ouvrage fermé ou derrière un retranchement, pour soustraire les troupes de la réserve aux feux plongeants de l'artillerie ennemie.

La fig. 8 est un type d'abri sous le rempart, très-convenable pour des ouvrages ouverts à la gorge dont l'intérieur doit pouvoir être battu par l'artillerie des défenses en arrière, aussitôt que l'ennemi s'y montre.

Tous les coups de cette artillerie passent en effet au dessus de l'abri ; d'un autre côté, les assaillants ne peuvent pas s'y introduire, la paroi intérieure étant fermée, crénelée et, dans certains cas, flanquée.

La fig. 15 est un abri qui présente sous ce rapport encore plus de garanties, mais qui n'est pas aussi solide, aussi commode ni aussi bien aéré et ventilé que le précédent.

La fig. 17 est un profil de redoute ou de retranchement disposé en gradins, sur le talus intérieur duquel plusieurs rangs, de soldats peuvent se tenir assis, sans s'exposer aux feux plongeants.

Ce profil convient particulièrement pour les traverses derrière lesquelles on abrite les réserves dans les ouvrages fermés.

V.

Un bon type de forts mixtes est celui qui a été appliqué à Vérone, par le colonel Tunckler.

Cet habile ingénieur fut chargé, en 1866, de construire le fort *Cà-Vecchia* sur la rive droite de l'Adige, à 3500 pas du fort Stadion, et le fort *Bellina,* sur la rive gauche, entre le fort Elisabeth et Castel-Montorio, vieux château converti en poste de campagne (1).

L'un et l'autre étaient destinés à compléter la ligne extérieure de forts qui avait été construite après la guerre de 1859.

La fig. 1, pl. XXVIII, représente le fort de Bellina.

Du fort Cà-Vecchia nous ne donnerons que la caponnière de tête (fig. 2), le profil des faces et celui des flancs (ce dernier passant par la poterne qui conduit à la caponnière). Pour tout le reste, ce fort ne diffère du précédent que par ses dimensions, qui sont plus grandes.

Les caponnières de Bellina sont organisées pour un flanquement de mousqueterie. Le profil G H montre qu'elles n'ont rien à craindre des coups plongeants. Elles ne peuvent pas non plus être contre-battues de loin, à l'exception toutefois des caponnières des flancs, qui sont sous ce rapport défectueuses.

L'organisation des remparts ne laisse rien à désirer. Les pièces des faces sont séparées par des traverses revêtues en gabions; ces traverses ont des passages blindés, conduisant par deux marches à de petits magasins enterrés sous le parapet, et servant, en outre, d'abris

---

(1) On trouvera un excellent plan de Vérone dans les *Mittheilungen*, du comité du génie autrichien, 1re livraison, 1868.

aux artilleurs et de communications couvertes entre les pièces. (Voir profil A B.)

Les canons des flancs (exposés au tir d'enfilade) sont séparés par des traverses plus épaisses, pourvues de magasins et d'abris blindés, auxquels on arrive par des escaliers construits dans les talus non exposés des traverses.

Sous le terre-plein de chaque face se trouvent des abris blindés communiquant avec la cour par des rampes. (Voir profil A B.)

Indépendamment de ces abris, chaque face est pourvue d'un magasin à poudre (1), correspondant à une traverse creuse dont le passage blindé conduit à un petit magasin de distribution qui communique avec le magasin principal.

Le front de gorge est bastionné.

Sous la courtine se trouvent des abris semblables à ceux des faces. (Voir profil C D.)

Ces abris communiquent avec une poterne blindée en capitale du fort, par laquelle on arrive à couvert soit aux abris des faces, soit à la poterne de la caponnière de tête. Le profil E F fait connaître les dimensions de cette poterne.

Les poternes des caponnières des flancs débouchent directement sur le terre-plein intérieur.

Les bastions sont les seules parties de la gorge qui aient de l'artillerie. Pour mettre les pièces à l'abri des feux plongeants, on a construit, dans le prolongement de la

---

(1) Le plan, en traits pointillés, n'indique pas le petit porche qui doit se trouver à l'entrée du magasin ; c'est une erreur de dessin.

courtine, des parados qui s'élèvent à 8 pieds au-dessus des crêtes.

On arrive aux bastions par deux rampes dont le pied est au niveau du couloir qui longe les abris de la gorge.

La palissade qui règne au pied du talus d'escarpe des faces et des flancs, est prolongée devant la gorge ; elle établit une séparation entre le fossé et le couloir par lequel on arrive aux abris et aux rampes des bastions.

L'entrée du fort est précédée d'une place d'armes centrale d'où l'on descend dans le fossé de la gorge par deux rampes.

Ces dispositions sont excellentes. Nous approuvons surtout la communication souterraine entre les abris de la gorge et les abris des faces. L'expérience du siége de Paris a prouvé, en effet, que la circulation sur les terre-pleins intérieurs est très-difficile et très-dangereuse, quand les forts sont canonnés ou bombardés par l'ennemi. Il faut donc l'assurer au moyen de galeries construites sous ces terre-pleins ou dans l'épaisseur du rempart des fronts latéraux, comme cela s'est fait à Vanves, pendant le blocus.

Le fort que nous venons de décrire a servi de modèle aux officiers du génie français, pour la construction des forts des *Hautes-Bruyères* et de *Montretout*.

Ils ont évité toutefois le défaut résultant du mauvais emplacement que le colonel Tunckler a donné aux caponnières des flancs.

Ces caponnières, dans les forts improvisés de Paris, sont placées non pas au milieu, mais à l'extrémité des flancs, sur le prolongement des faces ; en même temps on a supprimé la brisure, peu nécessaire, que présentent les flancs de Bellina de Cà-Vecchia.

Ces deux derniers forts avaient, l'un un armement de 20 canons, l'autre un armement de 30 canons.

L'exécution de Cà-Vecchia a exigé 25,974 journées de travailleurs militaires et 116,677 journées d'ouvriers civils. Celle de Bellina a exigé 10,588 journées de travailleurs militaires et 52,530 journées d'ouvriers civils.

Les travaux ont été commencés le 13 mai 1866, et terminés dans les premiers jours du mois d'août.

VI.

La fig. 3 de la pl. XXVIII représente un type de fort mixte, proposé par nous pour améliorer la place de Diest, qui est entourée de hauteurs d'où l'on peut dominer l'enceinte et prendre à revers les bâtiments de la citadelle.

Il n'a pas été donné suite à ce projet, parce que Diest ne joue plus un rôle assez important dans le système de défense de la Belgique, pour justifier une dépense qui se serait élevée à plusieurs millions.

Le problème à résoudre était celui-ci : créer un type de fort pouvant être exécuté en trois mois et n'exigeant ni une forte garnison ni une forte dépense.

De grandes redoutes pentagonales, flanquées par des coffres de contrescarpe soustraits aux coups des batteries éloignées de l'attaque, auraient atteint le but; mais pour éviter la construction de deux de ces coffres, nous avons préféré adopter un tracé mixte, qui assure aux flancs de la redoute l'avantage d'un flanquement direct (1).

Les faces sont flanquées au moyen d'un coffre soustrait au feu des batteries éloignées de l'attaque.

On arrive à ce coffre par une galerie souterraine qui a son entrée dans la cour du fortin. (Voir profil A B.)

La gorge est flanquée par une caponnière en maçonnerie (voir profil I K), communiquant avec l'intérieur du fort par une poterne. Cette caponnière sera à l'abri des feux éloignés, si la gorge est dirigée de manière à éviter les feux d'enfilade, (condition importante à remplir dans le tracé des fortins.)

Les créneaux des ailes de la caponnière permettent de flanquer efficacement les côtés et la tête de cet ouvrage.

Il était plus difficile d'assurer le flanquement des fronts latéraux. Nous y sommes parvenus à l'aide de deux coffres communiquant avec le fort au moyen d'une poterne, et occupant des emplacements qu'il est impossible de battre d'aucun point du terrain extérieur. (Voir profil L M.)

Mais, dans cette combinaison, une partie du fossé de la branche sous laquelle se trouve le coffre est privée de flanquement ; on y remédiera en inclinant davantage la plongée du parapet qui correspond à cette partie.

---

(1) Nous appelons ainsi tout flanquement qui n'exige pas l'emploi de galeries ou de coffres de contrescarpe.

L'impossibilité de couvrir les escarpes sans donner aux fossés une grande profondeur, et le surcroît d'épaisseur que doivent avoir ces escarpes pour résister à la poussée des terres, nous ont engagé à revêtir de préférence la contrescarpe, sauf à donner au talus d'escarpe le maximum de roideur que comporte la nature des terres. (Voir profil C D.)

Toutefois, le revêtement de contrescarpe, dans les ouvrages détachés (redoutes ou forts), a l'inconvénient d'être toujours, sur quelques points, exposé aux batteries éloignées de l'attaque.

Cet inconvénient se présente ici pour les parties de contrescarpe qui se trouvent dans le prolongement du fossé des faces. Le revêtement de ces parties peut, en effet, être mis en brèche par les batteries à ricochet. Nous y avons remédié en diminuant la largeur du fossé de la petite branche des flancs, par la construction d'un mur de soutenement, en arrière duquel le fossé est approfondi de quatre mètres. Ce ressaut est suffisant pour empêcher que, par le talus de la contrescarpe, on ne descende dans le fossé proprement dit.

Afin de compléter, sous ce rapport, les garanties de la défense, on construira à l'extrémité du mur de soutenement un massif triangulaire de maçonnerie, s'élevant à hauteur du cordon de la contrescarpe, et vis-à-vis de l'autre extrémité x, un bout de revêtement s'élevant à la même hauteur.

Par cette disposition, on évitera que les coups plongeants, tirés suivant le fossé des faces antérieures du fortin, ne détruisent la partie correspondante du revêtement de contrescarpe.

Il est à remarquer, toutefois, que la plus grande partie du fossé x est soustraite à l'action des feux flanquants; mais l'ennemi n'en profitera pas si l'on a soin d'accumuler, dans cette partie, des défenses accessoires, telles que piquets, chausse-trapes, fougasses, etc., et d'adosser en même temps au talus de contrescarpe une rangée d'arbres avec des branches coupées en sifflet.

Les magasins à poudre et à projectiles se trouvent sous le massif du rempart, à droite et à gauche de la poterne qui conduit au coffre, en capitale du fort.

Les troupes sont logées dans les coffres, dans la caponnière de la gorge et dans le blockhaus en maçonnerie, construit derrière la traverse qui sert à couvrir l'entrée du fort et le débouché de la poterne de la caponnière.

Le terre-plein des faces est mis à l'abri du ricochet par trois hautes traverses, recourbées en arrière des pièces pour préserver celles-ci des coups de revers. Toutes ont des passages blindés, longeant le parapet, et deux sont pourvues de petits magasins d'approvisionnement. La dernière sert de parados à la petite branche du flanc.

La grande branche, qui n'a que des feux d'enfilade à craindre, est pourvue de deux traverses s'élevant, comme les précédentes, à 1^m,50 au-dessus de la crête.

L'entrée du fortin est protégée par un tambour en palanques.

A droite (1) et à gauche du pont qui conduit au

---

(1) Le plan n'indique pas cet escalier.

terre-plein intérieur, se trouvent des escaliers donnant accès dans le fossé de l'ouvrage. Des rampes établies à l'arrondissement de la contrescarpe, devant le saillant de la caponnière, conviendraient mieux pour jeter rapidement des troupes dans le fossé et attaquer en flanc les colonnes assaillantes.

Les coffres, la caponnière, les magasins et les blockhaus sont mis à l'épreuve de la bombe par une couche de rails disposés comme l'indique la fig. 4. Cette couche s'appuie sur des rails longitudinaux qui répartissent la pression (provenant du choc des bombes) sur une plus grande étendue de maçonnerie. Sans cette précaution, il y aurait écrasement des briques sous les extrémités des rails directement atteints.

Les caponnières et les coffres sont disposés pour un flanquement de mousqueterie, mais leurs dimensions permettent d'y installer des mitrailleuses.

VII.

Enceintes de sûreté en fortification mixte.

Nous avons indiqué les cas où une place à camp retranché ne doit avoir qu'une enceinte de sûreté.

Lorsque l'on aura négligé de construire cette enceinte

en temps de paix, on devra au moment de la guerre y suppléer par une enceinte provisoire.

Le colonel du génie Tunckler a proposé dans ses études un type d'enceinte provisoire, applicable à ce cas, et dont nous croyons devoir donner une analyse sommaire.

Il consiste en une série de forts espacés d'environ 800 toises et reliés entre eux par des lignes de communication. (Voir pl. XXVII, fig. 1.)

Les forts A satisfont aux conditions suivantes :

1° Les côtés extérieurs doivent être à l'abri de l'attaque de vive force ;

2° En arrière du front de gorge, il doit y avoir un espace découvert, assez grand pour qu'on y puisse réunir, au moment de l'assaut, les troupes de la réserve, et pour que les défenseurs des forts n'aient rien à craindre de l'occupation par l'ennemi des maisons les plus rapprochées ;

3° Les routes conduisant aux forts doivent être enfilées par l'artillerie de ces ouvrages ;

4° Les lignes de communication B, B, et le terrain en arrière des lignes doivent être battus efficacement par les forts ;

5° Les forts et les lignes de communication doivent avoir les blindages nécessaires pour abriter la garde de l'enceinte.

Les troupes désignées pour faire les sorties se tiennent dans de petites places de rassemblement D D, situées en avant des lignes de communication, sous le feu des ouvrages indépendants de l'enceinte. C'est également par ces points que les sorties rentrent dans la place.

Le colonel Tunckler trace les lignes de communication de manière à former un rentrant dont le sommet est à 80 toises en arrière du côté extérieur.

Les passages établis dans ce rentrant sont couverts par une lunette aplatie, dont les flancs enveloppent ceux des lignes de communication.

La fig. 2 fait connaître les détails des forts. Ces détails diffèrent peu de ceux du fort Bellina, décrit plus haut. Le profil (voir A' B') offre toutes les garanties nécessaires contre l'attaque de vive force. Les difficultés de cette attaque sont encore augmentées par l'artillerie du réduit R, qui bat le terre-plein intérieur de l'enveloppe, et dont les flancs débordent assez les lignes de communication pour menacer l'ennemi après qu'il aura pénétré dans la place. Ce réduit est donc un véritable ouvrage à défense intérieure.

Pour mettre plus complétement les forts à l'abri de l'attaque d'emblée, on pourra prolonger leur glacis sous le terrain naturel, et garnir l'espèce d'avant-fossé que l'on créera, de la sorte, d'une ligne d'abatis, de piquets, de fougasses, de torpédos, etc.

Les caponnières d'épaule K sont mieux placées que celles des fronts latéraux du fort Bellina, trop exposées aux feux plongeants des batteries éloignées.

Les fossés des faces aboutissant à la ligne de communication, sont flanqués par les batteries Z de cette ligne.

Les fossés du réduit tirent leur flanquement de la mousqueterie de la caponnière en capitale et des caponnières d'épaule k. La gorge est flanquée directement. Son tracé tenaillé pourrait être remplacé avantageusement par un tracé bastionné.

Les caponnières se composent d'un mur crénelé (ou d'une paroi en poutres), recouvert d'un blindage en bois ou en rails. Leurs flancs sont protégés par un talus en terre dont la crête ne dépasse pas les créneaux. (Voir profil L' M', fig. 7.) Ceux-ci sont fermés au moyen de portières en bois, doublées en fer-blanc et glissant dans des coulisses.

On supplée au défaut de flanquement des caponnières, en établissant des défenses accessoires dans le fossé de ces ouvrages.

Les logements sous les remparts, les abris et les magasins des traverses ne diffèrent point de ceux des forts provisoires de Vérone.

Les communications sont les suivantes :

De l'intérieur de la place, on arrive, par la coupure c du glacis du réduit, à la place d'armes W ; de là on se rend dans la cour R, soit par la rampe d, le fossé G du front de gorge, la rampe e et la porte palissadée f, soit directement par le pont g et la poterne h.

Trois rampes conduisent sur les remparts du réduit, et un talus doux donne accès dans le couloir $l\,l$ qui longe les abris du front de tête. (Voir profil C' D'.)

La poterne o débouche dans la caponnière de tête k, et les poternes $m\,m$ dans les fossés N des flancs, par où l'on arrive aux caponnières d'épaule k, dont l'entrée est protégée par une porte tournante d'une espèce particulière (klappthüre), et aux portes palissadées n, s'ouvrant sur les fossés O, par lesquels on se rend dans l'intérieur du fort.

Les poternes p des longues traverses qui protégent les flancs de l'enveloppe contre les coups d'enfilade et de revers, et les couloirs à ciel ouvert q, au pied du talus intérieur du rempart, mènent au couloir r qui précède les abris du front de tête.

Par les poternes y on arrive aux caponnières K.

Les lignes de communication B B sont tenaillées et ont un profil de fortification passagère. (Voir coupe E F, fig. 3.) Sur certains points (représentés par de gros traits), elles sont disposées pour l'artillerie.

Les canons sont séparés par des traverses en gabions farcis ou en terre, et sur les côtés de chaque batterie se trouvent des abris u u (voir fig. 2 et 3) pour les servants et les munitions.

Les pièces qui battent la campagne tirent à barbette. Des bonnettes, placées sur le parapet, et de petites tranchées, creusées entre les plates-formes, protégent les servants.

Les pièces qui flanquent les fossés tirent par embrasures.

La tranchée qui longe le pied du talus intérieur permet aux défenseurs de circuler derrière les lignes, sans s'exposer aux coups plongeants et aux éclats des projectiles creux qui tombent dans l'intérieur de la place.

Pour augmenter les difficultés de l'attaque, on établit des défenses accessoires sur le glacis et dans les fossés des lignes.

Les flancs des extrémités et du centre sont protégés contre les coups d'écharpe et les coups d'enfilade, par les forts et par la lunette centrale. Il n'en est pas de même des flancs intermédiaires M M. (Voir fig. 1.)

Les grandes sorties se font de la manière suivante :

Par les rampes v (fig 2), on entre dans le fossé N, d'où, par la porte palissadée w (battue en flanc et à revers par la galerie x), on se rend à la place de rassemblement D, qui communique avec la campagne par des talus doux que les chevaux et les voitures peuvent franchir.

La lunette intermédiaire C (fig. 3) est organisée de la même manière que les forts ; il sera donc inutile d'en donner une description détaillée.

Les communications du rentrant, protégées et couvertes par cet ouvrage, sont : la rampe e qui conduit dans le fossé f (ou dans la lunette C), et les portes palissadées h qui donnent accès dans les places de rassemblement D.

Les ouvrages indépendants et les lignes de communication que nous venons de décrire se distinguent par des qualités réelles, et constituent, dans leur ensemble, une application rationnelle des principes de la fortification. Nous ferons observer toutefois :

1° Que la gorge des forts et celle de la lunette du rentrant ne sont séparées des places de rassemblement D par aucun obstacle infranchissable, ce qui expose les ouvrages à être pris par des troupes poursuivant les sorties, l'épée dans les reins [1] ;

---

[1] Ce défaut n'est grave qu'au point de vue du moral des défenseurs ; sous d'autres

2° Que les caponnières ne sont pas flanquées ;

3° Que les réduits des forts offrent peu de résistance, parce que, maître de l'enveloppe, l'ennemi peut détruire à coups de canon la caponnière en capitale ;

4° Que les caponnières des épaules ne communiquent pas directement avec le réduit et qu'il en est de même des galeries x, servant à flanquer le passage w, qui conduit aux places de rassemblement D; que, par conséquent, les défenseurs de ces caponnières et galeries se trouvent dans de mauvaises conditions morales, n'ayant pour se retirer qu'une porte tournante (klappthüre) s'ouvrant sur le fossé ;

5° Que les communications avec ces places de rassemblement ne sont pas assez faciles ni assez directes ;

6° Que les crochets M (voir fig. 1), qui servent à battre le glacis de deux des faces des forts, donnent naissance à des flancs pouvant être ricochés, battus directement et d'écharpe.

Nous avons cherché à corriger ces imperfections dans un front type dont la description suit :

Au lieu de briser les côtés du polygone pour former des lignes de communications rentrantes, nous les laissons intacts, et au lieu d'établir les forts aux saillants

---

rapports, une gorge facilement accessible est préférable, parce qu'elle rend plus efficaces les retours offensifs. Mais comme l'enceinte des places provisoires offre peu de résistance, nous pensons qu'il vaut mieux augmenter les difficultés de la prise des forts que de rendre plus aisée leur reprise par les défenseurs du corps de place.

du polygone, nous les plaçons au milieu des côtés. (Voir pl. XXVII, fig. 8.)

Les forts A n'ont pas de réduits ; mais comme il importe de battre l'intérieur de la place et le large espace qui doit rester libre pour les mouvements de troupes derrière les lignes de communication, nous établissons des redoutes M en arrière des saillants du polygone.

Les forts A se composent d'un front de tête parallèle au côté du polygone et de deux fronts latéraux.

Ces derniers pouvant être ricochés et battus à revers, sont pourvus de fortes traverses et d'un parados général.

Le front de tête est flanqué par une caponnière P, et les fronts latéraux le sont par les batteries N de l'enceinte. Afin que ce dernier flanquement ait plus d'efficacité, les fossés sont évasés à leur extrémité.

Les rampes T permettent aux défenseurs de déboucher dans les fossés du fort pour attaquer en flanc les colonnes d'assaut.

La tête et les flancs de la caponnière P sont défendus par le coffre c c' c'', avec lequel on communique, de l'intérieur de la caponnière, au moyen d'une galerie aboutissant à deux puits pourvus d'échelles.

La gorge du fort est bastionnée et crénelée, ce qui la met à l'abri de l'attaque de vive force. (Voir profil e f.)

La porte d'entrée de la galerie de cette gorge est protégée par un fossé diamant avec pont-levis. Cette porte débouche sur une rampe qui conduit dans l'intérieur du fort, d'où, par les rampes q, on monte aux terre-pleins du front de tête et des fronts latéraux.

La galerie de la gorge communique par les poternes *h i* avec le couloir qui précède les abris du rempart.

Les glacis du fort, prolongés à 1 mètre sous le terrain naturel, sont défendus par des abatis entremêlés de fils de fer, obstacle aussi redoutable que difficile à détruire.

L'espace intérieur du fort est soumis aux feux de mousqueterie d'une partie de l'enceinte (1).

Les flancs de celle-ci sont adossés l'un à l'autre et enveloppés par le fort, qui les préserve ainsi des feux d'enfilade et d'écharpe. Ils ont trois pièces convenablement traversées ; on y monte par les rampes *t*.

Un large passage U conduit à la place de rassemblement V V, en arrière du fort. On débouche de cette place dans la campagne par deux rampes X (de 12 à 15 mètres de largeur), battues par les flancs de la galerie de la gorge, que l'on peut au besoin armer de mitrailleuses (2).

Il sera utile d'établir une séparation entre les places de rassemblement V V et le fossé de l'enceinte. Dans ce but, on construira une palissade aux extrémités des flancs et dans le prolongement des rampes X.

---

(1) Ces feux rendront l'occupation du fort par l'ennemi très-difficile.

Si la gorge avait un parapet, l'assaillant pourrait avec l'artillerie ou la mousqueterie de ce parapet repousser les défenseurs de l'enceinte. C'est la raison pour laquelle nous n'avons pas admis ce parapet ni la proposition du colonel Tunckler de prolonger les forts au delà de l'enceinte, pour en faire des ouvrages à défense intérieure.

(2) L'utilité de larges communications avec la campagne a été mise en évidence par le siège de Sébastopol. On lit, en effet, p. 443 de l'ouvrage du général Niel :

» Les réserves russes pouvaient sortir par de larges débouchés, sans passer par les
» étroits défilés que forment les ponts-levis des places revêtues ; elles étaient donc une
» menace permanente pour les assiégeants, qui se trouvaient exposés à voir leurs
» tranchées inopinément envahies par la majeure partie de l'armée russe. »

Cette palissade sera pourvue de deux barrières n n, débouchant sur la rampe U en capitale du front, et de deux portes l l, donnant accès dans le fossé des flancs.

Elle se reliera par une fraise m à la ligne d'abatis et de fils de fer qui protégent le pied du glacis de l'enceinte.

La ligne de communication entre les forts suit la direction du côté extérieur. La coupe $a\,b$ en fait connaître les dimensions principales.

Une tranchée de 2 mètres de profondeur et de 2 mètres de largeur, longe le pied de son talus intérieur, pour que les défenseurs puissent circuler derrière l'enceinte, à l'abri des coups plongeants (1) et des éclats des projectiles qui tombent au delà du rempart. La banquette e leur permet de s'asseoir dans cette tranchée, et, le cas échéant, de tirer à couvert sur les troupes qui essayeront de pénétrer dans la ville ou de s'emparer des fronts non attaqués, après que l'assaut aura réussi sur un point.

La banquette de l'enceinte a $1^m,30$ de largeur ; la berme f au pied du talus intérieur, a 1 mètre de largeur, et les gradins $g\,g$ par lesquels les tireurs montent à la banquette principale, ont $0^m,60$.

Certaines parties de l'enceinte sont disposées pour l'artillerie.

Les batteries N servent, comme nous l'avons dit plus haut, à flanquer les fronts latéraux des forts.

---

(1) Ces coups ne sont réellement à craindre que derrière les parties élargies de l'enceinte, disposées pour l'artillerie.

A droite et à gauche de ces batteries se trouvent des abris *s* pour les servants et les munitions.

Les batteries N' aux extrémités des fronts ont pour objet de battre le terrain extérieur et de protéger les sorties qui débouchent ou se retirent par les saillants du polygone.

Lorsque les fronts de l'enceinte ont plus de 800 mètres de longueur, les passages ménagés au centre, derrière les forts A, ne suffisent plus. Il en faut alors d'autres, aux extrémités.

La fig. 8 indique une disposition qui peut être adoptée dans ce cas.

Elle consiste dans une large rampe U', formant une trouée vis-à-vis de laquelle se trouve la redoute M. Cette rampe débouche dans le fossé capital d'où l'on communique avec la campagne, soit par les rampes T″, situées dans le prolongement du fossé de l'enceinte, soit par les rampes T', formant un retour à angle droit avec les précédentes.

Pour surveiller et défendre ces rampes, on établira une garde dans les blockhaus K' ou K, placés de telle sorte qu'ils ne puissent être atteints ni par l'artillerie des flancs de l'enceinte, ni par celle du saillant de la redoute M tirant à travers la trouée du passage U'.

Le débouché de la rampe T' est battu de plus près par l'artillerie que le débouché de la rampe T″ ; et le blockhaus K, d'où l'on surveille ce débouché, est mieux protégé et a une communication plus sûre avec le fossé de l'enceinte. On y arrive, en effet, par la poterne *q* débouchant dans ce fossé, tandis que le blockhaus K' n'a qu'une porte tournante *q*, située en arrière de la palissade qui établit la séparation entre la rampe T″ et le fossé capital.

Lorsque la garnison n'a pas de sorties à faire, les barrières f et f doivent rester fermées.

On arrive à la rampe U' du saillant par les rampes R, qui débouchent dans le fossé de la tête de la redoute ; ce fossé n'est que le prolongement de la tranchée creusée au pied du talus intérieur de l'enceinte.

La redoute est organisée comme le fort A, avec cette différence que sa gorge est pourvue d'un parapet armé de canons.

Les flancs ont des traverses et des parados qui préservent leur artillerie des coups éloignés. La gorge a un parados seulement.

L'entrée de la redoute est protégée par un fossé diamant avec pont-levis, et par une place d'armes rentrante.

Il convient que les remparts des forts et des redoutes aient un commandement de 1 mètre au moins sur l'enceinte.

Lorsque les fronts n'ont pas une grande longueur, on réduit les dimensions des forts A. Dans ce cas il n'est pas nécessaire qu'il y ait des passages près des saillants de l'enceinte. On peut alors supprimer aussi les redoutes à défense intérieure, sauf à prolonger les forts A au delà de l'enceinte, pour qu'elles jouent le double rôle de couvre-sorties et d'ouvrages à défense intérieure. Le tracé pointillé O O' O" O''' indique la forme à donner à la queue du fort. Les flancs O O' et O" O''' remplaceront ceux de l'enceinte ; pour battre leur fossé, on donnera un parapet aux faces de la gorge, en même temps que l'on continuera sous ces faces la galerie crénelée O O'''.

Cette disposition a le mérite de la simplicité ; mais pour qu'elle ne nuise pas à la défense de l'enceinte, il sera nécessaire d'établir une coupure avec parapet entre la tête et la queue du fort, et de flanquer cette coupure par une petite caponnière ou par une galerie de contrescarpe.

VIII.

On est quelquefois obligé de mettre rapidement une ville ou un village à l'abri d'un coup de main, soit pour garder un dépôt de vivres ou de munitions, soit pour disputer à l'ennemi un point important d'une ligne d'opérations ou d'une ligne de défense.

Dans ce cas, on pourra recourir aux types de fronts que représentent les fig. 5 et 6 de la pl. XXVII et qui ont été empruntés aux études du colonel Tunckler.

Un coup d'œil jeté sur ces types suffira pour en faire connaître les détails, qui, du reste, ne diffèrent pas de ceux des forts provisoires du même ingénieur, décrits plus haut.

Le front forme un angle saillant. (On ne le construirait pas autrement, si ses faces étaient en ligne droite ou formaient un angle rentrant.)

La caponnière du type fig. 5 est représentée, agrandie et détaillée, par la fig. 4. Les coupes L M et N O en font connaître les dispositions principales. Ses flancs sont battus par les coffres g g, qui ont une porte tournante s'ouvrant sur le fossé capital. L'auteur suppose que cette caponnière sera contre-battue de loin; c'est pourquoi il en couvre les côtés d'un parapet en terre, et les embrasures d'un masque *v* en rails et en bois, appuyé sur les gabions des joues. (Voir profil L M.)

La caponnière du front fig. 6, dont les détails sont indiqués fig. 7, n'offre pas les mêmes garanties, parce qu'on suppose qu'elle ne peut pas être contre-battue.

Le colonel Tunckler, dans ses divers types de front polygonaux, trace les lignes de l'enceinte de manière à croiser les feux sur les capitales des fronts et en avant des saillants.

Il obtient ce résultat, tantôt au moyen d'un cavalier et de deux demi-cavaliers occupant le milieu et les extrémités des fronts (voir fig. 6), tantôt au moyen d'un cavalier, occupant le milieu du front, et d'un flanc *s s*. (Voir fig. 5.)

La première disposition est la meilleure, parce qu'elle n'expose pas à l'enfilade une partie importante du corps de place.

Il est à remarquer que le cavalier en capitale, n'ayant qu'un commandement de 6 pieds sur les faces de l'enceinte, ne peut battre le terrain extérieur qu'à une grande distance, et que les défenseurs des extrémités de ces faces doivent se retirer dès qu'il ouvre son feu ; il n'est vraiment utile que pour attaquer en flanc les colonnes d'assaut au moment où elles pénètrent dans la place. A ce point de vue, on fera bien de le palissader et de le fermer à la gorge, pour qu'il constitue un ouvrage à défense intérieure.

Le chemin creux G qui longe le pied du talus intérieur du rempart forme une communication à l'abri des feux plongeants et des éclats des projectiles ; c'est en même temps une tranchée d'où l'on pourra tirer à couvert sur les troupes qui chercheront à pénétrer dans la place. Cette communication est prolongée en arrière des cavaliers par des poternes *r r*, construites sous leurs flancs.

On communique avec les caponnières, avec le fossé capital et avec la campagne, de la manière suivante :

Front fig. 5.

La poterne *a* conduit à une place de rassemblement E d'où l'on se rend, soit dans la caponnière, par la poterne *x'*, soit dans le fossé, en passant par les barrières des palissades *b b*. Ces palissades, la place de rassemblement E et le débouché de la poterne *a* sont couverts par les ailes D de la caponnière.

Deux rampes *i* conduisent du fossé capital à la place d'armes centrale W et aux espaces couverts Z, disposés pour les sorties.

Front fig. 6.

La poterne en capitale du front conduit directement dans la caponnière. Cette poterne est crénelée, en *x*, pour battre le fossé entre le cavalier et les extrémités D' des faces de l'enceinte.

On arrive au fossé capital en descendant les rampes *k* qui mènent aux places de rassemblement E' ; ces dernières sont séparées du fossé capital par les palissades *n*, dont les barrières s'ouvrent sur les rampes *o*, *q* et *p* qui donnent accès dans le fossé.

Les deux côtés des barrières sont battus par la mousqueterie des galeries crénelées *m*, dans lesquelles on pénètre par les poternes *l*.

Les communications avec la place d'armes centrale W' et avec la campagne sont les mêmes que dans le front fig. 5.

L'étude des fronts que nous venons de décrire nous suggère les réflexions suivantes :

Le fossé de la tête de la caponnière est revêtu en maçonnerie ou en madriers ; il n'a que 5 à 6 mètres de largeur au fond et il est dépourvu de flanquement. Dans ces conditions, l'attaque de vive force de la caponnière n'offre pas assez de difficultés.

Pour remédier à cet inconvénient, nous proposons de terminer la caponnière en pointe, de donner à son fossé au moins 8 mètres de largeur et de le flanquer par un coffre de contrescarpe auquel on arriverait par une galerie de mine s'ouvrant dans la caponnière même.

Ce coffre relierait entre eux et mettrait en communication avec les batteries flanquantes les blockhaus *g g* à l'aide desquels le colonel Tunckler propose de flanquer les côtés de la caponnière, blockhaus entièrement isolés, auxquels on ne peut arriver que par une porte tournante (klappthüre) s'ouvrant sur le fossé capital, et dans lesquels il serait, à cause de cela, fort difficile de maintenir des troupes.

Les communications avec le fossé capital sont défectueuses dans le front fig. 5, en ce sens que les places de rassemblement E et tout le fossé entre les ailes de la caponnière, les flancs *s s* de l'enceinte et le cavalier, sont privés de feux flanquants et de feux directs.

Ce défaut a pu être évité dans le front fig. 6, grâce à la poterne crénelée x et à la galerie crénelée m.

C'est donc à ce front que nous donnons la préférence.

Pour qu'il satisfasse à toutes les conditions, il suffira :

1° Que la caponnière soit modifiée comme nous l'avons indiqué plus haut ;

2° Que le glacis soit prolongé sous le terrain naturel et protégé par une ligne d'abatis et de fils de fer, avec de larges passages pour les sorties ;

3° Que l'on supprime les cavaliers B, qui n'ont pas d'utilité réelle quand le front est rectiligne (ce qui est le cas général), et qu'on ferme la gorge du cavalier C, pour en faire un ouvrage à défense intérieure.

N. B. Ce cavalier ne sera pas nécessaire pour tous les fronts ; on ne le donnera qu'aux plus grands et aux plus importants (deux ou trois par place).

CHAPITRE XI.

FORTS CONSTRUITS OU PROPOSÉS EN AUTRICHE.

SOMMAIRE :

Description et appréciation du fort Rodolphe de Vérone. — *Idem* d'un des derniers forts construits à Cracovie. — *Idem* d'un petit fort projeté pour être construit sur les bords d'une rade ou dans les intervalles d'un camp retranché. — *Idem* d'un fort exécuté pour la défense d'un des ports de l'Adriatique. — *Idem* d'un fort sans réduit, proposé par le colonel du génie Tunckler. — *Idem* d'un projet modifié du même auteur. — *Idem* d'un grand fort avec réduit.

Fort Rodolphe de Vérone.

PLANCHE XXIII.

Ce fort, construit après la guerre de 1859, est compris dans la première ligne de défense de Vérone.

Il a la forme d'une lunette et il est pourvu d'un **réduit** intérieur.

Ses faces et ses flancs ont 240 pieds de longueur; leur escarpe est détachée et crénelée, celle de la gorge est terrassée.

Deux caponnières à *oreilles de chat*, établies aux angles d'épaule, flanquent les fossés. La troisième caponnière communique avec les locaux de la gorge.

Les flancs des caponnières sont armés chacun de deux canons.

Les poternes qui conduisent aux caponnières des épaules servent également de moyen de communication avec le chemin de ronde. Ce chemin est interrompu par des murs transversaux, pourvus de portes.

Au milieu de la gorge se trouve un corps de casemates, divisé en deux parties égales par une poterne communiquant avec la caponnière.

Les portes d'entrée du fort longent ces locaux. Elles sont battues d'enfilade par les défenseurs du mur de gorge du réduit.

Le réduit, composé de deux étages casematés, est fermé par un mur crénelé, et relié aux locaux de la gorge par des murs transversaux, formant une espèce de tambour.

Chaque étage (voir profil C D) est pourvu d'une galerie pour mousqueterie; la galerie supérieure bat le terreplein, la galerie inférieure, le pied du talus du rempart.

Les logements pour la garnison se trouvent dans le réduit, sous le front de gorge et dans les caponnières.

Les magasins à poudre, au nombre de six, occupent les côtés des poternes qui conduisent aux caponnières.

Le réduit renferme deux magasins aux vivres, une cuisine et des latrines à chaque étage.

Les puits sont au nombre de quatre : un dans le réduit, les autres sous le rempart.

En temps de guerre le fort est occupé par :
375 hommes d'infanterie,
 80   »   d'artillerie, (les auxiliaires pour le service des pièces sont pris dans l'infanterie),
et 12 hommes du génie.

Ce type de fort est bien inférieur à celui des derniers forts de Cracovie, que nous décrirons plus loin.

Il présente les défauts suivants :

1° Les casemates qui flanquent les faces du fort peuvent être détruites de loin par les batteries à ricochet de ces faces ;

2° L'escarpe détachée (voir profil E F) n'est pas à l'abri des coups plongeants, défaut d'autant plus grave que la contrescarpe est en terre ;

3° Le même défaut existe, à un plus haut degré, pour l'escarpe du réduit, dont le cordon est au niveau de la ligne de feu de l'enveloppe, bien qu'il s'en trouve éloigné de 85 pieds 6 pouces ; de sorte que les projectiles qui rasent cette enveloppe sous l'angle de $1/4$, atteignent à peu près le pied de l'escarpe ;

4° Le réduit se trouvant à l'intérieur du fort, n'exerce aucune action sur le front de gorge, ni sur les entrées du fort ; il ne pourra donc pas favoriser les retours offensifs ; en outre, ses communications avec le camp retranché seront coupées et ses locaux pris à revers (voir coupe G H), aussitôt que l'ennemi occupera le front de gorge que rien ne sépare des autres fronts;

5° La coupe G H montre que la façade intérieure des bâtiments de la gorge n'est pas non plus à l'abri des coups plongeants tirés au-dessus du réduit ;

6° Le fossé des caponnières des épaules n'est pas flanqué, et celui de la caponnière de la gorge ne l'est qu'imparfaitement ;

7° Les faces et les flancs du fort n'ont pas assez de traverses ; ils manquent d'abris et de magasins d'approvisionnement.

Fort de Cracovie.

La fig. 13 de la pl. XX représente l'un des derniers forts construits à Cracovie, sur la route de Lublin.

Les profils se rapprochant beaucoup de ceux des forts proposés par le colonel Tunckler, et dont il sera question plus loin, il nous suffira de compléter le plan par quelques explications, pour en donner une idée exacte.

Les faces ont 360 pieds de longueur ; elles forment un angle très-obtus, et leurs fossés sont flanqués par une caponnière analogue à celle du front de tête du fort pl. XXII.

Les flancs ont environ 330 pieds de longueur ; leurs fossés sont flanqués par les coffres R R de la contrescarpe, dont l'armement se compose de trois pièces, comme celui des flancs de la caponnière.

Des coffres moins importants S S, disposés pour la

mousqueterie, défendent la tête et les flancs de la caponnière.

Les branches de la gorge ont environ 450 pieds de longueur; elles sont à peu près parallèles aux faces, et leurs fossés sont flanqués par le réduit.

Les batteries de cet ouvrage ont 3 pièces chacune; un fossé diamant les met à l'abri de l'attaque de vive force.

Le fossé diamant de droite est prolongé jusqu'au delà de la porte d'entrée du réduit.

On arrive aux coffres R R, S S, et à la galerie de contrescarpe $d\ d\ d\ d$, par les communications souterraines $c\ c$.

En a se trouve l'entrée de la poterne de la caponnière, et en $b\ b$ les entrées des poternes qui aboutissent aux galeries $c\ c$.

Les parties occupées par les logements et les magasins sont indiquées au moyen de hachures. Les entrées se trouvent en a, m et m'.

Le réduit a la forme d'un champignon; il déborde assez le front de gorge pour assurer à celui-ci une protection efficace.

Le revêtement de la tête du réduit est couvert par un glacis, séparé du fort par deux coupures en rampe, qui rachètent la différence de niveau entre la cote 0' du fond du fossé et la cote 10' du terre-plein intérieur. L'une de ces rampes aboutit à un mur détaché sans porte, l'autre à l'entrée i du fort.

Sur chacune de ces rampes s'ouvrent une porte n qui donne accès dans les bâtiments de la gorge et une porte

p ou q, qui permet aux défenseurs des remparts d'entrer dans la galerie de contrescarpe $t\ t\ t$ sans sortir du fort.

Les créneaux de cette galerie assurent la défense des rampes. (Voir les traits interrompus qui marquent les directions des coups de feu.) Ils servent également à battre le fossé de la tête du réduit.

Indépendamment des communications indiquées plus haut, le fort a une poterne h qui permet aux défenseurs du réduit de se rendre directement par le batardeau creux g dans la galerie de contrescarpe $t\ t\ t$.

Les flèches r indiquent les issues par lesquelles les défenseurs de la galerie de contrescarpe peuvent gagner les portes k de la tête du réduit.

On arrive à la porte d'entrée principale s par les rampes l.

Nous présenterons les observations suivantes au sujet de ce type de fort :

1° Les coffres $R\ R$ tombant au pouvoir de l'ennemi en même temps que la contrescarpe, les flancs du fort seront privés de leur défense au moment où ils en auront le plus grand besoin. Il faudra donc remplacer ces coffres par des demi-caponnières toutes les fois que l'on aura une attaque pied à pied à craindre ;

2° Les communications souterraines $c\ c$ devraient être placées en $x\ x$, aux extrémités de la galerie de contrescarpe. Elles assureraient ainsi mieux la retraite des défenseurs dans le cas où la galerie serait enfoncée par un fourneau de mine entre les coffres R et S ;

3° Les portes p qui s'ouvrent sur les rampes du front

de gorge sont dangereuses pour le réduit. Elles permettent en effet à l'ennemi, maître du fort, de pénétrer sans grande difficulté dans la galerie de contrescarpe $t\,t$, qui communique avec le réduit par la poterne g.

Il serait conforme aux bons principes que les défenseurs du fort ne pussent entrer dans le réduit que par la porte s, à laquelle on n'arrive qu'en longeant la queue du réduit, sous le feu de ses créneaux ;

4° Les portes r de la galerie de contrescarpe assurent la retraite de la garnison du réduit lorsque celle-ci doit faire une sortie dans le fossé par les portes k, mais, d'un autre côté, elles compromettent la sûreté de cette galerie; cependant, elles sont moins dangereuses que les portes k, qui permettent à l'ennemi, parvenu dans le fossé, de se frayer un chemin facile vers l'intérieur du réduit.

Les troupes chargées de faire des sorties devraient déboucher du réduit par la porte s, et de là se rendre dans le fossé par des ouvertures qu'on pratiquerait dans les murs y qui séparent le fossé de la tête du réduit, du fossé de la gorge du fort.

5° La partie arrondie R du fossé, à la queue du réduit, n'est pas flanquée par les locaux de la tête, destinés à battre les fossés des flancs du réduit ;

6° Une partie des galeries qui défendent les rampes entre le glacis du réduit et le rempart de la gorge du fort, peuvent être détruites par des pièces établies en T, sur le terre-plein du rempart des fronts latéraux, ce qui permet à l'assiégeant de s'introduire promptement dans la galerie de contrescarpe du réduit.

Les défauts signalés ci-dessus pouvant être corrigés

facilement, nous sommes d'avis que le fort dont nous venons de faire la description, constitue un excellent type pour des ouvrages détachés de moyenne grandeur, *qui ne sont pas exposés à une attaque pied à pied.*

Petits forts et batteries de côte.

La fig. 15, pl. XX, représente un petit fort que le colonel Tunckler signale comme pouvant servir à défendre efficacement les intervalles des grands forts d'un camp retranché.

Il conviendrait mieux, selon nous, pour la défense d'un sommet étroit, faisant partie d'une ligne d'ouvrages en pays accidenté. Dans tous les cas, il faudrait donner moins de largeur et plus de profondeur au fossé, pour mettre l'escarpe à l'abri des feux plongeants.

Le flanquement de la tour est convenablement assuré par la galerie de contrescarpe $b\ b\ b\ b$, qui communique avec l'intérieur de l'ouvrage par les galeries souterraines $a\ a$.

Le pont x de la gorge est défendu par les extrémités de cette galerie et par les feux obliques des flancs $f\ f$ de la tour.

Les communications avec le fossé et avec la porte d'entrée, débouchant sur ce fossé, sont assurées par les rampes $g\ g$.

La fig. 16 représente un autre type de fort qui a été

appliqué à la défense des côtes de l'Adriatique. Il se compose de deux étages casematés et d'une plate-forme. Celle-ci et l'étage supérieur sont armés de canons de gros calibre, destinés à battre la rade ou le chenal. L'étage inférieur donne des feux de mousqueterie sur la crête du glacis et dans le fossé.

L'escarpe est construite en blocs de granit, afin de pouvoir résister aux coups directs et aux coups plongeants de l'artillerie de la marine.

Le flanquement de la tour est assuré, comme dans le cas précédent, par une galerie de contrescarpe $a\ a\ a\ a$, qui communique avec l'intérieur de l'ouvrage au moyen de deux batardeaux creux k. Ces batardeaux, espèces de caponnières crénelées, défendent, par leurs extrémités, la porte et le pont x du tambour L qui couvre l'entrée z de la tour.

En avant de ce tambour et des galeries $l\ l$ qui relient les caponnières k à la galerie de contrescarpe $a\ a\ a\ a$, se trouve une cour dont le niveau est à 16 pieds sous le terrain naturel; on arrive à cette cour par les rampes i de la place d'armes W.

Le fort offrirait moins de prise à l'artillerie navale, si le fossé de la partie antérieure était plus étroit et plus profond, et il donnerait plus de feux sur la rade, s'il avait une section elliptique au lieu d'une section circulaire.

La même remarque s'applique au fort fig. 15, qui gagnerait beaucoup, s'il était allongé dans le sens du front de la position.

Fort de camp retranché proposé en Autriche.

PLANCHE XXII.

Ce type de fort est dû à M. le colonel Tunckler. Il nous a été communiqué par un des compatriotes de l'auteur, qui désirait nous faire connaître les derniers progrès réalisés en Autriche dans l'art de la fortification.

Les profils montrent que le fort a été projeté pour un site spécial; peut-être se rattache-t-il à la défense de Vienne, question souvent agitée et qui fut sur le point d'être résolue après la campagne de 1866.

En mettant cette étude sous les yeux de nos lecteurs, nous avons pour but de leur offrir un type d'ouvrage détaché, pouvant servir de modèle sous le rapport des détails, tels que caponnières, portes d'entrée, galeries d'escarpe et de contrescarpe, poternes, traverses-abris, magasins d'approvisionnements, puits, latrines, etc., etc.

Dans les chap. VI et VII, qui traitent et de l'organisation des remparts et des caponnières, nous avons décrit et apprécié la plupart de ces détails.

Nous nous bornerons, dans celui-ci, à juger le tracé du fort et ses principales dispositions.

Comme tous les forts autrichiens, il a la forme d'une lunette, mais avec cette différence que les fronts latéraux, au lieu d'être rectilignes, sont brisés et composés de deux faces de hauteur inégale. (Voir la partie gauche du plan.)

Cette brisure a l'inconvénient de compliquer le flanquement et de le réduire, pour une moitié du front, à un flanquement de mousqueterie.

On pourrait éviter cet inconvénient, soit en prolongeant le fossé du front latéral en ligne droite jusqu'à sa rencontre avec celui de la gorge (sauf à retirer vers l'intérieur l'extrémité du parapet pour mieux battre le terrain dans les intervalles du camp retranché), soit en établissant une demi-caponnière au sommet de la brisure, comme nous l'avons indiqué sur la partie droite du plan.

Cette dernière disposition a l'avantage de ne pas allonger outre mesure le front de gorge, mais, en revanche, elle augmente de deux le nombre des demi-caponnières.

Pour ce motif, nous sommes d'avis que la brisure du fossé des fronts latéraux doit être évitée dans tous les cas où des circonstances locales ne s'y opposent pas.

Le front de tête a environ 700 pieds de longueur à la ligne de feu (abstraction faite des pans coupés, aux angles d'épaule). Cette dimension est trop faible pour un fort de camp retranché, qui doit pouvoir battre efficacement le front de la position.

Les flancs ont environ 430 pieds de longueur à la ligne de feu, dimension suffisante, même pour un grand fort.

Les faces du front de tête forment entre elles un angle très-obtus.

Pour éviter l'enfilade, il sera généralement utile d'établir ces faces dans le prolongement l'une de l'autre, comme nous l'avons fait pour les forts d'Anvers.

La disposition usuelle, adoptée par le colonel Tunckler

n'est préférable que dans un seul cas : lorsque le prolongement du fossé du front de tête tombe sur un terrain où l'ennemi peut établir une batterie, sans trop de difficulté. Dans ce cas, en effet, la caponnière serait détruite ou son artillerie démontée au début du siége, ce qu'il faut éviter à tout prix.

Le front de gorge est bastionné.

Ce tracé offre ici l'avantage de placer l'entrée du fort dans un rentrant, et de créer, en avant de la courtine, un espace abrité où peuvent se rassembler les réserves.

Pour que les bastions ne soient pas ravagés par les projectiles qui rasent le parapet du front de tête, le colonel Tunckler les a protégés au moyen d'un parados s'élevant à 7 pieds environ au-dessus de leur crête.

La courtine du front de gorge se compose d'un mur crénelé de 18 pieds de hauteur (voir profil L M); elle est prolongée de chaque côté, d'environ 60 pieds, dans la direction des lignes de défense.

En arrière de ce mur se trouve un couloir de 30 pieds de largeur, qui sert d'avant-cour aux abris de la gorge.

Le parapet au-dessus de ces abris a un commandement de 1' 4" sur les bastions; il s'appuie aux extrémités des parados.

Entre les prolongements du mur détaché de la courtine et les flancs des bastions, il y a des coupures de 24 pieds de largeur, au fond desquelles se trouvent les entrées du fort. Les créneaux de la galerie $k\ k\ k\ k$ servent les uns à battre ces entrées, les autres à flanquer les coupures.

On arrive aux coupures par deux rampes qui descendent

de la place d'armes du front de gorge et dont les débouchés sont fermés par des grilles ou des portes.

Dans le couloir des abris du front de gorge se trouvent les entrées des poternes qui conduisent à la galerie de contrescarpe du fort et au couloir, de 30 pieds de largeur, longeant les abris du front de tête. Sur ce dernier couloir s'ouvrent les poternes qui mènent à la caponnière du front de tête et aux demi-caponnières des fronts latéraux.

La poterne en capitale du fort assure non-seulement aux défenseurs une communication couverte entre les abris du front de tête et ceux du front de gorge, elle leur permet encore de déboucher au milieu du terre-plein intérieur par les rampes qui, de ce terre-plein, descendent vers la poterne.

D'autres rampes mettent le terre-plein intérieur en communication avec le couloir des abris du front de tête.

A l'entrée des poternes qui conduisent à la galerie de contrescarpe se trouvent des escaliers g, avec monte-pièces, débouchant sur le terre-plein intérieur des bastions de la gorge.

Il serait utile qu'il y eût une communication plus facile et plus large entre le terre-plein de ces bastions et celui du fort, pour faciliter l'armement et la circulation.

L'organisation des remparts est conforme aux principes que nous avons exposés dans le chap. VI. Elle ne donne lieu à aucune observation critique, si ce n'est à la suivante :

Les petits magasins à poudre qui se trouvent sous le rempart du front de tête n'ont pas de communication directe avec le terre-plein. (Voir profil I K.) Les munitions auraient donc un assez long trajet à faire pour arriver aux pièces, ce qui augmenterait les dangers et entraverait le service.

On y porterait remède en établissant, dans les porches, des monte-charges qui déboucheraient sous les voûtes des traverses ou sous un blindage incliné, appuyé contre leur mur de profil.

Selon nous, le défaut le plus grave de ce type de fort est de n'avoir pas de réduit. Il est inutile de reproduire ici les raisons qui justifient cette critique; nous les avons exposées dans le chap. IX.

Autre type de fort proposé par le même ingénieur.

PLANCHE XXI, FIG. 7.

Ce type diffère peu du précédent. Les demi-caponnières qui, dans le premier type, flanquent les parties hautes des fronts latéraux, et les portions de galerie de contrescarpes qui en flanquent les parties basses, sont remplacées par des coffres de contrescarpe $c\ c\ c\ c$, armés de canons.

Si le fort était exposé à une attaque pied à pied, cette modification aurait l'inconvénient de priver les fronts latéraux de tout flanquement aussitôt que l'assiégeant se serait emparé de la contrescarpe ou l'aurait enfoncée par des fourneaux de mine.

Au lieu de deux entrées placées derrière les orillons des bastions de la gorge, comme dans le type de la pl. XXII, l'auteur, pour rendre les communications plus faciles et plus directes, s'est contenté d'une seule entrée, établie au milieu du mur détaché de la courtine. Cette entrée est précédée d'un fossé diamant avec pont-levis; on y arrive par une petite rampe.

Le corridor en avant des abris de la gorge est prolongé derrière les bastions, ce qui rend beaucoup plus faciles les communications avec ces ouvrages, fort isolés dans le premier type.

Les portes qui mettent la poterne centrale en communication avec le terre-plein intérieur du fort, débouchent sur un couloir parallèle à la courtine, et dont le niveau est à 14 pieds sous la crête du glacis que forme ce terre-plein. Le même couloir conduit, par la galerie souterraine q, à l'avant-cour qui longe les abris du front de tête. La fig. 14 indique ces détails à une plus grande échelle. Elle fait connaître aussi l'organisation des remparts et l'emplacement des rampes par lesquelles on monte de la cour intérieure sur le terre-plein du rempart.

Grâce à ces modifications importantes et aux longues traverses qui mettent le couloir des fronts latéraux à l'abri des feux d'enfilade, les défenseurs du front de tête peuvent arriver à couvert jusqu'à l'entrée du fort sans avoir à craindre les coups plongeants ni les éclats des projectiles.

Les longues traverses ont des magasins à poudre avec porches.

Les seules observations critiques qu'il y ait lieu de faire au sujet du type que nous venons de décrire, sont les suivantes :

1º Le remplacement des demi-caponnières par des coffres ne serait pas admissible pour des forts pouvant être attaqués pied à pied, par des travaux continués jusque sur le glacis ;

2º Le front de tête n'a pas assez de développement ;

3° L'absence de réduit rend les retours offensifs impossibles, ou du moins tellement difficiles et dangereux, qu'on ne les tentera pas.

Type de fort avec réduit proposé par le même ingénieur.

PLANCHE XXI, FIG. 6.

Ce fort diffère peu du précédent.

L'auteur a judicieusement rétabli les demi-caponnières k aux angles d'épaule et n'a maintenu les coffres de contrescarpe que pour le flanquement des faces les moins exposées des fronts latéraux.

L'intérieur des bastions de la gorge et l'escarpe détachée de la courtine sont protegés contre les feux plongeants par les parados P.

Le réduit dépasse le mur détaché de la courtine, et son entrée est en dehors de ce mur.

Indépendamment de cette entrée, il y a dans chaque flanc une poterne qui met le fossé et, par suite, l'intérieur du fort en communication avec la cour S.

La tête du réduit déborde les flancs pour couvrir les entrées et battre plus efficacement l'intérieur du fort; elle est pourvue d'une caponnière dont le fossé est flanqué par une galerie de contrescarpe, mise en communication avec le réduit par deux galeries souterraines.

Les flancs du réduit sont battus par les créneaux des bâtiments qui les débordent. (Voir le profil A B.)

La queue est battue par les flancs des bastions du front de gorge.

De la place d'armes W on descend dans le fossé gg par les rampes $r\,r$. De là on se rend aux bastions par les portes qui se trouvent dans les flancs du mur détaché (le plan n'en indique qu'une); ces portes sont précédées d'un fossé diamant avec pont-levis.

Les bastions communiquent par la poterne p avec le couloir qui, longeant le talus intérieur du front latéral, conduit à la poterne q, sous la grande traverse T, et de là à la poterne de la demi-caponnière.

On arriverait par le même chemin au couloir des abris du front de tête si, pour des raisons d'économie, le colonel Tunckler n'avait supprimé ces abris que remplacent d'ailleurs avantageusement les locaux du réduit.

Les bastions de la gorge communiquent également avec le fossé du réduit, d'où l'on monte, par les rampes o, sur le glacis $G'\,G'$ qui forme le terre-plein intérieur du fort.

De ce glacis, dont le pied est à la cote $+\,4'$, on descend par deux rampes à une petite cour, à la cote $-\,10'$, dans laquelle débouche la poterne qui mène à la caponnière principale K.

Le profil A B montre que les escarpes du fort et du réduit sont à l'abri des coups plongeants.

La fig. 5 représente une caponnière avec masques d'embrasure, que l'on substituera à la caponnière du type pl. XXII, lorsque l'assiégeant pourra prendre le prolongement des faces du front de tête.

Le fort fig. 6, pl. XXI, est supérieur aux deux autres types ; il serait parfait si le front de tête était plus grand, si les entrées étaient plus larges, si elles se prêtaient mieux aux retours offensifs et si le réduit n'avait pas les défauts suivants :

1° L'ennemi, parvenu dans l'intérieur du fort, peut, grâce aux rampes *o*, descendre dans le fossé du réduit ;

2° Le fossé en arrière de la tête du réduit forme deux trouées par lesquelles l'ennemi peut battre de loin et de près l'escarpe des flancs, à leur jonction avec les bâtiments de la tête ;

3° Pour faire brèche à la queue du réduit, il suffira que l'ennemi, maître du fort, dirige contre elle les canons qui se trouvent dans les bastions de la gorge ;

4° Les poternes qui mettent le fossé des flancs du réduit en communication avec la cour S, sont dangereuses et n'ont pas d'utilité réelle.

CHAPITRE XII.

FORTS CONSTRUITS OU PROPOSÉS EN ANGLETERRE ET EN FRANCE.

SOMMAIRE :

1° Forts détachés de Portsmouth ; 2° Fort construit dans l'île de Bermude (à Hamilton); 3° Fortin construit à Montréal, pour servir de réduit à un fort mixte, à créer au moment de la guerre ; 4° Forts de Metz et de Langres.

I.

Forts Anglais.

FORTS DE PORTSMOUTH.

La fig. 4, pl. XXIV, représente un des forts détachés de Portsmouth, construits sur le Portsdown Hill, chaîne de hauteurs, située à 8,000 mètres environ de la vieille enceinte qui forme le noyau de la position. Cet emplacement favorable a permis aux ingénieurs anglais de se montrer moins rigoureux sur le défilement des escarpes.

Si le terrain se relevait en avant du camp retranché, le cordon de l'escarpe devrait être abaissé davantage. (Voir profil A A' B.)

Les forts ressemblent à de grandes lunettes. Leurs faces ont environ 275 pieds de longueur, et leurs flancs 300. Ils sont tracés de manière à se protéger mutuellement.

Les réduits se composent de deux parties, l'une battant l'intérieur du fort, l'autre flanquant le front de gorge et battant le terrain dans les intervalles et en avant des forts voisins.

Les fossés du front de tête sont flanqués par une caponnière analogue à celles que nous avons décrites chapitre VII, et dont la fig. 3, pl. IX, représente le dessin. Les fossés des fronts latéraux sont flanqués par des demi-caponnières ayant, comme la précédente, un étage armé de trois canons et un étage disposé pour la mousqueterie. (Voir profil C D E.)

Le chemin de ronde est divisé en trois parties par des massifs en terre H (voir fig. 4), établis au-dessus des demi-caponnières. Le profil C D E fait connaître l'organisation de ces massifs qui protégent une partie du chemin de ronde contre l'enfilade en même temps qu'ils fournissent des emplacements convenables pour la mousqueterie et pour une batterie de mortiers.

On arrive au chemin de ronde du front de tête par les portes bb, $c'c'$, et au chemin de ronde des fronts latéraux par les portes c', d. La poterne qui conduit aux portes $b\,b$ a son entrée dans le passage voûté $a\,a$ de la traverse en capitale du fort; celles qui conduisent aux portes $c'\,c'$ ont leur entrée au niveau du terre-plein intérieur (voir profil C D E), de même que les poternes qui conduisent aux portes d.

Les galeries qui servent de communication avec la caponnière et avec les demi-caponnières ont leur entrée dans un dôme souterrain auquel on arrive par le passage g (fig. 5) et par l'escalier tournant qui se trouve au fond de ce passage. Dans ce même dôme débouche une poterne sur les côtés de laquelle il y a un grand magasin à poudre I, et qui se prolonge jusque dans le fossé du réduit. On peut donc de ce fossé se rendre dans les caponnières sans monter d'abord sur le terre-plein intérieur par la rampe i.

Le front de gorge n'est pas terrassé. Son mur de soutenement, composé de voûtes en décharge crénelées (voir profil T U) est flanqué, comme nous l'avons dit, par les bastions qui constituent la queue du réduit. Ces bastions et la courtine qui les réunit ont deux étages de voûtes à l'épreuve de la bombe et une plate-forme bordée, du côté de la ville, par un mur crénelé.

Les ingénieurs anglais ayant la conviction qu'il est impossible d'attaquer les forts pied à pied par la gorge, se sont abstenus de couvrir les maçonneries de ce front contre les feux de l'artillerie; pour la même raison, ils ont jugé inutile de construire un parapet et des fossés du côté de la ville. Toutefois, le fossé des fronts latéraux fait de ce côté un retour, flanqué par les galeries E (fig. 5), auxquelles on arrive par les locaux de la gorge, dont la porte d'entrée s'ouvre sur le fossé du réduit.

La tête du réduit est armée (fig. 4) de deux grosses pièces sur affût Moncrieff (installées dans les puits à canon r r) et de plusieurs pièces de petit calibre établies derrière le parapet P P, pour tirer à mitraille dans l'intérieur du fort.

La tête du réduit est précédée d'un fossé dont l'escarpe et la contrescarpe ont environ 15 pieds de hauteur, mais qui n'est pas flanqué.

Les portes K (fig. 4) débouchent dans le fossé du réduit, d'où l'on gagne l'intérieur du fort par la rampe h i.

Les passages n n (fig. 5) mettent le fort en communication avec les escaliers m m, qui conduisent à la plate-forme du réduit. L'entrée de l'étage inférieur du réduit se trouve en Z, dans l'axe du fort.

L'organisation des remparts est très-complète.

Le front de tête est armé de quatre bouches à feu de gros calibre, installées dans des puits à la Moncrieff pourvus de tous les accessoires nécessaires. (Voir profil A A' B et, pour les détails, fig. 2, pl. V.) Les fronts latéraux ont chacun trois canons installés de la même manière.

Aux angles d'épaule, il y a des batteries casematées et cuirassées pour trois pièces chacune. Enfin, sur les côtés des batteries à la Moncrieff, en u u u u (fig. 4), se trouvent des parties de parapet disposées pour la mousqueterie et derrière lesquelles on peut établir, au besoin, des pièces sur affûts de place ordinaires.

Les parties L, aux extrémités des fronts latéraux, sont à un niveau plus bas, pour que les pièces r r du réduit puissent battre le terrain en avant des forts voisins, concurremment avec l'artillerie de flancs $p\ p$ du réduit.

L'emploi des batteries à la Moncrieff donne une grande valeur aux forts anglais. Ces batteries sont particulièrement utiles pour les fronts latéraux, parce qu'elles assurent à leur artillerie un champ de tir si étendu qu'elle peut concourir avec l'artillerie du front de tête à la défense du terrain extérieur.

Examen.

Le type de fort que nous venons de décrire a des propriétés qui le recommandent à l'attention des ingénieurs.

Toutefois, nous signalerons quelques détails sur lesquels nous ne sommes point d'accord avec l'habile ingénieur qui l'a projeté :

1° Les poternes qui assurent les communications avec les trois caponnières sont longues et d'un accès difficile. L'auteur du projet a voulu, sans doute, donner plus de sécurité aux défenseurs de ces batteries, pour qu'ils n'abandonnent pas leur poste dès que l'ennemi aura pénétré dans le fort. Mais ce but eût été mieux atteint s'il s'en était tenu exclusivement à l'idée qu'il émit en 1860, dans le tom. IX des *Professional papers*, et qui consiste à faire communiquer les poternes des caponnières avec le réduit. (Voir pl. III de ce volume.) Il a réalisé en partie cette idée à Portsmouth, en mettant l'entrée des poternes dans le fossé du réduit, mais en même temps il a donné à ces poternes un débouché *g* sur le terre-plein intérieur du fort. Or ce débouché complémentaire, s'il est commode pour le service, a l'inconvénient de diminuer la sécurité des caponnières. Il sera facile, en effet, à l'ennemi de s'introduire par l'escalier tournant dans les poternes qui conduisent à ces ouvrages, dès qu'il occupera une partie du fort. A cause de cela, et pour la facilité du service, nous préférons donner à chaque caponnière une poterne débouchant directement sur le terre-plein intérieur. En mettant ces poternes en communication directe avec le réduit ou avec son fossé, on méconnaîtrait les raisons que nous avons fait valoir pour isoler complétement le réduit et priver l'ennemi de tout ce qui peut en faciliter l'attaque ;

2° L'idée de faire concourir les flancs *p* du réduit à la défense du terrain en avant des forts collatéraux, n'a pas non plus notre approbation. En traçant les flancs de cette manière, on les expose, en effet, à être détruits de loin ;

3° Les forts détachés de Portsmouth occupent une colline qui les met à l'abri de toute attaque pied à pied du côté de la ville. Malgré cette circonstance exceptionnelle, il eût été avantageux de donner aux fronts de gorge un parapet pour battre l'intérieur du camp retranché ;

4° Le fossé du réduit devrait être flanqué par une galerie de contrescarpe, communiquant avec l'intérieur de l'ouvrage au moyen de deux passages souterrains ;

5° Il conviendrait de supprimer la rampe *i h*, parce qu'elle offre à l'ennemi le moyen de pénétrer dans le fossé pour tenter l'escalade du réduit. Les entrées du fort déboucheraient alors directement sur la cour intérieure ;

6° Le front de gorge n'offre pas assez de facilités pour les retours offensifs ;

7° Les défenseurs, pour faire des sorties dans le fossé du fort, n'ont que les portes k (fig. 4) pratiquées dans l'escarpe, à droite et à gauche de la caponnière du front de tête. Ces débouchés sont insuffisants et même dangereux pour les défenseurs de la caponnière.

Fort construit dans l'île de Bermude.

Les fig. 1, 2 et 3 de la pl. XXIV représentent un des forts d'une ligne de défense construite à Hamilton, dans l'île de Bermude.

Ce fort est destiné à agir soit isolément, soit comme réduit de retranchements improvisés à construire au moment de la guerre.

Nous avons lieu de croire qu'il occupe un emplacement qui l'expose à être attaqué du côté de la gorge. Cela résulte des précautions qui ont été prises pour couvrir à revers les pièces tirant dans des puits à la Moncrieff, ainsi que les magasins à poudre et à projectiles qui occupent les fronts antérieurs. (Voir fig. 1 et 3.) On a également disposé les façades des logements $a\ a$ (fig. 1) pour soldats, et $b\ b$ pour officiers de manière à pouvoir les blinder promptement et facilement.

Le fort a sept côtés, dont trois forment le front de tête ; ce dernier a 550 pieds de longueur totale (mesurés sur le cordon de l'escarpe). Les flancs et les branches du front de gorge ont 300 pieds de longueur.

Les fossés, taillés dans le roc, sont flanqués par cinq coffres de contrescarpe et une caponnière.

Les coffres 1, 2 et 3 (fig. 1) communiquent avec l'intérieur du fort par des galeries souterraines $w\ w\ w$. Les coffres 2, 3, 4 et 5 sont reliés entre eux par une galerie longeant la contrescarpe.

Le front de gorge est légèrement tenaillé et son fossé est battu par une caponnière, qui reçoit son flanquement d'une galerie crénelée (fig. 1).

Dans l'un des côtés de cette galerie se trouve une porte x, communiquant avec le fossé de la gorge par un petit escalier s (fig. 2).

Cette organisation du flanquement est conforme aux bons principes.

L'entrée du fort est protégée par l'artillerie de la caponnière.

Le front de tête et les fronts latéraux sont précédés d'un chemin couvert traversé, au milieu duquel se trouve une rampe $z\ z$ pour les sorties. (Voir profil R S.)

Les communications du chemin couvert avec le fossé sont assurées par les rampes $y\ y$.

Le glacis est défendu par la galerie de mine t (voir profils R S et V W) et par les rameaux qui en débouchent.

L'organisation du rempart est très-complète et très-judicieuse; aux extrémités de chaque côté se trouvent deux puits à la Moncrieff, avec toutes leurs dépendances. Le milieu de trois des côtés est préparé pour recevoir une pièce sur affût à éclipse ordinaire (ne tournant pas dans un puits). (Voir profil R S.) A droite et à gauche de cet emplacement et au milieu des autres côtés du fort, il y a des parties de parapet disposées pour la mousqueterie et, au besoin, pour des pièces sur affût de place.

Grâce à cette organisation des remparts, le fort peut diriger des feux d'artillerie et de mousqueterie sur tous les points du terrain des attaques.

L'énorme champ de tir des pièces établies dans les puits à la Moncrieff offre, sous ce rapport, des avantages précieux pour la défense des petits ouvrages, parce qu'il permet à l'artillerie d'une face de battre le terrain devant les faces adjacentes.

Une grande facilité pour le service des pièces est la galerie couverte $p\ p\ p$, (fig. 3) qui met en communication les différents puits. Elle soustrait les servants et le personnel qui les surveille à tous les dangers que présente la circulation sur des remparts exposés à de fortes canonnades.

Nous n'avons que peu d'observations à faire au sujet de ce fort, dont les dispositions générales sont excellentes :

1° Le débouché de la porte d'entrée peut être atteint par des coups plongeants; on devrait le protéger par une haute traverse;

2° Il serait utile de continuer le chemin couvert le long de la gorge et de créer, au centre de ce front, une place d'armes, pour faciliter l'entrée et la sortie des troupes;

3° Aux rampes $y\ y$, qui permettent à l'ennemi de descendre dans le fossé, il conviendrait de substituer des escaliers en bois ou en tôle, que les défenseurs renverseraient en se retirant; on pourrait même renoncer à ces escaliers, à condition de palissader le chemin couvert et de supprimer la rampe z z, qui semble peu utile pour un petit ouvrage, n'ayant pas d'importantes sorties à faire pendant sa défense.

Fortin construit à Montréal

Pour servir de réduit à un fort mixte, à créer au moment de la guerre.

Montréal possède quelques fortins de cette espèce, que l'on complétera en temps opportun par des ouvrages improvisés. (Voir fig. 1, 2 et 3, pl. XXV.)

Cette combinaison est excellente en ce qu'elle n'exige qu'une faible dépense et qu'elle permet néanmoins de défendre convenablement la position alors même qu'on serait surpris par les événements. Les réduits, en effet, sont constitués de manière à pouvoir résister longtemps, sans être enveloppés ou soutenus par des ouvrages improvisés.

Les fortins ont la forme d'une lunette. La longueur des faces, mesurée sur le cordon de l'escarpe, est de 135 pieds, celle des flancs, de 115 pieds et celle de la gorge, de 250 pieds.

Les fossés des faces et des flancs sont battus par des coffres de contrescarpe (voir fig. 3), communiquant entre eux au moyen d'une galerie dans laquelle débouchent deux passages souterrains qui ont leur entrée dans le fort. Ces coffres sont très-bien disposés et fort commodes.

La gorge est flanquée par une caponnière disposée pour une défense de mousqueterie.

Les logements et les magasins se trouvent au niveau du

fossé et occupent presque toute l'étendue du fort. (Voir fig. 3.) Le plan et les coupes font connaître les détails de ces bâtiments, qui, sous le rapport de l'aérage et de la ventillation, offrent toutes les garanties nécessaires.

On monte de l'étage inférieur casematé sur la plateforme à ciel ouvert, par deux escaliers dont le débouché se trouve dans les traverses casematées des faces. (Voir fig. 1 et 2.)

Chaque face a deux puits à la Moncrieff pourvus de tous les accessoires nécessaires.

Le saillant est disposé pour la mousqueterie ; au besoin, on l'armera de pièces sur affûts de place ordinaires.

Les flancs, qui doivent spécialement servir à battre le terrain en avant des forts collatéraux, ont deux pièces à ciel ouvert protégées par des cuirasses. La partie restante est disposée pour la mousqueterie et, dans certains cas, pour des pièces sur affûts de place.

Les grandes traverses des faces mettent l'artillerie des flancs à l'abri des feux d'enfilade et, en partie, des feux de revers.

Selon nous, on aurait dû établir les batteries cuirassées au saillant plutôt que sur les flancs, ceux-ci n'entrant en action qu'à la fin du siége. Les boucliers, en effet, sont surtout utiles pour préserver les pièces qui ont un long combat d'artillerie à soutenir.

L'entrée du fort est exposée aux feux plongeants. Pour corriger ce défaut, il suffirait de couvrir son débouché au moyen d'une haute traverse qui rendrait en même temps moins dangereuse la circulation sur le terre-plein intérieur.

Dans beaucoup de cas, il serait utile aussi de donner à la gorge un chemin couvert avec place d'armes centrale.

Il est digne de remarque que si le fort était attaqué de ce côté, deux au moins des quatre canons établis sur des plates-formes tournantes pourraient concourir à sa défense. C'est un des grands avantages des puits à la Moncrieff qui, sous ce rapport, jouissent des mêmes propriétés que les coupoles.

La fig. 4 est une vue du fort, prise de la campagne. Elle montre que les maçonneries sont bien défilées et que les remparts n'offrent aucun point saillant propre à faciliter le tir de l'ennemi.

II.

Forts français.

Quelques officiers du génie français n'avaient pas attendu les résultats de la dernière guerre pour critiquer les forts de Paris que d'autres avaient qualifiés de chefs-d'œuvre.

M. le commandant de Villenoisy, ex-professeur de fortification à Metz, fit connaître indirectement son opinion sur ces forts dans un livre publié en 1869. Recherchant les conditions auxquelles doivent satisfaire les ouvrages détachés, il fut amené à formuler le précepte suivant (p. 398) :

« Remplacer les forts réguliers, de forme classique,
» par des ouvrages en couronne, qui joindraient à l'avan-
» tage d'avoir une faible profondeur, celui de posséder un
» plus grand développement de ligne de feu pour lutter
» contre les batteries de l'ennemi. L'élévation des crêtes
» permettrait de donner à la gorge du fort assez de hau-
» teur pour assurer l'ouvrage contre les surprises. »

Depuis lors, l'ancien président du comité du génie, M. le général Frossard, a dû reconnaître également (voir son *rapport sur les opérations du* 2ᵉ *corps*) que les forts de Paris ne répondent plus aux exigences de la situation présente.

« Ces forts, dit-il, eussent été sans doute établis dans des
» conditions plus favorables de défense s'ils étaient venus
» au monde trente ans plus tard, et les emplacements de
» quelques-uns eussent été mieux choisis. »

Les défauts qu'ils présentent avaient été signalés au général Frossard lui-même par un illustre étranger (le général Todleben) il y a plus de dix ans. Mais ce témoignage ne changea point les convictions des ingénieurs français. Il fallut l'expérience de la dernière guerre pour modifier sur ce point, comme sur beaucoup d'autres, leurs idées qui procèdent d'une trop grande confiance dans l'autorité des vieux maîtres.

M. Violet-le-Duc, qui a rempli pendant le blocus de Paris les fonctions de lieutenant-colonel de la légion auxiliaire du génie, critique les forts de Paris dans les termes suivants (1) :

« En tenant compte des effets de la nouvelle artillerie,
» nos forts présentent un tracé défectueux : ce sont de véri-
» tables nids à obus. Leurs escarpes de maçonnerie sont
» exposées au tir; deux de leurs faces sont toujours enfilées
» par les feux de l'ennemi, et les bastions, avec leurs
» petits flancs pour défendre le fossé, ont aujourd'hui
» l'inconvénient d'être enfilés et d'être certainement dé-
» truits avant que l'ennemi puisse tenter le passage de ce
» fossé, ce qui les rend plus nuisibles qu'utiles; leurs
» casemates sont prises, à l'intérieur, en écharpe; leurs
» magasins à poudre sont incomplétement protégés;

---

(1) *Mémoire sur la défense de Paris*, p. 153.

» leurs abris insuffisants, du moment que les casernes ne
» sont plus tenables; et, même avec l'ancienne artillerie,
» on ne s'explique pas la construction de ces casernes, qui
» devaient être évidemment détruites par les premiers
» coups de canons et les obus. Les gorges, à cause de la
» profondeur de ces ouvrages, sont prises à revers et
» détruites en rendant ainsi l'entrée des forts impraticable
» après quelques jours de bombardement...

» Lorsque les batteries prussiennes ouvrirent leur feu
» contre ces forts, tous leurs défauts ne tardèrent pas à
» apparaître. Quelques obus de gros calibre, tombant nor-
» malement sur les ouvrages de maçonnerie par dessus le
» chemin couvert de la contrescarpe, suivant un angle
» de 30 degrés environ, crevèrent le revêtement, qui n'a-
» vait pas plus de 80 centimètres d'épaisseur, et entrèrent
» dans les casemates voûtées perpendiculairement à ces
» escarpes; d'autres crevèrent, dans les cours, les ferme-
» tures des casemates situées sur la face opposée à celle
» placée obliquement par rapport au tir de l'ennemi. Un
» grand nombre de projectiles atteignirent naturellement
» les casernes, si bien faites pour les recevoir. Ces casernes
» étaient évacuées, mais les débris de moellons encom-
» braient les cours; les obus, en frappant les parvis,
» éclataient assez haut pour gêner beaucoup la garnison
» et surtout les artilleurs à leurs pièces. Les entrées des
» forts situées dans l'axe devenaient fort dangereuses,
» étant battues à revers, malgré les traverses et pare-
» éclats par dessus lesquels passaient les obus en venant
» parfois éclater sous le passage même et jusque sur le
» pont-levis. Les gorges étaient criblées et détruites avant

» que les escarpes faisant face à l'assiégeant fussent en-
» tamées (1). »

Nous avons pu nous convaincre, en visitant les forts de Paris au moment où les Prussiens venaient d'en prendre possession, que les critiques de M. Viollet-le-Duc sont fondées.

Les travaux exécutés avant et après l'arrivée des Prussiens, pour mettre les forts en état de défense, sont une nouvelle confirmation des défauts que présentent les bastions et les remparts nus des fortifications françaises. Sur tous les points, il avait fallu créer des traverses creuses, des abris, des parados et des blindages inclinés pour protéger les pignons des magasins à poudre, et les murs de masque des casemates les plus exposées.

Les débouchés des portes étaient couverts par de hautes traverses, et la circulation sur le terre-plein intérieur avait été rendue moins dangereuse par la construction de plusieurs lignes de retranchements appelés *pare-éclats*. Ces lignes, situées à 20 mètres environ l'une de l'autre, avaient 2 mètres à 2^m,50 de hauteur et étaient revêtues à l'intérieur de deux rangées de tonneaux remplis de terre. Les passages d'une ligne correspondaient aux parties pleines de la ligne qui la précédait ou qui la suivait.

Malgré ces précautions, les communications étaient si dangereuses qu'on fut obligé de défendre toute circulation pendant le tir. Dans le fort de Vanves, on avait cons-

---

(1) « Dans les derniers jours du bombardement, nos travailleurs furent obligés de recreuser le fossé de la gorge du fort de Montrouge, le tir de l'ennemi ayant fait brèche à revers. »

truit une galerie provisoire sous le terre-plein d'un des fronts latéraux, pour aller à couvert de la porte d'entrée au front de tête.

Plusieurs officiers qui avaient pris part à la défense des forts nous ont assuré que la circulation sur le terre-plein des remparts était extrêmement dangereuse, parce que ce terre-plein était à un niveau trop élevé et que les gorges des bastions formaient des trouées par lesquelles passaient un grand nombre de projectiles. Pour fermer ces trouées, on avait, dans quelques forts, réuni les extrémités des flancs par des masses couvrantes qui rendaient la circulation dans les bastions d'autant plus difficile qu'ils étaient en général très-petits et obstrués par des traverses, des parados, des abris, etc.

Dans sa relation de la défense des forts de Paris, le vice-amiral La Roncière le Noury signale, par des faits qui se renouvelaient pour ainsi dire chaque jour, les inconvénients du tracé de ces forts et de l'organisation défectueuse de leurs remparts. Plusieurs occupaient des emplacements dominés, et tous avaient deux grands défauts indépendants du système de fortification adopté : ils étaient trop profonds et les fronts latéraux ne formaient pas avec le front de tête des angles assez obtus.

Le second de ces défauts et le morcellement des lignes produit par le tracé bastionné, eurent pour effet de réduire à un quart environ le nombre des bouches à feu de l'armement qui purent entrer en action contre les batteries éloignées des Prussiens.

On corrigea en partie ce défaut en construisant des crémaillières sur les fronts latéraux et en établissant des batteries provisoires dans les intervalles du camp retranché. Néanmoins, il y eut en avant de plusieurs forts, et notamment en avant d'Issy, de Vanves et de Montrouge, des secteurs si faiblement battus que l'assiégeant y put construire des batteries dans les conditions les plus favorables. Nous citerons particulièrement les batteries n° 2, 3 et 4, établies à Meudon, dans le secteur privé de feux du bastion n° 3 d'Issy, et les batteries n°^{os} 7, 8, 9, 10, 13, 14 et 17 établies à Châtillon, dans le secteur du bastion n° 2 du même fort, battu seulement par les onze pièces qui constituaient l'armement du front 2-3 de Vanves.

Ces faits condamnent non-seulement le tracé bastionné, mais encore la forme carrée ou pentagonale adoptée pour les forts de Paris.

Le 28 janvier 1871, l'armement d'Issy comprenait 90 bouches à feu de toute espèce (mortiers compris), celui de Vanves 84, celui de Montrouge 52, celui de Bicêtre 80, celui d'Ivry 88, et celui des Hautes-Bruyères 44.

Ce même armement, disposé dans des forts ayant de grands fronts de tête en ligne droite et de petits fronts latéraux formant avec les premiers des angles de 150 degrés environ, aurait exercé sur le terrain des attaques une action plus que double.

Les défauts que présente sous ce rapport le tracé des forts de Paris ne datent pas de l'introduction de l'artillerie nouvelle, comme semble le dire M. le général Frossard; ils remontent à l'époque de leur construction; car en 1840 il était vrai, tout comme aujourd'hui, que la première condition à laquelle doit satisfaire un fort détaché est de battre efficacement le front du camp et le terrain des attaques.

Forts de Metz.

En 1868, les officiers du génie français eurent l'occasion de créer, pour la défense extérieure de Metz, un nouveau type de forts, qui diffère notablement de celui qu'ils avaient appliqué à Paris.

Nous verrons plus loin s'ils ont réussi à faire disparaître entièrement les défauts de ce dernier type.

Fort de Plappeville.

Ce fort est situé sur le sommet de la montagne qui commande le village de Plappeville; il occupe une superficie d'environ 15 hectares. Sa forme est celle d'un quadrilatère irrégulier. Le plus long front est dirigé du nord au sud; il bat la pente rapide du versant est de la montagne. Son tracé est en partie bastionné et en partie tenaillé. La partie bastionnée a une tenaille de forme irrégulière et la partie tenaillée une longue branche flanquée par deux pièces casematées, établies dans la branche la plus courte. Les trois autres fronts sont bastionnés et pourvus de tenailles ordinaires. L'escarpe du front de gauche a quatre créneaux pour le flanquement des fossés des ailes de la tenaille, et deux embrasures pour le flanquement du fossé longeant la courtine. La plongée de ces embrasures est à 4 mètres environ au-dessus du fond du fossé.

L'escarpe et la contrescarpe sont revêtues. L'une a 9 mètres de hauteur, l'autre 6 à 7 mètres seulement; toutes deux ont un fruit de $^1/_{10}$. Le fossé a 15 mètres de largeur moyenne au plafond; il est pourvu d'une cunette et, à partir du milieu, son fond se relève de 1^m,50 vers la contrescarpe.

Le chemin couvert a 5 mètres de largeur; au centre de chaque front se trouve une petite place d'armes protégée par deux traverses.

Les glacis des fronts 1-2, 2-3 et 3-4 sont composés de gros blocs de rocher qui rendent les derniers cheminements presque impossibles. Le front 1-4 longe un profond ravin qui sépare le fort de la ville. Il a un glacis coupé dont le talus extérieur, soutenu par un perré, est infranchissable.

Les tenailles sont revêtues en arrière, sur les côtés et aux extrémités. Ces revêtements, comme ceux des escarpes et des contrescarpes, ont un fruit de $^1/_{10}$. Les fossés des tenailles n'ont que 4 mètres de largeur au plafond.

Sur un seul front, le fossé en arrière de la tenaille est flanqué par une casemate, construite dans l'un des flancs, et dont le sol est à 3 mètres environ au-dessus du plafond. Aux deux extrémités de la courtine de ce front se trouvent des locaux voûtés dont les créneaux battent les fossés des côtés de la tenaille.

Les autres fronts n'ont pas de casemates de cette espèce; aussi les fossés qui entourent leur tenaille sont-ils, en partie, dans l'angle mort. Ce défaut est atténué, toutefois, par le mur en bahut de 1^m,30 de hauteur, qui borde le chemin de ronde et derrière lequel on peut placer des fusiliers.

Dans le terre-plein du fort, se trouve un cavalier de 14 mètres de relief environ, qui longe les courtines et les gorges des bastions, excepté sur une partie du front tourné vers la ville. Pour éviter que ce cavalier ne soit pris à revers des hauteurs de Saint-Quentin, on a construit un parados en arrière du flanc droit du bastion que traverse l'entrée du fort. Mais ce palliatif est insuffisant, puisque les deux dernières voûtes de la caserne restent vues des hauteurs. Le mal, toutefois, n'est pas grand ; on ne comprend même pas que les Français aient cru devoir défiler Plappeville du fort Saint-Quentin, beaucoup plus rapproché de la ville et ne pouvant être attaqué aussi longtemps que le premier fort est aux mains de la défense. Cela est si vrai, que les ingénieurs prussiens se proposent de démolir les parados et la partie du cavalier qui ont été construits pour les besoins de ce défilement anormal ; ils craignent sans doute que l'ennemi, maître de Plappeville, ne s'en serve contre Saint-Quentin.

La caserne est placée sous les trois branches sud du cavalier. Elle comprend deux étages voûtés et un sous-sol renfermant toutes les dépendances, telles que cuisines, magasins, citernes, bassin de décantation des eaux pluviales, prisons, etc. (Voir fig. 18, pl. XX.) Les voûtes sont perpendiculaires jusqu'à la gaîne d'aérage, laquelle a $1^m,20$ de largeur, sauf dans la partie correspondante au sous-sol, où elle n'a plus que $0,30$ centimètres. Le fond sert à conduire les eaux de filtration vers la citerne. Des grilles en fer de $1^m,50$ de longueur et de 1 mètre de largeur, sont scellées dans la voûte de la gaîne du rez-de-chaussée, au-dessus des portes des locaux, pour la circulation de l'air. L'appel se fait par des cheminées coniques, placées à la clef de la voûte de l'étage, immédiatement au-dessus des grilles. Ces cheminées sont surmontées d'un tuyau en zinc recourbé, pour que la pluie n'y pénètre pas. L'aérage est complété par des châssis mobiles, fixés au-dessus des portes qui donnent sur la gaîne et par des ouvertures tronconiques, ménagées dans les voûtes des locaux, à 3 ou 4 mètres du mur de façade. Ces ouvertures reçoivent, en hiver, un tuyau de poêle.

Les chambres des soldats ont 20 mètres de longueur, 6 mètres de largeur et 3 mètres de hauteur sous clef. Le sous-sol n'a que $2^m,50$ de hauteur. Les voûtes à l'épreuve ont 1 mètre d'épaisseur, chape comprise, et $2^m,20$ de flèche : celles du rez-de-chaussée et du sous-sol ont $0^m,40$ d'épaisseur et $0^m,80$ de flèche. Les murs de façade et ceux de la gaîne ont respectivement $0^m,80$, $0^m,50$ et $0^m,90$ d'épaisseur.

Fort de Queuleu.

Le fort de Queuleu, situé à 1,800 mètres S.-E., du chemin couvert de la ville, entre la Seille et la route de Strasbourg, est le plus grand des forts détachés de Metz. Il occupe une superficie de 42 hectares. Sauf ses dimensions et la forme moins régulière de son polygone, il ne diffère que par quelques détails du fort Saint-Julien, qui est à 5,000 mètres sur sa gauche, entre la Moselle et la route de Thionville.

Les fronts de tête de Queuleu ont environ 350 mètres de longueur; le front latéral de gauche a la même longueur; le front latéral de droite n'a que 200 mètres.

La fig. 17, pl. XX, fait connaître la partie gauche de ce fort.

Le profil est semblable à celui des fronts de Plappeville.

Les ingénieurs français avaient adopté, pour le défilement des escarpes, la règle suivante : *les coups tirés sous l'angle de* 10 *degrés et rasant la crête du glacis, doivent laisser intacte une hauteur de revêtement égale à* 6 *mètres environ*; mais il s'en faut bien qu'ils aient suivi cette règle, puisque, à 2,000 mètres de Queuleu et de Plappeville, il y a des points d'où l'on peut voir le cordon d'une partie de l'escarpe.

Le fort Queuleu est entouré d'un chemin couvert de 5 mètres de largeur, pourvu de places d'armes rentrantes et de places d'armes saillantes, analogues à celles de la fig. 6, pl. XXXI (1).

Les fossés en arrière et sur les côtés des tenailles sont en partie dans l'angle mort. Un seul front a, dans chaque angle de courtine, une casemate pour canon qui bat le fossé en arrière de la tenaille, et deux locaux pour fusiliers qui battent les fossés longeant les côtés de cet ouvrage.

La gorge, comme dans les autres forts, est la partie la mieux flanquée, puisque ses fossés sont battus par trois

---

(1) Le plan fig. 17, pl. XX, n'est pas exact sous ce rapport.

casemates établies dans les flancs des bastions extrêmes, et par quatre casemates établies dans les flancs du bastion central. On arrive à ces casemates par des poternes débouchant dans la cour intérieure.

Les remparts des fronts dirigés vers la campagne sont pourvus de traverses voûtées, et les quatre flancs les plus exposés aux feux de revers sont protégés par des parados.

Le cavalier a un commandement de 7 à 8 mètres sur l'enveloppe. Il est tracé parallèlement aux courtines et aux gorges des bastions.

Sous le massif de cet ouvrage se trouvent une caserne centrale (voir profil $d\ d$), deux magasins à poudre et deux poternes (vers les ailes) et des latrines (à gauche de la caserne).

La plate-forme supérieure, destinée à recevoir des pièces de gros calibre, n'est pas encore terminée ; elle sera pourvue de traverses casematées ; les Français avaient le projet d'établir quelques traverses avec passages voûtés entre le cavalier et le rempart.

La caserne, plus petite que celle de Plappeville, a un rez-de-chaussée et un étage ; ce dernier est divisé en deux parties au moment de la guerre, par une soupente reposant sur des corbeaux en pierre, engagés dans les pieds-droits des voûtes.

Les cuisines et les autres dépendances occupent le rez-de-chaussée ; l'étage sert au logement de la troupe.

Dans le fort Saint-Julien, les casernes du cavalier ont, en outre, un sous-sol, comme à Plappeville. (Voir le profil fig. 18.)

Un escalier en pierre, construit à chaque extrémité du

bâtiment, assure les communications entre les étages du cavalier et avec son terre-plein.

Le fort Queuleu ne découvre qu'imparfaitement le terrain à droite du fort; son action de ce côté est trop limitée. Il eût mieux atteint son but, s'il avait été placé deux kilomètres plus loin.

Fort de Saint-Quentin.

Ce fort, qui occupe à peine une superficie de 7 à 8 hectares, est placé à la pointe orientale du mont Saint-Quentin. Il a la forme d'un quadrilatère très-irrégulier et dont le petit côté n'a que 80 mètres. Tous les fronts sont bastionnés, mais on ne s'est pas astreint à conserver des rapports exacts entre les lignes. (Voir fig. 19, pl. XX.) Ils n'ont pas de tenaille; leur chemin couvert a 5 mètres de largeur; un glacis ordinaire couvre les fronts de l'ouest, et un glacis coupé, les autres fronts.

Le petit front est précédé d'une place d'armes avec glacis coupé dont les branches, au nombre de quatre, sont bastionnées. Cette place d'armes protége l'entrée du fort. On y arrive par une route assez large qui s'étend sur le versant nord de la montagne.

Les fossés ont 8 mètres de largeur; leur escarpe et leur contrescarpe sont revêtues. L'escarpe a 9 mètres de hauteur; la contrescarpe, 6 à 7 mètres seulement.

Le plafond du fossé a un profil brisé, comme au fort de Plappeville.

En arrière de l'escarpe se trouve un chemin de ronde

de 2 mètres de largeur, bordé, en partie, par un mur en bahut.

Le fossé du front principal est battu par deux pièces établies sous les flancs. Les fronts adjacents n'ont pas de casemates.

La cour du fort est occupée par un cavalier, placé en arrière des fronts nord et est, et par une traverse-parados située près de l'entrée, au sud. Une caserne voûtée, à l'épreuve de la bombe, et un grand magasin à poudre sont établis sous le cavalier. La caserne est à peu près organisée comme celle de Plappeville; mais elle est plus petite et elle n'a pas de sous-sol.

Le fort Saint-Quentin est un exemple de fortification tourmentée, prouvant mieux que le raisonnement combien il est difficile de plier, dans certains cas, le tracé bastionné au terrain. Ce fort est, en outre, mal placé. Il aurait dû se trouver à l'autre extrémité du mont, pour battre la vallée de Monvaux et le terrain des attaques en avant du front principal de Plappeville.

Les Prussiens ont commencé à cette extrémité les travaux d'un nouveau fort, qui sera relié au fort français par deux lignes bordant les crêtes du mont. Ces lignes seront protégées à revers par l'arête saillante du terrain, formant une espèce de parados naturel.

Le mont Saint-Quentin, fortifié de la sorte, constituera une immense citadelle, dont l'attaque offrira de très-grandes difficultés, à cause de l'importance des ouvrages qui devront être emportés successivement, et à cause surtout de la nature rocailleuse du sol.

REMARQUES.

Le type des forts de Metz diffère de celui des forts de Paris par les points suivants :

1° Les fronts de gorge sont terrassés comme les autres fronts (on a évité ainsi les inconvénients du mur avec arceaux qui ferme la gorge de la plupart des forts de Paris);

2° Les escarpes des faces des bastions et surtout celles des courtines, sont mieux défilées, parce que le fossé est moins large, le cordon plus bas et la tenaille mieux constituée;

3° Les flancs les plus exposés sont pourvus de parados, et les faces ainsi que les courtines ont des traverses casematées;

4° L'intérieur du fort est occupé, en partie, par un cavalier sous lequel se trouvent d'excellentes casemates qui ne peuvent pas, comme celles des forts de Paris, être détruites de loin par des feux directs, plongeants ou verticaux.

La coupe dd, fig. 17, et la fig. 18 de la pl. XX font connaître les détails et les principales dimensions de ces casernes. L'étage souterrain de la fig. 18 n'existe que sur une partie du développement total, dans les forts de Saint-Julien et de Plappeville.

Il n'y a qu'une seule critique à faire au sujet de ces casernes, c'est qu'elles ne sont pas couvertes par une assez grande masse de terre pour être à l'abri des feux plongeants. Ce défaut a été corrigé depuis que Metz appartient à l'Allemagne.

Le cavalier, puissamment armé, constitue l'élément

principal du fort. Il est établi et tracé de manière à battre, dans les meilleures conditions, le terrain extérieur. Le fort, proprement dit, n'est qu'une enveloppe destinée à le préserver de l'attaque de vive force.

Ce type de fort présente les défauts suivants :

A. Flancs pouvant être ricochés, pris à revers et atteints directement par les batteries éloignées de l'attaque.

B. Faces plus exposées au ricochet que les faces d'un fort polygonal de même forme et de même étendue.

C. Angles morts dans les fossés étroits en arrière et sur les côtés des tenailles.

D. Possibilité de faire brèche du couronnement, au revêtement de la courtine, par les trouées des tenailles.

E. Difficulté de circuler sur les remparts, à cause des rentrants et des saillants que forment les bastions.

F. Difficulté plus grande de conserver des troupes et du matériel dans ces bastions, dont plusieurs sont fort étriqués.

G. Débouchés des portes et des poternes dans la cour, exposés aux feux plongeants.

L'idée de considérer le cavalier comme l'élément principal du fort et de lui donner, en conséquence, le tracé qui fait le mieux valoir ses propriétés, est sans doute excellente; nous ferons remarquer cependant qu'au lieu d'envelopper ce cavalier d'un fort, pour le mettre à l'abri de toute attaque, on aurait pu se contenter de l'entourer d'un fossé et de fermer sa gorge, de façon à le transformer en ouvrage détaché; mais, pour arriver à ce résultat, plus simple et moins onéreux, il eût fallu renoncer au tracé bastionné, et c'est à quoi le comité du génie ne se serait point prêté.

Forts de Langres.

Les nouveaux forts de Langres sont au nombre de deux : le fort la Bonnelle et le fort Peigny.

L'un et l'autre ont un front de tête de 300 mètres environ de longueur, deux fronts latéraux de 250 mètres et un front de gorge de 350 à 375 mètres.

Le fort la Bonnelle est semblable aux forts de Metz, avec cette différence que le cavalier s'appuie au front de gorge, et que les tenailles se composent de masques en terre ayant le profil d'une traverse sans banquette.

Le fort Peigny (voir pl. XXXI, fig. 6), quoique fondé sur le même principe, est organisé différemment. L'enveloppe n'a pas de fossés revêtus et les tenailles sont remplacées par des masques $c\ c$ à talus doux, au moyen desquels on est parvenu à supprimer les angles morts en capitale des fronts.

Les courtines sont brisées en dedans, parallèlement aux faces, pour que l'escarpe du réduit soit mieux défilée.

Le cavalier a un revêtement de 9 mètres de hauteur, terminé par un mur en bahut, et un fossé étroit avec contrescarpe revêtue. Ce cavalier, séparé du front de gorge par des coupures avec batardeaux $f\ f$, forme le réduit de l'ouvrage.

Le front de tête de ce réduit a un tracé bastionné avec faces brisées. Ses quatre flancs sont crénelés.

Les fronts latéraux ont un tracé à trois flancs, dont deux battent les fossés g et un le fossé h.

Devant ces flancs, comme devant ceux de la tête, se trouvent des fossés diamant, pour empêcher que l'ennemi n'embouche les créneaux, qui sont très-peu élevés au-dessus du fond du fossé.

Le front de gorge a deux flancs sans casemates. Son fossé et le pont en capitale du fort ne sont battus que par la mousqueterie du mur en bahut des flancs.

Le parapet de la gorge du réduit n'a qu'une banquette pour mousqueterie.

Le mur crénelé, au débouché du pont, est couvert par la traverse a.

Les terrassements du cavalier sont disposés de manière à diriger le plus de feux possible sur les contre-batteries aux arrondissements de son fossé.

Les logements sous le terre-plein du réduit sont organisés à peu près comme ceux des cavaliers de Plappeville, de Queuleu et de Saint-Julien.

Le chemin couvert est constitué plus fortement que celui des forts de Metz, sans doute pour compenser la faiblesse de l'enveloppe qui n'est pas à l'abri de l'attaque de vive force. Cette attaque est même rendue facile par les masses couvrantes $c\ c$ qui constituent de véritables rampes.

Les communications avec le fort passent par le réduit, ce qui est un défaut. Elles sont assurées, croyons-nous, par des poternes débouchant dans le fossé du réduit, d'où l'on monte sur le terre-plein intérieur du fort par quatre rampes.

L'escarpe du réduit a 9 mètres de hauteur, y compris un mur en bahut de $1^m,30$.

Les coups rasant la crête de l'enveloppe sous l'angle de $1/6$, battent le tiers environ de la hauteur de cette escarpe. Elle est donc imparfaitement couverte.

En résumé, le fort Peigny est inférieur aux forts de Metz.

Bientôt les ingénieurs français auront à créer de nouveaux types de forts pour Paris, Lyon, Belfort, Besançon et d'autres places à camps retranchés. Très-certainement ils feront mieux qu'ils n'ont fait à Metz et à Langres, s'ils suivent résolûment la voie dans laquelle ils ont déjà fait une première étape heureuse en construisant les forts des Hautes-Bruyères et de Montretout.

CHAPITRE XIII.

ÉTAT DE LA FORTIFICATION EN PRUSSE.

SOMMAIRE :

L'art de la fortification n'a pas fait de grands progrès en Prusse depuis une vingtaine d'années. Circonstances auxquelles on doit attribuer ce fait. — Idées nouvelles qui se sont produites après les guerres de Bohême et de France. — Organisation des camps retranchés permanents et des camps retranchés provisoires. — Propositions du major Schumann. — Type de fort, donné dans le cours de fortification de l'Académie militaire de Berlin. — Examen et discussion.

I.

La fortification n'a pas fait de grands progrès en Prusse depuis la construction des places de Coblence, de Posen et de Konigsberg. L'ardeur et l'émulation qui s'étaient emparés des ingénieurs allemands, après les guerres du premier empire, n'ont duré qu'une vingtaine d'années. Pendant cette période, les chefs de l'armée s'intéressèrent vivement aux succès des ingénieurs qui, se voyant appuyés et encouragés, produisirent des œuvres remarquables. Les généraux von Prittwitz et von Brese furent les derniers représentants de l'école qui avait rompu avec les traditions françaises et ouvert une large voie aux idées nouvelles. Mais peu à peu l'isolement se fit autour d'eux et de leurs doctrines. La Prusse, qui commençait à se préparer au rôle qu'elle a joué depuis avec tant d'éclat, en Bohême et en France, songea plus à perfectionner son armée active qu'à renforcer les éléments de son système de défense. Les fortifications et les ingénieurs descendirent au second plan, et l'état-major général se préoccupa, moins que jamais, de l'éventualité d'une guerre défensive. Il en résulta que les sommes nécessaires à l'amélioration des places et à la transformation de leur matériel, furent allouées avec une parcimonie qui rebuta les ingénieurs. Ce mal prit surtout un caractère grave, après l'introduction des canons rayés, qui rendait nécessaire une transformation immédiate et radicale des moyens de défense. Or cette nécessité ne fut point comprise, parce qu'en Prusse comme en France, les généraux influents étaient d'avis que le sort des empires se décide en rase campagne et que le temps des forteresses est passé : opinion fondée sur une fausse interprétation des faits historiques et qu peut conduire à d'irréparables désastres, comme l'a prouvé la guerre franco-allemande. Le corps du génie, isolé et plus ou moins dédaigné, a donc cessé de progresser, même théoriquement. « Nous avons répété sans discernement,

» écrit un ingénieur prussien, ce que des hommes au
» jugement droit avaient considéré comme le point de
» départ du mieux ; nous sommes tombés dans des théo-
» ries et dans des spéculations abstraites, et nous n'avons
» pas reconnu, faute de travailler de concert avec les autres
» armes, que le temps nous avait déjà distancés. Notre corps
» d'état-major ne s'est jamais occupé sérieusement de la
» question des fortifications. On ne croit pas au retour d'une
» situation qui nous réduirait à une défense renforcée. On
» veut que tout se décide en rase campagne, et l'on pré-
» tend rendre les places impuissantes par le bombardement
» et le blocus. »

Parmi les jeunes ingénieurs qui sont entrés le plus résolûment dans la voie du progrès, nous citerons le major du génie Schumann.

Cet officier s'est occupé spécialement de l'application à la défense des places, des inventions et des procédés nouveaux de l'industrie métallurgique. Partant de l'idée que le fer doit entrer comme élément principal dans la constitution des places futures, il a cherché les formes et les tracés qui conviennent le mieux à l'emploi de cet élément.

On connaît ses batteries cuirassées, essayées à Mayence en 1866. (Voir notre *Traité de fortification polygonale*, T. II, p. 281.)

Plus récemment, il a proposé une coupole pour la défense des places, beaucoup plus simple et, par conséquent, moins coûteuse que les coupoles employées en Angleterre, en Russie et en Belgique pour la défense des côtes.

Nous avons donné plus haut (chap. III) la description de cette coupole, et fait connaître les résultats des expériences auxquelles elle a été soumise à Tegel, en 1870 et en 1871.

Depuis, l'auteur a proposé des coupoles plus petites et moins coûteuses, destinées à recevoir un canon court de 24. (Voir pl. XXX, fig. 16.) Leur diamètre intérieur n'est que de 8′ 6″. La paroi verticale, seule, est en fer laminé. Elle se compose de deux plaques réunies par des languettes à double queue d'aronde. (Voir coupe R S, fig. 16. pl. XXX.) Le couvercle et les voûtes de la galerie circulaire sont en fonte durcie de Grüson.

Les essais auxquels ce métal a été soumis à Tégel en 1869 et 1870 (1), ont donné au major Schumann la conviction qu'il offrira une résistance suffisante, lorsqu'on l'appliquera à de petites coupoles (voir fig. 17, pl. XXX), n'opposant aux projectiles que des surfaces courbes.

Une coupole de cette espèce, y compris la galerie circulaire et non compris les fondations, ne coûte que 12,000 thalers. Le diamètre intérieur, de 8 $\frac{1}{2}$ pieds, a été reconnu suffisant pour la manœuvre d'un canon court de 24; toutefois, on le portera à 3 mètres, pour la facilité du service.

Poussant plus loin ses idées sur l'emploi du fer, le major Schumann s'est demandé comment on pourrait, par l'emploi de cet élément nouveau, simplifier la fortification des grands pivots stratégiques.

---

(1) Ces essais eurent lieu contre une casemate de batterie de côte, projetée et construite par M. Grüson, maître de forges à Magdebourg. Elle résista convenablement aux canons rayés de 24, de 72 et de 96, tirés, le premier, à 400 pas et les deux autres à 1,350 pas. Toutefois, après que 19 projectiles de ces deux derniers calibres l'eurent frappée, la casemate n'était plus en état de service.

Il est d'avis que la défense de ces positions doit se borner à celle d'une ligne extérieure fortement constituée. Une enceinte de siége lui semble inutile; un simple noyau à l'abri de l'attaque de vive force suffit.

Jusque-là, il est d'accord avec un grand nombre de généraux et d'ingénieurs qui ont traité cette question depuis la dernière guerre; mais il cesse d'être de leur avis, quand il s'agit de l'organisation de la ligne de défense unique qui doit constituer le camp retranché.

Partageant l'idée de quelques officiers, qui ont pu, comme lui, constater les effets de l'artillerie prussienne contre les forts de Paris, il croit que les grands ouvrages détachés, avec cour intérieure, offrent des inconvénients qui doivent les faire rejeter dans la plupart des cas.

Ces inconvénients sont les suivants (nous les indiquerons sommairement, en les faisant suivre de nos réflexions) :

1° *L'artillerie des forts est très en vue et, par conséquent, plus facile à contre-battre que celle qui occuperait des batteries moins hautes, construites sur les côtés ou dans les intervalles des forts.*

Cette objection semble justifiée par les effets qui ont été constatés à Paris; mais il est à remarquer que l'artillerie française était mal installée sur les remparts, qu'elle tirait par des embrasures profondes et que les travaux d'approche les moins éloignés étaient encore à 1,200 mètres des forts, quand la place se rendit (1).

---

(1) Excepté devant La Briche, où quelques cheminements avaient été poussés jusqu'à 600 mètres de l'enceinte.

Si les Prussiens avaient été obligés de rapprocher leurs attaques, et si les Français avaient eu, comme eux, d'excellents canons, montés sur des affûts de siége exhaussés, la supériorité des batteries hautes des remparts sur les batteries basses des intervalles eût été constatée ici, comme elle l'a été dans un grand nombre de siéges. L'utilité des batteries hautes pour combattre les travaux *rapprochés* de l'attaque n'est, du reste, contestée par aucun ingénieur. Elle ne cesse de se manifester que lorsqu'il s'agit de combattre les travaux *éloignés*; c'est pourquoi, sans doute, l'opinion que les batteries basses sont préférables aux batteries hautes a été soutenue surtout par des officiers d'artillerie et du génie, qui avaient assisté au blocus de Paris (1).

2° *Les feux plongeants et les feux verticaux empêcheront désormais qu'on ne rassemble des troupes dans les forts.*

Les forts directement attaqués ne doivent jamais servir de lieu de rassemblement. Lorsqu'une sortie est jugée nécessaire ou lorsqu'on veut tenir une réserve à portée des cheminements, les troupes composant cette sortie ou cette réserve sont réunies en arrière de la ligne des forts et abritées par des obstacles naturels ou par des masques en terre, analogues à ceux dont nous avons donné la description T. I, p. 82.

Ce n'est que très-exceptionnellement, et pour peu de temps, que l'on doit quelquefois admettre dans les forts

---

(1) Parmi les officiers qui sont arrivés à une conclusion contraire, nous citerons le colonel de Villenoisy, qui a proposé récemment de porter le relief au-dessus du sol à 12 ou 15 mètres. (*Journal des Armes spéciales*, 1872.)

des troupes supplémentaires; aussi convient-il, en vue de cette éventualité et pour renforcer la garnison au moment de l'assaut, que les abris des forts ne soient pas calculés pour les besoins stricts de leur garnison.

3° Les troupes logées dans les forts attaqués reposent mal la nuit et, le jour, ne peuvent sortir de leurs abris sans courir de grands dangers.

Elles reposeront moins bien encore et auront moins de liberté d'action dans les batteries à coupoles que l'on propose de substituer aux forts. Occupant des logements sous les coupoles, elles seront incommodées non-seulement par le bruit des détonations, mais encore par l'ébranlement que ces détonations communiqueront aux maçonneries et au sol.

Pour que les défenseurs se trouvent dans de bonnes conditions, il suffit qu'ils aient des abris sûrs et spacieux, et que pendant les heures où le feu cesse ou se ralentit, ils puissent prendre quelque exercice. Un grand fort, pourvu d'un bon réduit, satisfait plus facilement à cette condition qu'un petit ouvrage sans cour intérieure et dont les abris se trouvent sous les batteries mêmes. Le moral se maintient mieux aussi, et la surveillance est plus efficace dans un fort où les troupes sont nombreuses et commandées par des officiers de choix, que dans une batterie occupée par 100 ou 150 hommes, sous le commandement de deux ou trois officiers subalternes.

4° A cause des feux qui inondent les forts, l'artillerie et l'infanterie seront plus en sûreté sur les côtés et dans les intervalles de ces ouvrages. Les troupes de garde préféreront se tenir dans les tranchées plutôt que dans les locaux des forts, pour peu qu'on leur prépare quelques abris dans ces tranchées.

Cette affirmation n'est pas d'accord avec les faits qui ont été constatés pendant la défense de Sébastopol; on ne comprend pas, d'ailleurs, pourquoi le soldat préférerait à une bonne caserne, où il est commodément couché et préservé de tous les feux, une tranchée pourvue seulement de quelques abris insuffisants, peu sûrs et peu confortables.

Quant à l'artillerie, nous sommes d'avis qu'elle trouvera plus de facilités et plus de sécurité sur le rempart d'un fort bien organisé, ayant des traverses creuses, des logements sous le terre-plein, des monte-charges et des monte-projectiles, que dans des batteries construites au dernier moment, sur les côtés des forts.

L'opinion que les grands ouvrages détachés peuvent être utilement remplacés par des batteries fermées, a gagné beaucoup de terrain après le blocus de Paris; mais il est à remarquer que les forts de cette grande position militaire étaient défectueux sous le rapport des logements et de l'organisation des remparts, et qu'aucune précaution n'y avait été prise pour garantir la sûreté des communications. Les effets constatés pendant le bombardement de ces forts ne se reproduiront plus, lorsque les ouvrages détachés seront établis conformément aux principes de l'art et en tenant compte des nécessités de l'artillerie nouvelle.

On a, du reste, fort exagéré ces effets. Il suffit de lire la relation de la défense des forts du Sud et de l'Est, par le vice-amiral la Roncière le Noury, pour reconnaître que les dégâts et les pertes en hommes ont été relativement minimes (1) et qu'elles eussent été même insignifiantes, si les forts s'étaient trouvés dans de bonnes conditions et si l'artillerie avait été montée sur des affûts exhaussés. La plupart des accidents furent causés, en effet, par les coups d'embrasure, par les obus qui pénétrèrent dans des abris défectueux, et par les éclats des projectiles qui tombèrent dans les cours intérieures, qu'on devait traverser en tout sens pour arriver aux magasins, aux logements et aux portes.

Le lieutenant-colonel du génie Prévost a publié récemment un opuscule intitulé : *Les forteresses françaises pendant la guerre de 1870-1871*, dans lequel se trouvent les données suivantes, qui confirment notre thèse :

Les effectifs des garnisons des forts de Paris ont varié entre 800 et 1,800 hommes.

Le fort de Rosny a reçu 7,000 projectiles ; il a eu 8 hommes tués et 2 blessés.

Nogent	15,000	"	6	"	48	"
Montrouge	15,000	"	30	"	150	"
Vanves	32,000	"	32	"	127	"
Issy	60,000	"	10	"	76	"

Ces forts ont été bombardés pendant un mois, presque sans interruption.

---

(1) Le fort qui éprouva le plus de pertes fut Montrouge. Cependant, il y eut des jours où ce fort reçut 500 projectiles sans qu'un seul canon ou un seul homme fût mis hors de combat. Sa garnison se composait de 1,323 hommes, officiers compris. Ivry avait 1,560 hommes. Bicêtre 1,269. L'ennemi pouvait diriger contre Montrouge 44 canons et 2 mortiers; contre Vanves, 43 canons et 2 mortiers; contre Issy, 54 canons et 2 mortiers; contre Rosny, 70 canons; contre Nogent. 51, et contre Noisy. 12.

Aubervilliers, bombardé pendant 6 jours seulement, a reçu 2,000 projectiles ; 1 homme a été tué et 8 ont été mis hors de combat.

Voici comment l'auteur explique la différence entre les effets constatés dans les forts de Nogent et de Montrouge :

« Ces forts ont reçu chacun à peu près le même nom-
» bre de projectiles, 15,000 environ ; les effectifs des
» défenseurs étaient sensiblement les mêmes dans les deux
» endroits. Or à Nogent, il y eut 54 tués et blessés, et 180
» à Montrouge. Cette différence tient au mode de défense
» employé dans chaque fort ; dans le premier, l'artillerie
» tirait par à-coup, quelquefois avec vivacité ; souvent
» elle se taisait, et alors on ne laissait aux remparts que
» le nombre de surveillants strictement nécessaire. A
» Montrouge, le feu était plus continu, et, par conséquent,
» exigeait un plus grand nombre d'hommes sur la forti-
» fication. »

Ce résultat prouve que, dans des forts *bien construits* et *bien défendus*, les pertes seront moindres que dans des batteries provisoires ; il prouve aussi que le siége de Paris ne peut pas être cité comme un argument en faveur de la suppression des grands forts.

Les observations critiques que nous venons d'exposer ne nous empêchent pas d'être partisan des batteries à coupoles, que nous avons préconisées et appliquées à la défense des places, bien avant qu'il en fût question dans les écrits des ingénieurs allemands. Nous ne combattons que l'idée de les substituer d'une manière générale aux forts, pour la défense des camps retranchés. Selon nous, les points principaux, ceux d'où l'on découvre une grande étendue de terrain (comme le Mont-Valérien à Paris et le plateau de Saint-Quentin à Metz), doivent être occupés par de grands forts ayant une garnison permanente et pouvant se défendre à la façon des petites places. Les forts sont également indispensables pour occuper des points très-éloignés ou des points dont les troupes campées ne peuvent approcher que difficilement.

Ces réserves faites, nous admettons que l'on défende les larges intervalles des grands forts et même certaines parties d'une camp retranché, par des batteries fermées, du genre de celles que préconise le major Schumann. Ces parties sont celles que dominent des hauteurs dangereuses, situées à portée de canon, et que l'on n'a pas l'intention d'occuper, et celles qui, en raison de la nature accidentée du site, n'offrent pas des emplacements favorables à la construction de grands forts.

Les batteries à coupoles ont, dans ce cas, l'avantage précieux de supprimer les difficultés du défilement, de laisser à l'ingénieur plus de liberté dans le choix des emplacements, de battre le terrain sur les côtés et en arrière des forts, sans exiger des flancs et des fronts de gorge toujours exposés aux feux d'enfilade et de revers, et de produire par conséquent le même effet qu'on obtient, dans un fort ordinaire, avec un armement et une garnison quadruples.

Nous avons décrit plus haut des coupoles d'un prix minime et qui peuvent néanmoins résister convenablement aux batteries de l'attaque. Le major Schumann propose d'en établir six sur un fort ayant la forme des batteries Philippe et la Perle, qui défendent l'Escaut en aval d'Anvers

(Voir pl. XVIII, et fig. 3, pl. XXIV de l'Atlas du *Traité de fortification polygonale.)* Seulement, comme ces coupoles ont 5 mètres de diamètre intérieur (tandis que celles d'Anvers ont environ 8 mètres) et qu'elles sont armées de canons de 15 centimètres, dont le souffle n'est pas comparable à celui des canons de 9 et de 11 pouces, il a pu les rapprocher davantage (10 mètres au lieu de 20).

La fig. 7, pl. XXIX, fait connaître dans tous ses détails le fort à coupoles du major Schumann, auquel il ne manque, selon nous, pour constituer un excellent ouvrage, qu'un fossé plus large et une galerie crénelée de contrescarpe. Des batteries de ce genre, établies dans les intervalles d'un camp retranché et communiquant par des galeries souterraines avec les forts voisins, opposeraient de grandes difficultés aux travaux rapprochés de l'attaque.

Elles seraient également précieuses :

1° Pour occuper des sommets étroits sur lesquels on ne pourrait pas établir de grands ouvrages détachés ;

2° Pour défendre une gorge ou une vallée dominée, à portée de canon, par des hauteurs qui rendraient inhabitables les remparts et le terre-plein intérieur d'un fort ou d'une redoute ordinaire.

Le major Schumann voudrait, avec des batteries de l'espèce, établies à 800 mètres l'une de l'autre, composer de vastes camps retranchés.

La fig. 1, pl. XXX, indique la disposition qu'il propose.

Les batteries, placées à 6,000 mètres environ de l'enceinte, sont enveloppées d'un chemin couvert en forme de lunette, protégé par des défenses accessoires et défendu par des pièces mobiles. Ces dernières occupent des traverses-abris jusqu'au moment où elles doivent entrer en action.

En arrière des intervalles des batteries à coupoles se trouvent des casernes à plusieurs étages, pour les réserves. Elles sont protégées par un massif de terre, profilé en cavalier (1); des défenses accessoires et des grilles en fer les mettent à l'abri de l'attaque de vive force.

En disposant ainsi les réserves, l'ingénieur prussien cherche à atteindre un but qu'il juge très-important : à savoir, *de ne pas engager l'infanterie dans le combat d'artillerie et d'assurer à cette arme la liberté de ses mouvements*.

Les casernes, flanquées extérieurement par les batteries, auraient une communication souterraine avec les tours, qui permettrait d'approvisionner facilement celles-ci et de renouveler leur garnison.

La plate-forme supérieure constituerait un bon observatoire, d'où l'on pourrait correspondre avec les tours par des signaux ou par des tubes acoustiques.

Les tours coûteraient 150,000 thalers et les casernes (pour 200 hommes) 75,000 thalers.

Ces dernières remplaceraient les forts, auxquels le major Schumann attribue les défauts que nous avons signalés et discutés au commencement de ce chapitre.

---

(1) L'artillerie de leur plate-forme, abritée sous des traverses, ne doit se montrer sur le rempart que pour repousser une attaque de vive force ; car elle serait trop en vue pour pouvoir agir efficacement contre les travaux d'attaque (opinion du major Schumann). Elle se composerait de 6 pièces de 6, de 2 mortiers de 7 livres et de 2 mortiers de 25 livres.

Nous reconnaissons que les batteries à coupoles ont le grand avantage de se défendre mutuellement, la nuit comme le jour, sans exposer les défenseurs de l'une aux coups de l'artillerie de l'autre; qu'elles battent bien le front, les intervalles et l'intérieur du camp retranché, et que leurs pièces peuvent tirer l'une au-dessus de l'autre, sous des angles d'élévation de 4 $1/2$ degrés, de façon que, à une certaine distance, *tous* les points du terrain sont soumis aux feux de *toutes* les bouches à feu. Mais nous n'admettons pas avec l'ingénieur prussien, que la combinaison d'un grand fort *bien construit*, soutenu sur ses flancs par deux batteries à coupoles, soit inférieure à une combinaison de trois batteries à coupoles, avec deux casernes cavaliers, établies en arrière des intervalles de ces batteries. Il n'est pas exact, en effet, comme l'affirme cet ingénieur, que, dans la première combinaison « les » jours du fort sont comptés quand les batteries latérales » tombent au pouvoir de l'ennemi » et que « celles-ci ne » reçoivent pas du fort une protection équivalente à celle » qu'elles lui donnent. »

Un grand fort, pourvu de bons abris et de communications sûres, ayant des batteries flanquantes à l'abri des feux éloignés, et des escarpes à l'abri des feux plongeants, ayant de plus des remparts bien organisés, avec des traverses-abris pour les pièces mobiles et des coupoles pour les pièces de gros calibre, un tel fort, non-seulement assure aux batteries latérales une protection très-efficace, mais peut encore se défendre longtemps après que ces batteries seront éteintes ou prises par l'ennemi.

Les forts mal construits, comme l'étaient ceux de Paris,

se trouvent sous ce rapport dans d'autres conditions, puisque leurs bouches à feu peuvent être démontées, leurs flancs détruits et leurs escarpes mises en brèche, par les batteries éloignées de l'attaque.

Les ingénieurs allemands, dans leurs derniers écrits, se sont trop préoccupés de ce fait, qui s'est passé sous leurs yeux.

Nous attribuons à la même préoccupation l'énoncé du principe suivant, que nous trouvons dans ces écrits : « *Tout l'effort de la lutte doit être soutenu par des ouvrages détachés au loin.* »

Ils seraient arrivés, sans doute, à une conclusion différente, si Paris et Metz avaient été assiégés, au lieu d'être bloqués; alors, sans nul doute, l'utilité d'une bonne enceinte de sûreté se fût manifestée clairement (1), et leur conclusion eût été, non pas que *tout l'effort*, mais le *principal effort* de la lutte doit être soutenu par les ouvrages détachés.

Une considération qui nous empêcherait d'accepter le remplacement général des forts par des batteries à coupoles est la suivante :

Ces batteries n'ont pas encore été soumises à des expériences d'où l'on pût conclure *avec certitude* que le moral de leur garnison ne serait pas fortement ébranlé

---

(1) Elle s'est manifestée même dans les conditions où fut attaqué Paris, en septembre 1870. En effet, si cette capitale n'avait pas eu une enceinte à l'abri de toute irruption brusque, les Prussiens auraient pu s'emparer de la ville après la journée de Châtillon. Telle est au moins l'opinion de plusieurs officiers français, entre autres le lieutenant-colonel du génie Prévost.

après une défense de quelques jours. Nous admettons que les logements établis sous les coupoles offrent, *en temps de paix*, toutes les garanties de salubrité et même de confort nécessaires, mais il n'en serait pas de même en temps de siége : attaquées le jour et la nuit, les coupoles tireraient sans interruption ; or le bruit et l'ébranlement des maçonneries empêcheraient que les canonniers, après avoir servi les pièces, ne pussent jouir du repos nécessaire. Il faudrait donc les relever fréquemment et, ce qui serait plus grave, remplacer aussi le commandant de la batterie, dont les nerfs ne résisteraient pas longtemps aux fatigues et aux émotions d'un pareil emploi.

Dans un grand fort, il y a toujours des parties moins exposées, où l'on peut faire reposer les troupes à tour de rôle. Les bâtiments de la gorge et surtout les locaux des réduits offrent cet avantage. Il se présente aussi, dans la défense de ces forts, des moments où les hommes peuvent sortir de leurs abris et prendre l'air, sans courir de grands dangers.

Les soldats sont d'ailleurs stimulés et dirigés par un chef de rang élevé que l'on aura choisi parmi les plus résolus et les plus expérimentés. Leur moral sera donc excellent. Ce fait a été constaté à Paris, où les garnisons des forts, commandées par des colonels ou des capitaines de vaisseau, étaient encore pleines de vigueur et de résolution après un mois de bombardement.

En eût-il été de même si à chaque fort de Paris on avait substitué deux ou trois batteries à coupoles, commandées par un capitaine d'artillerie? Il est permis d'en douter.

D'un autre côté, après chaque journée de tir, on répara

une partie des dégâts produits par l'artillerie ennemie. Nous avons visité les forts immédiatement après la reddition, et nous sommes d'avis qu'ils auraient pu résister encore quelque temps.

Dans une batterie à coupole, les dégâts seraient d'une nature telle, que les réparations ne pourraient être faites que pendant une longue interruption du feu. L'ennemi, connaissant cette circonstance, tirerait évidemment sans interruption sur la batterie, pour la désorganiser complétement. Nous n'ignorons point que la résistance des coupoles est grande; mais celle des parapets qui couvrent leurs galeries ne l'est pas au même degré, et l'on ne sait pas encore combien de temps ces parapets pourraient tenir contre le feu convergeant d'un nombre triple ou quadruple de pièces. Or le parapet détruit et dispersé, les galeries ne résisteraient pas longtemps, et les coupoles périraient par leur base.

C'est encore une raison qui nous empêcherait d'accepter la substitution des batteries à coupoles aux grands forts établis dans de bonnes conditions.

Nous ajouterons que, au point de vue de la défense rapprochée, un fort bien flanqué et pourvu d'une garnison nombreuse, offre plus de garanties contre l'attaque pied à pied qu'une batterie entourée d'un fossé étroit, privé de flanquement ou défendu seulement par une galerie de contrescarpe.

Cette raison, de même que les précédentes, ne sont pas applicables à des batteries de côte, dont l'action est toujours prompte et décisive. Une attaque contre des batteries de cette espèce échoue en effet ou réussit après quelques heures de combat. Il ne s'agit donc point, dans ce cas, d'une lutte de plusieurs semaines ou de plusieurs mois, qui désorganise peu à peu les moyens matériels de défense et déprime les forces morales de la garnison.

Indépendamment du dispositif avec casernes-cavaliers, le major Schumann en a proposé un dans lequel ces casernes (qui ont, selon lui, l'inconvénient de marquer les points occupés par l'infanterie) sont remplacées par des abris construits sous un glacis reliant entre elles les batteries à coupoles. (Voir fig. 1, pl. XXXI, et profil $t\,u$ de cette figure.) Ces abris communiquent avec les batteries par les poternes $f\,f$. Au milieu et aux extrémités se trouvent des batteries $a\,a\,a$ pour l'artillerie mobile ou *ambulante* du camp retranché. Enfin, de larges rampes T, établies aux extrémités des glacis et longeant les batteries à coupoles, permettent de déboucher dans la campagne.

Le glacis est protégé contre les attaques de vive force, par un large réseau de fils de fer.

En arrière de cette ligne de défense se trouvent les réserves spéciales, abritées par des bois ou des villages.

Pour faire des sorties, on réunira de grand matin les troupes dans les avant-fossés $d\,d\,d$, où elles seront dérobées aux vues de l'ennemi et d'où elles pourront déboucher facilement dans la campagne, au moment opportun. Les avant-fossés de chaque batterie à coupole ont assez de développement pour recevoir une brigade d'infanterie.

Le glacis entre les batteries est profilé pour la mousqueterie, dans les parties non destinées à l'artillerie *ambulante*. On arrive aux logements construits sous ce glacis par un talus doux. (Voir profil *t u*.) Afin que l'ennemi ne puisse pas, en cas d'attaque de vive force, se jeter dans ces logements, ils sont crénelés et précédés d'une double grille.

« Cette disposition, dit l'auteur, forme une espèce d'enceinte. »

A cause de cela même, nous la trouvons inférieure à l'autre, qui se prête mieux aux grandes sorties et procure aussi de meilleurs logements aux troupes de garde.

II.

Le *Militair Wochenblatt* de Berlin a publié récemment un article sur la défense des États, qui a été fort remarqué.

L'auteur veut :

1° Remplacer les petites places par des *forts d'arrêt*, c'est-à-dire par des forts purement militaires, avec une garnison numériquement faible, mais suffisante cependant et assez bien protégée pour n'avoir pas à craindre une attaque d'emblée ni un bombardement ;

2° Construire de grandes places sur des points stratégiques importants.

Les *forts d'arrêt* servant à défendre des lignes de chemin de fer, des défilés ou des nœuds de routes, ont une incontestable utilité, mais beaucoup de petites places remplissent déjà ce but ; il n'y a donc pas lieu de les démolir. D'un autre côté, on ne doit pas perdre de vue qu'un fort isolé, pouvant être enveloppé de tout côté, offre peu de résistance (excepté dans les pays de montagnes où le champ de l'attaque est généralement très-limité). Il sera donc, dans bien des cas, préférable de conserver les petites places, et de les renforcer par deux ou trois ouvrages détachés, établis à 1,500 ou 2,000 mètres de l'enceinte, sur des points favorables du terrain.

Quant aux grandes places, le correspondant du *Militair Wochenblatt* propose de leur donner une enceinte de sûreté composée d'un mur crénelé à tours flanquantes, dans lequel on intercalerait un certain nombre d'ouvrages fermés, tenant lieu de réduits. Ces ouvrages auraient des locaux à l'épreuve de la bombe, pour les troupes et pour les approvisionnements les plus importants.

Dans la pensée de l'auteur, l'enceinte ne devrait avoir que le degré de force nécessaire pour empêcher que l'ennemi, par une attaque brusque, ne s'emparât de la place après avoir pris quelques forts.

Ces propositions ont été critiquées par un ingénieur prussien, dans un mémoire traitant de la défense des frontières ouest de l'Allemagne (1) :

« Il est fort douteux, dit-il, que de semblables enceintes,
» dont on pourra se rendre maître en un ou deux jours,
» suffisent dans tous les cas.

» Les grandes places appartiennent, en effet, à deux
» catégories distinctes, savoir :

---

(1) *Jahrbücher für die deutsche armée und marine*, 1871.

» 1° Les places de dépôt servant de réduit à la défense nationale ;

» 2° Les camps retranchés servant uniquement de pivots de manœuvres.

» Les places de la première catégorie doivent autant que possible se trouver au centre du théâtre de la guerre, sur des points stratégiques importants. Elles renferment les établissements nécessaires à l'habillement, à l'équipement et à l'entretien de l'armée; les arsenaux, les magasins de vivres et de fourrages, les grands dépôts d'habillements, une fonderie de canons, une fabrique d'armes, une poudrerie, des ateliers de réparations, des fabriques de conserves, etc., etc. Mayence, Ulm, Posen, Dantzig et Spandau appartiennent à cette catégorie de places.

» Il convient qu'elles soient en état de prolonger la défense « *à outrance.* » On leur donnera, en conséquence, une enceinte qui, pour être simple, n'en soit pas moins à l'abri de toute attaque de vive force.

» Les places de la seconde catégorie devant être parfois abandonnées à elles-mêmes, il est nécessaire qu'elles puissent être défendues par une garnison relativement faible, afin que l'on ne soit pas obligé d'immobiliser une trop grande partie de l'effectif général. On peut ranger dans cette catégorie Metz, Strasbourg, Coblence, Cologne, Mulhouse (à fortifier), Mannheim, Dresde, Breslau et Brême (pour la défense du nord-ouest de l'Allemagne).

» Il n'est pas nécessaire de construire des enceintes autour de ces villes, excepté à Strasbourg et à Metz, où il existe des raisons politiques pour le faire. »

L'ingénieur allemand préconise, pour les autres places à camps retranchés, un mode de défense « en opposition complète, dit-il, avec les traditions existantes. »

Il l'expose dans les termes suivants :

a. Renoncer totalement à l'enceinte (exemples : Dresde, Breslau, Brême).

b. Agrandir la ville sur tout son pourtour, d'après un plan arrêté par l'autorité militaire et combiné de telle sorte que la rangée extérieure de maisons (dont les vides seront convenablement bouchés, au moment de la mise en état de défense) puisse mettre la ville à l'abri d'un coup de main.

S'il s'agissait, par exemple, d'agrandir une ville très-populeuse, entourée d'une ceinture de forts détachés, on construirait, à 200 pas en arrière de cette ceinture, un boulevard circulaire, et on alignerait les principales rues sur les forts.

Provisoirement, on n'élèverait de constructions qu'en arrière du boulevard. Les fenêtres des étages inférieurs seraient grillées, et, pendant le siége, on ne pourrait entrer dans les maisons que par derrière.

Les forts seraient reliés par un chemin couvert, dans lequel on établirait, au moment de la guerre, des blockhaus transportables en fer.

L'espace entre le chemin couvert et le boulevard circulaire serait planté d'arbres ; le glacis seul resterait libre.

Ces travaux permettraient de démolir les enceintes des places existantes et de faire bénéficier le trésor des sommes qui proviendraient de la vente de leurs terrains :

« Une place forte agrandie d'après ces indications, dit » l'auteur, suffirait aux besoins de la population pendant un

» demi-siècle ; s'il fallait l'agrandir après ce temps, on
» construirait un nouveau boulevard, à une distance suffi-
» sante en avant des forts, et on créerait en arrière de ce
» boulevard une nouvelle ligne de maisons à dispositions
» défensives.

» Les anciens forts conserveraient provisoirement un
» rayon de servitudes de 150 à 200 pas.

» A 200 pas des maisons, on établirait des ouvrages en
» terre, reliés entre eux par un chemin couvert.

Si nous comprenons bien l'auteur, la nouvelle ligne de
forts, qui constituerait le camp retranché, serait construite
à 4 ou 5 kilomètres en avant de cette enceinte.

Il s'exprime en effet comme suit :

« Lorsque les forts détachés seront poussés à $1/2$ ou $3/4$ de
» mille en avant de l'enceinte, on aura toujours le temps de
» renforcer celle-ci de telle sorte qu'elle exige une attaque
» en règle, surtout si l'on emploie beaucoup de construc-
» tions creuses et de coupoles tournantes (1). »

Le même ingénieur dit, à propos du chemin couvert entre
les forts détachés, proposé par le correspondant du *Militair Wochenblatt*, qu'il « offrirait plusieurs avantages d'une
grande valeur, » mais qu'il exigerait une dépense trop
forte, surtout s'il s'agissait de camps retranchés ayant un
développement de six milles allemands.

Il est d'avis que des abris de tirailleurs et des tranchées-
abris suffisent pour relier entre eux les forts et les batteries
attaquées.

---

(1) Ces coupoles, conservées en magasin, ne seraient mises en place qu'au moment de la guerre.

Quant aux batteries latérales, destinées à recevoir la partie mobile de l'armement des forts, il convient, dit-il, d'en déterminer les emplacements d'avance et d'y construire des blockhaus à grande dimension, communiquant, au besoin, avec les forts par des galeries souterraines.

Dans la situation actuelle de l'artillerie, et surtout lorsqu'on aura généralisé l'emploi des mortiers rayés, les forts ne pourront soutenir le feu de l'ennemi qu'à la condition d'avoir un armement mobile et de faire une large application du tir indirect.

Les forts servant de points d'appui à l'offensive et de lieux de refuge aux troupes chargées de la garde du terrain extérieur, le principal combat d'artillerie doit être soutenu par des batteries établies sur les côtés des forts.

Une question à examiner avec le plus grand soin, dit l'ingénieur allemand, est celle de savoir si la grosse artillerie elle-même ne doit pas être retirée des forts et placée dans des batteries latérales, inattaquables de vive force, pourvues d'une faible garnison et communiquant avec les forts par des galeries souterraines.

L'auteur rentre ici dans les idées du major Schumann, puisque ses forts, à peu près dépourvus d'artillerie, seraient de véritables casernes d'infanterie. Toutefois, pour être logique, il devrait les placer non pas sur l'alignement des batteries, mais en arrière, dans leurs intervalles.

Quant à l'enceinte qu'il propose de construire au centre du camp retranché, elle pourrait convenir dans certains cas et elle serait trop faible dans d'autres.

Nous approuvons l'idée de créer entre l'enceinte et

la ville un boulevard de 200 pas de largeur (1), mais nous n'attachons pas la même importance que lui à la création d'une ligne de maisons défensives longeant ce boulevard.

III

M. le capitaine du génie Wagner donne à l'Académie de guerre de Berlin un excellent cours de fortification, dans lequel il expose les progrès que cet art a faits depuis l'invention des canons rayés.

L'atlas autographié qui sert de complément aux explications orales du professeur, indique deux types de forts : l'un antérieur à 1870, avec des escarpes et un réduit mal protégés contre les feux plongeants, l'autre, postérieur à cette date, avec des escarpes et un réduit complétement défilés.

Le premier type est représenté par la fig. 2, pl. XXXI ; le second, par la fig. 8 de la même planche.

Le type fig. 2 est un petit fort, ouvert à la gorge, en forme de lunette, ayant des faces et des flancs de 80 mètres de longueur (mesurés sur l'escarpe détachée), et des

---

(1) Nous avons préconisé la même idée dans une brochure sur les grands pivots stratégiques, publiée en 1854.

fossés de 15 mètres de largeur. Le glacis ne préserve l'escarpe que des projectiles dont l'angle de chute est inférieur à 7 degrés.

Les faces sont flanquées par une caponnière à **quatre** embrasures (voir fig. 3, pl. XXXI), et les flancs, par deux caponnières à 8 créneaux. (Voir fig. 4.)

La fig. 10 montre que les murs de masque de la caponnière de tête sont suffisamment protégés contre les feux plongeants. (Voir les coups x et y.)

Le fossé de cette caponnière est battu à revers par un bout de galerie de contrescarpe, communiquant avec la caponnière par une poterne souterraine.

La gorge est flanquée par les branches du réduit, dont les extrémités sont arrondies et crénelées. N'ayant pas de parapet, son action sur le terrain en arrière du fort sera nulle ; en outre, les défenseurs des autres fronts pourront être pris à revers par les troupes qui tourneront le fort pendant qu'on y donnera l'assaut.

Le réduit se compose d'un étage casematé, sans plate-forme. Chacune de ses voûtes a deux créneaux verticaux et un créneau horizontal (au besoin une embrasure derrière laquelle on placera un petit canon ou un obusier). Les feux de cet étage battent le terre-plein du rempart, comme le montre le profil A B, fig. 2.

Sur chaque face et sur chaque flanc il y a une traverse casematée.

En D se trouvent les logements et la poterne qui conduit à la caponnière principale ; en G sont les latrines ; sur le demi-front de droite, le même emplacement est occupé par un grand magasin à poudre.

Un corps de garde surveille le pont-levis qui conduit à la cour du réduit.

Enfin, aux extrémités du chemin couvert, en F, il y a des blockhaus en maçonnerie, dont la fig. 5 fait connaître les détails.

Le profil A B montre que le coup de feu rasant la crête du fort sous l'angle de 7°, atteint l'intrados des voûtes du réduit. Pour couvrir entièrement cet ouvrage, il faudrait, comme l'indique le tracé pointillé, l'envelopper d'un glacis avec galerie crénelée de contrescarpe. En même temps, pour battre l'intérieur du fort, on devrait exhausser le terrassement du réduit et le profiler de manière à pouvoir y placer un rang de fusiliers.

Mais, au lieu de faire cette transformation (qui ne serait efficace qu'à la condition que l'on agrandît le fort), le capitaine Wagner propose d'adopter un nouveau type qui satisfait mieux aux nécessités actuelles de la défense.

Ce type est représenté sur la fig. 8 de la pl. XXXI.

Il offre quelque analogie avec les types proposés par le colonel autrichien Tunckler et dont nous avons donné la description dans le chapitre XI.

Pour diminuer la hauteur des caponnières et augmenter la puissance du flanquement, les voûtes ont été remplacées par un blindage en rails et en béton.

Les fossés des caponnières sont battus à revers par des galeries crénelées de contrescarpe.

Le fossé capital a 12 mètres de largeur. La contrescarpe (voir profil A B) est revêtue sur 8 mètres de hauteur, et l'escarpe est protégée par un mur détaché de $6^m,50$ de hauteur et de $0^m,90$ d'épaisseur.

Un couloir pour fusiliers de 5 mètres largeur et de $2^m,30$ de profondeur, règne autour du fort, excepté devant le front de gorge. Ce dernier est tenaillé et flanqué par **l'étage inférieur du réduit.**

En adoptant ce tracé, l'auteur a sans doute eu l'intention de créer, en arrière du fort, des espaces G et H, où l'on puisse réunir des troupes, sans les exposer aux coups des forts voisins, quand ceux-ci, pour repousser une attaque ou combattre des cheminements rapprochés, seront obligés de tirer dans les intervalles du camp.

Le front de tête est brisé de manière à former un angle obtus. Ce tracé expose les faces au ricochet; mais, en revanche, il empêche que l'ennemi ne s'établisse dans le prolongement du fossé capital pour détruire la caponnière.

Il vaudrait mieux, selon nous, préserver les batteries flanquantes par des masques d'embrasure et donner au front de tête le tracé qui assure à son artillerie le maximum de puissance.

Pour diminuer les effets du ricochet, on a pourvu les remparts de traverses creuses et construit de petits cavaliers aux extrémités des fronts.

Le terre-plein du rempart a 13 mètres de largeur; on y monte de la cour intérieure, par un talus de 3 de base pour 1 de hauteur.

Les rampes pour l'artillerie, taillées dans ce talus, sont inclinées au sixième.

Le front de gorge n'a qu'un relief de 4 mètres au-dessus du terrain naturel (celui des autres fronts étant de 7 mètres). Il est pourvu de deux corps de casemates $h\,h$, qui battent à revers le terrain compris entre le camp retranché et l'enceinte.

Ces casemates flanquent, en outre, la place d'armes du front de gorge.

Les blockhaus *i i* de cette place d'armes, les caponnières et les traverses creuses, renferment le tiers de la garnison chargé de la garde des ouvrages. Le tiers disponible (au *piquet*) est logé dans les abris *f g* (où se trouvent en outre de petits magasins à poudre et à projectiles et des locaux pour le chargement). Le tiers au repos occupe le réduit.

Ce dernier ouvrage, de forme circulaire, a trois étages de casemates éclairés par une cour intérieure. Deux étages sont continués jusqu'à l'escarpe, laquelle a 8 mètres de hauteur. (Voir profil A B.) Les locaux de l'étage supérieur sont armés de mortiers.

Le fossé du réduit a $7^m,50$ de largeur; il est flanqué par une galerie crénelée de contrescarpe communiquant par deux passages souterrains avec le réduit.

La plate-forme n'est pas vue de la campagne. Elle ne sert qu'à battre l'intérieur du fort; seule la coupole, établie dans l'axe du réduit, prend part à la lutte éloignée.

Le glacis du réduit s'élève à $2^m,50$ au-dessus du cordon de l'escarpe; il est défendu par un système de contremines.

La coupure *i* du glacis de la place d'armes de la gorge conduit aux rampes *a* et *b*; la dernière débouche dans le fossé, à proximité des ponts-levis *c*, d'où, par les rampes *d*, l'on gagne les places de rassemblement F en arrière des abris *f g*.

Ces places de rassemblement sont bien défilées, leur sol

étant à $2^m,20$ sous le niveau de la cour, avec laquelle elles communiquent par les larges rampes e. Ces mêmes rampes prolongées et des rampes plus étroites conduisent au terre-plein du rempart.

Le fort que nous venons de décrire a d'importantes propriétés; mais il présente aussi quelques défauts que nous croyons devoir signaler dans l'intérêt de l'art :

1° Il a trop de profondeur, et les fronts qui battent les intervalles et l'intérieur du camp retranché sont trop importants par rapport à ceux qui battent le front de la position (ce qui revient à dire que la fraction de l'armement qui peut prendre part à la lutte éloignée est trop faible);

2° Le terre-plein du rempart n'est pas suffisamment défilé contre les coups plongeants, sa plus grande profondeur sous la crête n'étant que de $2^m,75$;

3° Les fronts latéraux et les fronts joignants I K sont exposés aux coups de revers. Ils devraient avoir des traverses à crochets ou des parados ;

4° Les parties m du fossé des caponnières des fronts I K se trouvent dans l'angle mort, défaut que l'on eût évité en donnant à ces caponnières une contrescarpe crénelée comme aux autres caponnières;

5° Au point de vue du service des batteries et des travaux à exécuter sur les remparts, il serait utile qu'il y eût sous le front de tête des logements pour une partie des troupes de garde et de piquet ;

6° Les caponnières ne peuvent pas lutter avec une contre-batterie, et les communications ne permettent pas de faire des retours offensifs. Ce type est donc incomplet au point de vue de la défense rapprochée et défectueux au point de vue de la défense active. La même remarque est, du reste, applicable à tous les forts qui ont été exécutés ou proposés jusqu'ici en Allemagne et dans d'autres pays.

IV.

Les projets de batteries et de forts que nous venons d'examiner font connaître les tendances actuelles de l'école allemande. Ils ne peuvent cependant pas être considérés comme donnant une idée exacte des travaux qui seront prochainement exécutés à Metz, à Strasbourg et sur d'autres points de l'Empire. Au moment où nous écrivons, ces travaux sont à peine arrêtés, et nous ne sommes pas en mesure d'en faire connaître les plans. Toutefois, les renseignements que nous possédons sont assez complets et suffisamment exacts pour que nous puissions affirmer que les nouveaux forts de Metz et de Strasbourg ne différeront pas beaucoup des types qui ont été appliqués depuis une vingtaine d'années en Allemagne. Les profils seuls seront notablement améliorés. Les fossés auront 12 mètres environ de largeur au plafond, un revêtement terrassé de contrescarpe de 6 à 8 mètres de hauteur, et une escarpe détachée de 6 à 7 mètres, défilée au quart. Cette escarpe (*mur de palissade*) n'aura que 1 mètre d'épaisseur.

Les voûtes des traverses casematées auront de $2^m,70$ de largeur; elles seront protégées contre les coups directs, par 8 mètres de terre et contre les coups d'enfilade, par

6 mètres de terre, lorsque celle-ci est argileuse, comme c'est le cas à Metz.

Les traverses s'élèveront à 1^m,75 au-dessus de la crête, et les pieds de leurs talus intérieurs seront espacés de 11^m,50 pour que chaque intervalle puisse être armé de deux bouches à feu.

La partie postérieure du terre-plein du rempart sera tenue à 3^m,50 sous la ligne de feu.

Quant au tracé, il ne différera pas de celui des anciens types, c'est-à-dire que les forts auront la forme d'une lunette et qu'ils seront flanqués par une caponnière de tête et par deux caponnières d'épaule à un étage casematé; chaque flanc sera armé de deux pièces et protégé par un bout de galerie d'escarpe, situé dans le prolongement du mur détaché.

Le front de gorge sera vraisemblablement bastionné et pourvu d'une caserne à deux étages. Au-dessus du second étage se trouvera une plate-forme avec un parapet de 4 mètres d'épaisseur, dont le relief sera inférieur de 4 mètres environ à celui du front de tête.

Pour que les locaux soient sains et bien éclairés, ils auront une façade intérieure, qui sera défilée contre les feux plongeants par une masse couvrante de 6 mètres d'épaisseur en crête, séparée des logements par un petit fossé longeant l'étage souterrain.

Indépendamment de ces locaux, on construira des abris et des magasins sous le rempart du front de tête.

Les fronts latéraux n'auront pas de parados, et le front de gorge n'aura ni parados ni traverses.

On descendra au fond du fossé par une rampe et l'on entrera dans le fort par une poterne inclinée dont le débouché sera protégé par un fossé diamant avec pont-levis.

Ces indications sommaires suffisent pour faire connaître l'esprit dans lequel ont été projetés les ouvrages qui feront de Metz et de Strasbourg les pivots d'opération et les têtes de pont de l'armée allemande chargée de défendre la frontière sud-ouest de l'Empire ou de prendre l'offensive par cette frontière.

Il est évident que les auteurs de ces ouvrages se sont surtout préoccupés de la nécessité d'immobiliser peu d'hommes et de matériel pour leur garde et leur défense.

Ainsi Strasbourg, qui sera entouré de douze à treize forts (situés à 7,000 mètres environ du clocher de la ville), devra, d'après les données de l'état-major général, pouvoir se défendre avec 30,000 hommes, y compris une division mobile de 12,000 hommes environ.

Cette donnée ne permet pas d'assigner plus de 600 à 700 hommes de garnison à chaque fort. Elle explique l'ordre donné aux ingénieurs de régler les dimensions des ouvrages détachés de manière que l'armement ne dépasse pas 30 à 40 canons (y compris les 12 bouches à feu nécessaires pour assurer le flanquement).

Nous ferons observer cependant que cet ordre est en contradiction formelle avec la prescription si importante et si judicieuse, de constituer le camp retranché de façon que, abandonné à ses propres forces, il puisse résister au moins trois mois.

En effet, des forts de 30 à 40 canons, éloignés de la ville de 5 à 6 kilomètres, ayant des caponnières hors d'état de lutter avec les contre-batteries, un front de gorge qui ne se prête pas à des retours offensifs, et une garnison dont le moral ne sera pas soutenu au moment de l'assaut par un réduit indestructible de loin et inattaquable de vive force, de pareils forts, disons-nous, ne résisteraient pas trois mois, ni même un mois, à une attaque régulière *bien conduite*.

Nous admettrions, à la rigueur, que l'on fortifiât de la sorte un pivot stratégique central, qui ne peut être assiégé sans qu'une armée active concoure à sa défense (tels, par exemple, que les camps d'Anvers et Paris) ; car les attaques brusques et incessantes de cette armée rendraient impossible l'exécution de tranchées et de batteries sur le glacis des forts; mais l'on ne pourrait plus justifier la construction d'une ligne d'ouvrages aussi petits s'il s'agissait d'un pivot stratégique ordinaire, dont les forces mobiles ne doivent pas dépasser 12 à 13,000 hommes.

Plus le temps pendant lequel une place à camp retranché doit pouvoir résister avec ses seules ressources est grand et plus ces ressources sont limitées, plus les ouvrages détachés doivent offrir de résistance par eux-mêmes.

Il n'y a que les grands forts, pourvus de tout ce qui est nécessaire à une défense pied à pied, et commandés par des officiers choisis, qui puissent résister longtemps à une attaque pied à pied, conduite d'après les principes de la poliorcétique moderne.

De petits forts en fer atteindraient le même but, si leur garnison était renouvelée fréquemment; mais l'on n'a pas encore trouvé un type de ce genre qui, sous le rapport de la dépense et de la durée de la résistance, offre toutes les garanties nécessaires.

Jusqu'à ce que ce résultat ait été obtenu, il sera sage de construire de grands forts avec réduits, sur les points importants du périmètre des camps retranchés, et de petits forts sans réduits, sur les points secondaires ou dans les intervalles des forts principaux.

Les grandes places de l'intérieur, à la défense desquelles une armée active prend part et qui ne sont jamais menacées au début des opérations, pourraient se contenter de petits forts mis simplement à l'abri de l'attaque d'emblée, si l'on entourait ces forts, au moment de la guerre, de retranchements en fortification mixte, dont ils constitueraient les réduits. Mais Strasbourg est trop rapproché de la frontière ennemie, pour qu'il soit possible de compléter de la sorte ses défenses. Il est à remarquer, du reste, que cet accroissement des petits forts aurait pour résultat de porter l'effectif total des troupes immobilisées à un chiffre supérieur à celui qui serait nécessaire si l'on construisait une ceinture de grands forts permanents avec réduits.

Plus, en effet, un retranchement est faible par son profil et par son flanquement, plus il exige de troupes pour sa défense.

C'est un principe qu'il serait dangereux de méconnaître, lorsqu'il s'agit de fortifier de grandes places dans les conditions où se trouvent Metz et Strasbourg.

ANNEXES.

ANNEXE N° 1.

— Expériences faites à Shoeburyness contre le bouclier de Millwall.

ANNEXE N° 2.

— Expériences faites à Shoeburyness contre le bouclier du colonel Inglis, composé de plaques de 5 pouces, séparées par des couches de béton de fer.

N. B. — Nous croyons inutile de reproduire ici le procès-verbal de ces expériences, qui a été publié *in extenso* par le colonel Inglis, dans le T. XVIII des *Professional Papers of the corps of Royal Engeneers*, 1870.

ANNEXE N° 3.

Attaque de la tête de pont de Borgo-Forte,

d'après le rapport officiel du comité du génie autrichien (voir *Mittheilungen*, etc., VIIIᵉ cahier, 1867).

Cette tête de pont (voir pl. I, fig. 13 et 14) a été construite pendant les années 1860 et 1861.

Lors de la mise en état de défense, en avril 1866, on transforma les traverses ordinaires en traverses creuses et on en construisit une pour deux pièces. Dans les endroits où l'espace ne permettait pas d'élever des traverses en terre, on les fit en gabions. En outre, le parapet fut bonneté, c'est-à-dire qu'on l'exhaussa de 3 pieds, dans les intervalles des pièces.

Toutes les bouches à feu tiraient par embrasure.

Le *noyau*, ou le fort de Motteggiana, était armé de 32 canons dont 8 rayés (1).

---

(1) D'après une relation publiée dans les *Mittheilungen* du comité de l'artillerie, l'armement du noyau se composait :

    De 4 canons lisses de 6.
        4   idem   de 24.
        4 obusiers lisses de 7.
        6 canons rayés de 12.
        2   idem   de 24, se chargeant par la culasse.
        8 obusiers   de 7.
        2 mortiers   de 30 livres.
    Et 2   idem   de 60 livres.

La garnison comprenait 1 major commandant, 480 hommes d'infanterie, 2 officiers et 120 hommes de l'artillerie, 1 officier et 12 hommes du génie.

Le 5 juillet, il fut bombardé une première fois par les Italiens, sous les ordres du général Nunziante.

Ce feu, exécuté à 2,000 et à 2,500 pas, produisit peu d'effet; on le suspendit après une lutte, très-vive de part et d'autre, qui avait duré 9 heures.

La garnison du fort Motteggiana eut 3 hommes tués, 1 officier et 5 hommes blessés, et 2 canons mis hors de service. Les fortifications n'avaient que peu souffert.

Un deuxième bombardement, avec des moyens plus puissants, fut résolu.

Les nouvelles batteries, au nombre de 12, étaient achevées le 17.

Les batteries n°s 5, 6, 7 et 8 tirèrent contre le fort. Elles étaient à 2,200, 1,800, 1,500 et 1,800 pas des remparts. Leur armement se composait respectivement de 10, 12 et 10 canons rayés de campagne de 16 (12 cent.) et de 12 canons rayés de 40 (17 cent.).

Le feu de ces batteries commença le 17, à quatre heures un quart du matin.

Le nombre des bouches à feu de l'assaillant, par rapport aux canons rayés du défenseur, était dans la proportion de 6 à 1, pour le fort Motteggiana.

Ce fort, accablé par le tir convergent d'un grand nombre de bouches à feu, dut cesser le feu vers quatre heures et demie de l'après-midi, après avoir tiré 1,900 projectiles, dont à peine la moitié étaient oblongs (1).

Il comptait 2 tués et 8 blessés; trois bouches à feu étaient démontées. Les pertes totales s'élevaient, pour les Autrichiens, à 2 morts et 19 blessés; pour les Italiens, à 34 morts et 123 blessés. De part et d'autre il y eut 9 canons démontés.

C'est grâce aux bonnettes et aux traverses creuses que la perte en hommes fut si peu considérable.

Voici les dégâts que présentaient les fortifications :

---

(1) Les *Mittheilungen* du comité d'artillerie constatent que les batteries n°s 5, 6, 7 et 8 tirèrent 5,883 projectiles contre le fort Motteggiana et que seulement 1,976 coups furent dirigés contre ces batteries des différents ouvrages de Borgo-Forte.

Les bonnettes du parapet étaient fortement écrétées. Les nombreux projectiles qui avaient éclaté dans le parapet avaient causé des éboulements de terre qui, en plusieurs endroits, remplissaient le chemin de ronde jusqu'à hauteur des créneaux du mur détaché.

Deux traverses creuses étaient fortement endommagées, mais elles ne s'étaient pas écroulées ; deux autres étaient seulement écrétées. On constata que les projectiles qui pénétraient dans les traverses en gabions produisaient plus d'effet que ceux qui pénétraient dans les traverses en terre.

La terre qui couvrait les caponnières du fossé était enlevée en certains points, et les parties supérieures des murs de ces caponnières avaient beaucoup souffert.

L'escarpe détachée était mise en brèche en trois endroits et endommagée en beaucoup d'autres, bien que la crête du glacis qui la couvrait s'élevât de 4 pieds au-dessus de son arête supérieure.

La partie du mur de gorge non couverte par le réduit, était démolie jusqu'au terre-plein ; la partie masquée n'était que détériorée (1).

Le réduit, dont les murs de masque avaient 20 pieds de hauteur et de 4 à 5 pieds d'épaisseur, était imparfaitement couvert par le rempart, qui s'élevait à 26 pieds au-dessus du terre-plein intérieur ; aussi fut-il fort maltraité par l'artillerie italienne. Plusieurs projectiles, par suite de la nature de leurs fusées, n'avaient fait explosion qu'après avoir traversé la maçonnerie (2).

Le mur de masque du premier étage présentait, à 13 $^1/_2$ pieds au-dessus de l'horizon, ou à 10 pieds au-dessus du monticule formé par les décombres du mur, une ouverture de 10 pieds de hauteur et de 7 pieds de largeur.

Ce trou s'étendait depuis le fond des embrasures du premier étage jusqu'à la tablette de couronnement.

---

(1) Les *Mittheilungen* du comité de l'artillerie affirment qu'il y avait également des brèches aux caponnières flanquantes.

(2) *Mittheilungen du comité de l'artillerie*. La pénétration dans les murs en briques fut en moyenne de 4 pieds ; les entonnoirs avaient 5 pieds de diamètre à l'extérieur.

Six projectiles seulement avaient atteint le mur de masque du rez-de-chaussée (1).

D'après les rapports autrichiens sur l'attaque du 17 juillet (rapports analysés dans les *Mittheilungen* du comité de l'artillerie) « le front » extérieur de la caserne défensive (réduit) était criblé par les pro- » jectiles; on y comptait peut-être 200 ouvertures grandes et petites, » dont 12 praticables; probablement il aurait suffi d'une canonnade » de peu de durée pour ruiner complétement le réduit (2). »

Ces résultats sont très-importants, si l'on considère, d'une part, que l'artillerie italienne, s'étant proposé avant tout d'éteindre le feu des remparts du fort, n'avait pas dirigé son tir de manière à produire des brèches dans l'escarpe et dans le réduit, et, d'autre part, que l'artillerie de la défense l'avait contre-battue avec tant de succès, que plusieurs batteries furent complétement bouleversées (3).

---

(1) La planche 25 du *Journal de l'artillerie italienne* (année 1867) prouve que ce chiffre n'est pas exact. On y remarque, en effet, 14 à 15 entonnoirs, produits par les projectiles ennemis dans la partie inférieure du réduit; trois de ces entonnoirs se trouvent à 1 mètre environ au-dessus du terre-plein intérieur.

(2) D'après le *Giornale d'artigliera* de 1867, sur 6,533 projectiles lancés par les batteries de l'attaque, 112 seulement furent tirés avec une charge réduite et sous de grands angles d'élévation.

(3) Voir les *Mittheilungen* du comité d'artillerie, où tous les dégâts éprouvés par les batteries italiennes sont indiqués avec le plus grand soin.

On trouve dans cette même publication les conclusions suivantes :

» Les pièces de rempart doivent toujours tirer par embrasure.

» Chaque bouche à feu doit être placée entre deux traverses, et si le tracé ne la préserve pas des coups de revers, il faut qu'elle soit couverte par une traverse générale, parallèle à la ligne de feu.

» Il s'ensuit que le terre-plein doit avoir la largeur nécessaire pour permettre de construire cette traverse de revers.

» Les traverses creuses permettent de créer des abris et des magasins de service, d'un usage excellent. L'entrée de ces traverses peut se trouver sur l'un des côtés, près du parapet.

» Le terrain extérieur doit être nettoyé jusqu'à portée de canon de la place.

» Les canons rayés doivent être approvisionnés à 800 coups au moins.

» Afin que l'on puisse remplacer promptement les pièces démontées, il faut que les canons de rempart aient la plus grande mobilité et ne tirent ni sur des châssis ni sur des plates-formes. »

Son tir à charge de guerre ne pouvait donc pas produire les effets qui avaient été constatés dans les expériences contre le fort Liédot, et cependant les dégâts produits furent assez considérables pour démontrer la nécessité de mieux couvrir les maçonneries.

Voici les conclusions qui ont été tirées de ce fait par le comité du génie autrichien :

« L'ouvrage en maçonnerie (réduit) doit être protégé par un rem-
» part et, si c'est possible, se trouver à l'abri des projectiles arrivant
» sous un angle de $1/_4$ (4). »

La relation publiée dans les *Mittheilungen* du comité de l'artillerie autrichienne renferme à peu près la même conclusion.

Elle en formule d'autres que nous croyons utile de signaler :

Les bonnettes, construites au dernier moment et dont la couleur tranchait sur le gazon vert des remparts, ont considérablement facilité le pointage des pièces italiennes. Ces bonnettes, établies sur des parapets de 12 pieds d'épaisseur en crête, avaient 3 pieds de hauteur, de sorte que leur épaisseur n'était guère que de 9 pieds.

Les traverses en gabions n'ont pas répondu à l'attente ; elles ne résistent bien qu'aux projectiles non explosifs.

Les Italiens n'ont pas été satisfaits des revêtements en gabions employés pour les joues des embrasures.

Les embrasures, quelle que soit la nature de leur revêtement, ne peuvent résister aux canons rayés ; dans un temps plus ou moins rapproché, on devra y renoncer autant que possible.

Si les défenseurs de Motteggiana se sont vus forcés d'abandonner l'ouvrage pendant la nuit, ce n'est pas parce qu'ils avaient à redouter les suites d'un assaut, mais parce que la quantité de débris qui couvrait le terre-plein et interceptait les communications, les empêchait de continuer une lutte active, et aussi parce qu'ils avaient la certitude que le réduit ne pourrait pas résister à une nouvelle journée de feu.

Parmi les conclusions du comité du génie autrichien se trouvent les suivantes :

« Le terrain extérieur doit être nettoyé jusqu'à portée de canon de la place.

» Les canons rayés doivent être approvisionnés à 800 coups au moins.

» **Afin** que l'on puisse remplacer promptement les pièces démontées, il **faut** que les canons de rempart aient une grande mobilité et qu'ils **n'exigent** ni châssis ni plates-formes.

» **Chaque** bouche à feu doit être placée entre deux traverses et **protégée** en arrière par un parados (si le tracé ne la met pas à l'abri des coups de revers). »

ANNEXE N° 4.

TIR VERTICAL.

Lettre du général Lefroy,

(Publiée dans le *Times*, du 21 avril 1870).

» MONSIEUR,

» Il est vrai que les exemples de destruction des navires par le feu vertical sont relativement rares ; mais il ne faut pas perdre de vue, d'un autre côté, que les circonstances où ce genre de tir a été employé sont peu fréquentes ; le capitaine Sherard Osborn est dans l'erreur lorsqu'il affirme d'une manière absolue l'inefficacité des feux verticaux. — Le vaisseau de guerre le *Saint-Michel* fut coulé par les canonnières espagnoles, dans la baie de Rosos, pendant le siége de Gibraltar, et la *Constitution*, vaisseau de l'escadre de Nelson, fut englouti par l'effet d'un obus de 13 pouces, à Boulogne, au mois d'août 1804. Remarquons aussi que ces vaisseaux étaient de bien petite dimension, si on les compare aux bâtiments d'aujourd'hui, dont le pont offre aux projectiles une cible quatre à six fois plus vaste, et dont la machine à vapeur constitue un danger de plus ; ajoutez à cela que la précision du tir des obusiers rayés est sept fois plus grande que celle des mortiers lisses ; en d'autres termes, que pour trois obus par 1,000 qui frappaient anciennement un but de 12 yards carrés, il y en aurait vingt par 1,000 qui atteindraient actuellement la même cible ; or, nous le répétons, le pont d'un navire de guerre présente quatre, six et jusque douze fois cette surface ; celui du vaisseau le *Captain*, par exemple, a une étendue d'un tiers d'acre ; on comprend que, dans de telles conditions, les chances sont toutes en faveur du tir vertical, et que ce tir constitue une ressource précieuse contre les vaisseaux cuirassés. — La valeur de ce système n'a certes pas diminué depuis le temps où Vauban recommandait l'emploi des mortiers pour la défense des côtes, « car, écrivait-il, *les vaisseaux les craignent beaucoup*, » et l'on pourrait citer bien des exemples où les marins, même ceux de l'Angleterre, ont jugé prudent de ne pas s'y exposer.

» En ce qui concerne les mortiers de Mallet, dont il a été question dans vos colonnes, il est probable que peu de personnes en connaissent la véritable puissance ; ceux qui admirent à l'arsenal de Woolwich ces gigantesques pièces d'artillerie et qui contemplent avec étonnement les globes de 36 pouces, suspendus comme ornement aux angles du bâtiment, ignorent pour la plupart qu'un de ces mêmes globes, pesant 2,660 livres et pouvant contenir 400 livres de poudre, fût lancé à 2,700 yards (2,430 mètres), au moyen d'une charge de 70 livres (expérience de 1858). Grâce à ces projectiles, nous tenons la clef de tous les établissements maritimes dont il est possible d'approcher à 1 1/2 mille de distance. Nier cela, c'est se refuser à admettre l'évidence ; telle est non-seulement mon opinion, mais celle de tous les étrangers compétents qui ont visité l'établissement. Les mortiers Mallet ont coûté 14,000 livres sterling à l'État ; c'est peu si, comme je l'espère, ils doivent se trouver un jour au premier rang de nos défenses maritimes.

» *(Signé)* H. LEFROY, Général-Major. »

ANNEXE N° 5.

Situation du fort Montrouge,

le 22 janvier 1870.

(Extrait de la *Marine au siège de Paris*, par l'amiral baron de la Roncière le Noury.)

« La situation du fort Montrouge empire chaque jour. Aujourd'hui la lutte a été rude. Il existe un regrettable manque d'ensemble entre les directions données aux forts de la marine et celles données aux forts armés par la guerre et aux batteries qui les avoisinent. L'appui mutuel qu'ils se doivent, fait ainsi quelquefois défaut. Dans cette période de la défense, il appartiendrait à un service unique de prendre la direction de l'ensemble des opérations.

» Chaque jour, les choses se passent à peu près ainsi : le fort de Vanves ouvre dès le matin un feu nourri. La canonnade s'engage violemment. Montrouge vient en aide à Vanves, et bientôt Fontenay se met de la partie ; puis Vanves se tait, ou à peu près, et Montrouge reste seul aux prises avec l'ennemi.

» La batterie placée près de Montrouge, quand elle tirait, débarrassait ce fort de trois ou quatre pièces qui la prenaient pour objectif. Hier encore, il en était ainsi ; mais aujourd'hui cette batterie n'ayant pas tiré, nous avons eu sur nous le feu de toutes les pièces des batteries de Fontenay, y compris les mortiers. Notre bastion 4 n'est plus qu'une ruine ce soir.

» La batterie de l'Hay a commencé à faire ce que nous redoutions, c'est-à-dire à prendre à dos notre courtine de 3-4, où sont établies les seules pièces avec lesquelles nous puissions faire une diversion utile aux bastions 3 et 4. Notre situation défensive est loin ainsi de s'améliorer, et voici l'état où nous sommes : les blindages établis devant nos magasins à vivres, dans la cour du bastion 4, sont pulvérisés. Les voûtes des casemates sont entamées, et les sacs à terre avec lesquels nous avons constitué un blindage intérieur, ne peuvent donner une protection suffisante à nos vivres, au milieu desquels les obus pénètrent. Chaque nuit, nous retirons ce que nous pouvons, mais ce travail est difficile et dangereux. Une fois engagés dans ces débris, les hommes ne peuvent plus se garer lorsque le son du cornet à bouquin se fait entendre. Le mur de ce bastion a maintenant une large brèche, et, du côté du fossé, les pierres du mur forment rampe. Nous nous occupons à disperser ces matériaux, mais cette brèche ne fera qu'augmenter.

" Les voûtes de presque tous nos magasins à poudre et à projectiles des remparts, trop faibles partout, ont fléchi par suite d'explosions de bombes, et nous avons dû les épontiller, en attendant de pouvoir reprendre la maçonnerie. Les corps de logis de chaque côté de la porte sont devenus presque inhabitables; il est difficile de mettre les hommes de garde en sûreté. Le génie, sous l'énergique direction du lieutenant-colonel Lévy, va percer une galerie dans le masque de la porte ; ce sera toujours un abri.

" Enfin, les terres des parapets ont été si bien labourées par les obus qu'elles n'offrent plus de consistance ; les travaux de réparation, rendus ainsi plus faciles peut-être, offriront moins de garanties de résistance. En même temps, le tir de l'ennemi a gagné en justesse : les coups d'embrasures se multiplient et, par suite, les accidents aux pièces. Les bombes nous donnent le coup de grâce.

" Dans ces conditions, pour continuer une défense honorable et ménager les forces et le sang de sa garnison, le fort de Montrouge a besoin d'être appuyé : cela serait facile. En armant la batterie Milhaud plus fortement, on tiendrait en respect les pièces de campagne de Sceaux; en remaniant trois des embrasures de la batterie de six pièces de 24 qui est en dehors et à côté du fort, cette batterie atteindrait Fontenay. Bicêtre et les Hautes-Bruyères font de leur mieux pour nous aider. Le 7⁰ secteur de l'enceinte vient également à notre secours de tout son pouvoir; il tire beaucoup, mais il est bien loin. Cependant l'ennemi, de temps à autre, lui envoie quelques obus, et c'est autant de moins pour nous. "

ANNEXE N° 6.

Affût du vice-amiral Labrousse,

au 4e secteur, bastion 40.

(Extrait de la *Marine au siége de Paris*, par le vice-amiral de la Roncière le Noury.)

« La partie du 4e secteur, comprise entre le chemin de fer de l'Ouest et la route de Saint-Ouen, n'étant protégée à l'extérieur par aucune autre défense que le cours de la Seine, qui pouvait être franchie sur le pont du chemin de fer d'Asnières, on avait, dès les premières prévisions du siége de Paris, songé à créer, de ce côté des fortifications, d'importants moyens de défense : à Saint-Ouen, une batterie de pièces de marine enfilait le cours de la Seine ; sur les buttes Montmartre, une batterie semblable dominait toute la plaine de Genevilliers ; enfin, au bastion n° 40, on plaça le canon dont l'affût, inventé par le regrettable vice-amiral Labrousse, eut bientôt une vogue de curiosité, et le surnom de *Joséphine*, sous lequel il attira chaque jour une foule de visiteurs.

» Cette pièce est un canon de 19 centimètres en fonte frettée, monté sur un affût (chef-d'œuvre de mécanique et de simplicité) qui transforme le recul en un mouvement de descente qu'on modère à volonté à l'aide de ressorts Belleville, et qui permet au canon de se mettre à l'abri du rempart. Dans cette position, on le charge et on le pointe ; quand on veut exécuter le feu, un mouvement de levier desserre les freins des ressorts, le canon se relève sans secousse, parallèlement à lui-même, en conservant mathématiquement le même pointage ; il ne reste au-dessus du rempart que pendant le temps, infiniment court, nécessaire pour faire feu, et le recul produit par le tir le fait se rabattre sur l'affût par un mouvement résultant de la résistance des ressorts.

» L'affût étant sur pivot, le pointage latéral embrasse une grande étendue d'horizon, en sorte que ce canon a tous les avantages des pièces en barbette sans en avoir aucun inconvénient ; s'il n'est pas dans une position dominée, il est presque toujours défilé du feu de l'ennemi, et ses servants le sont toujours. Son feu est extrêmement rapide, parce que son chargement et son pointage sont faciles et prompts ; ses mouvements de recul et en batterie sont presque instantanés. Enfin, son pointage en hauteur pouvant se faire sous les plus grands angles, on atteint avec une charge relativement faible (10 kilog.) une portée de 8,200 mètres ; avec la charge de 8 kilog., on a une portée de 7,200 mètres. Ces charges ont l'avantage de ne pas fatiguer le canon, et avec elles le mécanisme de l'affût se comporte parfaitement, lorsque les servants sont habitués à la manœuvre des freins.

» L'armement habituel de la pièce est de quatre servants, le chef et le pourvoyeur. Le nombre d'hommes destinés à approvisionner la pièce dépend de la distance de la poudrière et de la rapidité du tir.

» C'est pour répondre à ces divers besoins et aux non-valeurs qu'il faut prévoir, lorsque des hommes passent tout un hiver sous la tente, que le détachement affecté au service du canon de M. le contre-amiral Labrousse avait été composé de 15 matelots et 3 chefs de pièce.

» Cet affût a été inventé pour les canons enfermés dans les tourelles des navires ; il peut se mettre aussi dans les tourelles fixes et tirer en barbette, sans exposer ni le canon ni les servants.

» Il est, en outre, applicable à toute pièce d'artillerie de rempart et donne l'avantage d'un champ de tir embrassant un grand horizon, en conservant la pièce généralement abritée et n'exposant jamais son équipage. Il permet de manœuvrer les plus gros canons avec très-peu d'hommes. Son seul inconvénient est de ne pas être portatif. »

Le rôle de ce bel engin de guerre a malheureusement été nul pendant le siége de Paris. On sait, en effet, que les efforts des Prussiens ne se sont pas portés sur le côté nord-ouest des fortifications.

Lors de la capitulation de Paris, on déposa soigneusement cet affût au dépôt des cartes et plans, rue de l'Université. Pendant la Commune, la *Joséphine* fut réinstallée au bastion 40, et servit contre nos troupes, dans les combats livrés à Asnières.

Par les soins de la direction de l'artillerie de la marine, l'affût et le canon ont été enfin envoyés à Cherbourg.

ANNEXE N° 7.

Armement mobile des places.

Extrait de l'*Étude technique sur le service de l'artillerie dans la place de Belfort,* par le capitaine de la Laurencie.

Utilité de déplacer souvent les pièces dans une place assiégée.

« Tout à l'heure, en parlant d'une pièce de 24 collée derrière un mur, prise momentanément au formidable armement des casemates, j'ai dit qu'elle voyageait chaque jour du bastion 15 au bastion 12.

Le mouvement, sinon la mobilité, car cette qualité est évidemment subordonnée à la nécessité d'avoir dans les places des pièces de très-grande portée, le mouvement, dis-je, est, en effet, pour l'artillerie de l'assiégé, en même temps qu'une condition de sécurité, une condition de supériorité. Nous étions tous pénétrés de ce principe, nous l'avons mis le plus possible en usage et nous en avons tiré de très-bons fruits.

Pièce de 12 de siége, du sommet de la caserne.

» Le premier exemple sera l'histoire d'une simple pièce de 12, de siége, dont on s'occupa pendant quelque temps.

» Cette pièce, qui provenait de l'armement du fossé 11-12, armement inutile depuis l'établissement du fort des Barres, puisque, par la direction de son mur de flanc, ce fossé ne permet que de battre le plateau de ce nom, cette pièce, dis-je, fut montée jusqu'en haut de la caserne même du Château. On lui fit trois plates-formes, une au milieu, et les deux autres, aux deux extrémités de la caserne; et sans épaulement, sans autre défense que sa situation élevée et sa mobilité, elle entama la lutte contre les Prussiens, dès leur arrivée sous la place, fouillant tous les plis de terrain, fournissant des feux dans toutes les directions et gênant fort leur établissement, si l'on en juge par l'acharnement qu'ils mirent à la combattre.

» Malgré tout, cette pièce, grâce à ses déplacements continuels, ne put pas être atteinte ; il n'y eut pas à son service d'homme tué ; seulement, le tir de l'ennemi devenant beaucoup plus précis, il fallut renoncer à la servir de jour. On lui ôta ses roues, on la mit sur le flanc, et, le soir, on la remontait pour reprendre sa lutte mobile ; la nuit de Noël, elle fut servie par les cadres complets de la batterie du 7e, et nous permit ainsi de célébrer de notre mieux cette fête si goûtée des Allemands. »

Emploi de pièces légères dans la défense de Bellevue.

« Le deuxième exemple, bien plus saillant et surtout bien plus important, de l'utilité qu'il y a de remuer et déplacer sans cesse, pendant un siége, l'artillerie de la place, est l'histoire de la lutte d'artillerie que soutint presque seul, vers la fin de décembre, le petit fort de Bellevue, contre les formidables batteries de l'ennemi.

» Quand les batteries de Bavilliers ouvrirent leur feu, elles canonnèrent avec une violence extrême l'ouvrage de Bellevue, qui ne pouvait leur répondre, car toutes ses pièces avaient été dirigées pour lutter contre les batteries d'Essert. La redoute cessa alors de tirer contre ces batteries, qui, du reste, ne faisaient plus qu'un feu assez mou, et se mit en devoir de riposter vivement aux batteries nouvelles de Bavilliers. Bientôt six pièces (deux de 12 rayées et quatre de 12 lisses) se trouvèrent en place, les embrasures et les plates-formes faites, et purent riposter à la nouvelle batterie, qui n'était distante de l'ouvrage que de 1,100 à 1,200 mètres.

» Dès le point du jour, ces six pièces tiraient à une embrasure désignée de la batterie ennemie et la prenaient pour but commun jusqu'à ce qu'elle eût cessé son tir. On passait alors à la suivante avec ce qui restait de pièces en état de tirer dans la redoute.

» Ce combat d'artillerie était des plus violents, et amenait en réponse jusqu'à 8 ou 10 projectiles par minute, durant les heures du grand jour. La riposte était également très-vive et atteignit jusqu'à environ 1,000 projectiles dans une journée. Malheureusement, beaucoup de ces projectiles étaient des boulets pleins de 12.

» Néanmoins, le feu de la batterie prussienne fut éteint à plusieurs reprises, durant quelques heures. Les batteries d'Essert rentraient alors en ligne avec plus de vigueur, et le nouvel armement de l'ouvrage ne permettait pas de leur répondre suffisamment.

» Au bout de deux ou trois jours de ce feu incessant et roulant, les Prussiens, après des alternatives heureuses et malheureuses de leur tir, augmentèrent l'armement dirigé contre Bellevue, et y lancèrent pour la première fois des obus de 32 kilogrammes. Leurs effets furent considérables, et malgré toute l'énergie de la défense accumulée dans un effort vigoureux, on ne parvint à leur résister qu'un seul jour, et encore deux pièces seulement continuaient à tirer, quand vint le soir.

» Tous les autres jours, le feu de la redoute était complétement éteint vers 11 heures ou midi. Toutes les embrasures étaient oblitérées, les affûts brisés et parfois aussi les pièces. L'ennemi continuait, du reste, à tirer aux embrasures détruites, en sorte que durant le jour, tout effort pour les déblayer était vain ; elles se recomblaient à mesure qu'on y travaillait.

» Dès que le jour tombait, on nettoyait rapidement les embrasures pour pouvoir tirer à mitraille, en cas d'attaque de vive force, puis on travaillait toute la nuit à les remettre en état de recommencer, au matin, la vive, mais courte lutte d'artillerie.

» Cet ordre des choses pouvait avoir deux conséquences funestes à la défense de l'ouvrage :

» 1º L'ennemi, distant seulement de 400 mètres des crêtes et de 150 mètres environ des contre-approches, pouvait, toutes les après-midi, travailler facilement à ses boyaux d'approche, à la faveur du silence forcé des canons de la redoute, et malgré notre fusillade peu efficace contre les parapets des tranchées ;

» 2º Le soir, à la tombée du jour, quand il verrait encore assez clair jusqu'à 1,100 ou 1,200 mètres, mais que le Château ne verrait plus assez pour tirer à coup sûr en avant de la tête du cheminement, l'ennemi pouvait tenter une attaque de vive force, avant que la redoute eût pu remettre une seule embrasure en état de tirer. Elle aurait été ainsi réduite à sa fusillade, circonstance dangereuse dans un ouvrage de peu de relief, n'ayant qu'un petit fossé non revêtu, une escarpe en terre dégradée par les dégels et les projectiles, et enfin ouvert à la gorge.

„ Pour obvier à ces inconvénients, qui pouvaient amener la chute rapide de la position, le commandant du fort eut l'idée d'employer des pièces de 4 rayées de campagne et de montagne tirant à barbette, en profitant de la légèreté de ces pièces pour les tenir habituellement hors de batterie, bien abritées contre les traverses et toutes chargées. „

ANNEXE N° 8.

Résistance des murs épais au tir indirect de l'artillerie.

Extrait de l'*Étude technique sur le service de l'artillerie dans la place de Belfort*, par la capitaine de la Laurencie.

« Supposons une pièce établie derrière un épaulement ou masque quelconque et tirant à tir plongeant, c'est-à-dire sans embrasure. Pour la facilité de la manœuvre et quels que soient la nature de la pièce et l'affût sur lequel elle est montée, elle doit être établie à une certaine distance du parement intérieur de ce masque, et très-sensiblement cette distance devra pour tous les parements être mesurée sur le sol naturel et comptée du pied même de ce parement.

„ Or les projectiles ennemis qui doivent atteindre la pièce ou les servants qui l'entourent, doivent passer par-dessus la crête intérieure du parement, et de tous le plus dangereux serait celui qui raserait cette crête. Il y a donc avantage à diminuer autant que faire se peut la distance entre la projection horizontale de cette crête intérieure et le pied du talus, autrement dit à diminuer le talus intérieur de l'épaulement.

„ Le meilleur parement d'épaulement est donc un parement vertical;

or de tous les revêtements il n'y a que le mur, et le mur plein, qui soit absolument vertical.

» Une pièce collée derrière un mur, surtout un mur élevé, est donc très-bien abritée, et si l'on consent à admettre presque exclusivement le tir plongeant pour les luttes de l'artillerie de place, répondant à des batteries éloignées, c'est autant que possible derrière des murs pleins de 3 à 4 mètres d'épaisseur qu'on devra coller les pièces qu'on chargera de ce rôle.

» En effet, celui qui tire a un grand avantage; il est à quelques mètres à peine de la crête que son projectile doit raser en partant; il peut disposer sa pièce très-sûrement à la distance voulue pour atteindre littéralement ce but, et, au contraire, le projectile qui lui vient en réponse ne peut que par des coups de pur hasard remplir cette condition, cependant à peu près indispensable pour être utile, de raser la crête intérieure; encore les servants qui circulent entre la pièce et le mur sont-ils à l'abri même de ces coups-là.

» Quant aux coups de plein fouet, il est bien entendu qu'ils sont sans effet contre une pièce ainsi collée, si le mur est assez résistant; or j'estime, après épreuve, qu'un mur de 3 à 4 mètres de bonne maçonnerie peut résister à 50,000 coups de 30 kilogrammes, tirés d'une distance de 3,000 à 4,000 mètres.

» Maintenant on objectera, contre un pareil épaulement, le danger des éclats de pierre; je répondrai que de petits abris très-légers, ouverts à l'arrière et collés contre le mur-épaulement, sont très-suffisants pour garer d'un pareil danger.

» Quoi qu'il en soit, du reste, le colonel Denfert nous avait autorisés à disposer ainsi quelques pièces; elles ont toutes joué un certain rôle, ont été fortement attaquées, aucune n'a été atteinte, aucun homme près d'elles n'a été touché par un éclat de pierre, et ce que j'avance ne tombera donc que devant une expérience contraire et égale, si c'est possible.

» Un mur nu et plein me semble, jusqu'à preuve opposée, le meilleur épaulement pour des pièces plongeantes.

» La barbette sans pièce ne présente à l'ennemi rien à détruire et le laisse dans l'incertitude sur le point précis où sera la bouche à feu. Il ne peut donc pas régler son tir de riposte, tant que l'ouvrage ne fait pas feu lui-même. Au moment de tirer, soit contre des colonnes d'attaque, soit contre des cheminements où l'on voyait travailler, les petites pièces étaient amenées rapidement sur les barbettes, pointées et tirées. Si l'ennemi y ripostait à coups de canon, la pièce était retirée dès qu'il semblait arrivé à régler son tir, et l'ouvrage faisait alors feu, soit avec une autre pièce, soit avec la même, transportée sur une autre barbette.

« Cette méthode devait procurer à la redoute des feux insaisissables, que l'ennemi ne pourrait parvenir à éteindre, qui seraient toujours prêts à agir contre ses colonnes d'assaut ou contre ses cheminements. Elle permettait de plus un grand champ de tir, condition précieuse pour le tir contre des colonnes ou des cheminements, dont la situation varie avec le temps et ne peut pas être précisée d'avance.

« Une difficulté s'était présentée dans l'exécution des plates-formes. C'est que les petites pièces à mettre en barbette n'ayant que $0^m,60$ de genouillère, les canonniers se trouvaient sur les plates-formes, découverts d'une manière inadmissible et exposés de la manière la plus dangereuse aux effets de la mousqueterie.

« Pour parer autant que possible à cet inconvénient, on fit faire les plates-formes en forme de queue d'aronde. La largeur du côté du parapet, à la tête, contre le talus intérieur, était de $1^m,20$ à $1^m,50$, c'est-à-dire de la dimension strictement nécessaire pour que la pièce pût être mise en batterie parallèlement aux deux côtés de la plate-forme, qui formaient ensemble un angle de 45°, afin d'avoir au moins 45° d'horizon pour le tir. La partie de la plate-forme située au-dessus de la banquette d'infanterie, en contre-haut, était construite en un bâtis de pièces de bois, parce que la gelée rendait les terres difficiles à remuer.

« Grâce à cette disposition, les servants de droite et de gauche n'avaient pas besoin de monter sur la plate-forme. Ils se tenaient, de chaque côté, sur la banquette d'infanterie, couverts aussi bien que les fantassins au combat, et pouvaient néanmoins de là servir facilement la pièce. Le pointeur seul montait sur la plate-forme et, s'y tenant accroupi sur les genoux, se cachait tout en maniant la crosse.

« Quand la rampe d'accès arrivait contre le parapet lui-même, ce qui avait lieu pour certaines pièces, afin de mieux les couvrir dans le parcours, un trou creusé dans cette rampe, contre la plate-forme, servait de logement à l'un des servants.

» Les idées qui avaient guidé cette installation furent pleinement justifiées par la suite, et depuis ce moment jusqu'à la fin du siége on put tirer sans aucune gêne chaque fois qu'il en fut besoin. L'ennemi n'essaya même plus de contre-battre notre petite artillerie avec son canon ; il n'était jamais assez vite prêt et ses tirailleurs ne causèrent aucun mal sérieux aux canonniers, grâce à la disposition des plates-formes.

» Nous n'eûmes à Bellevue, jusqu'à notre sortie de Belfort, qu'un seul affût brisé et cela quand la pièce était hors de batterie, au pied de la rampe, collée contre le parapet. Aussi est-ce un éclat de bombe qui nous causa cet unique dégât.

» A l'action de ces pièces légères et facilement maniables, on joignit celle des mortiers de 15e, que l'on pouvait tirer de tous les points de la banquette d'infanterie. Mais ils ne nécessitaient aucune installation spéciale et il n'y a, en conséquence, qu'à mentionner leur emploi.

» L'usage de la pièce de 4 de campagne fut encore plus intéressant.

» Dès que les cheminements de l'ennemi contre les Perches se montrèrent à Bellevue, sur le contour apparent à la droite des Basses-Perches, on se proposa de tourmenter leur marche à coups de canon, tirés de Bellevue même. Le manque d'obus de 12 obligeait naturellement de tirer avec la pièce de 4 de campagne, plus richement approvisionnée, et sa mobilité permit de la soustraire complétement aux coups de l'ennemi.

» Comme les Perches dominent largement Bellevue, on apercevait de la cour du fort les cheminements prussiens par-dessus les parapets. On put donc mettre la pièce de 4 en batterie dans la cour même du fort, et tirer par-dessus les parapets contre ces cheminements, absolument comme on l'eût fait avec une pièce en rase campagne.

» Mais profitant des traverses du fort, on put même la cacher dans d'assez bonnes conditions aux batteries de siége. Cette pièce, tirant parfois avec une grande rapidité, fit beaucoup de mal à l'ennemi; elle enlevait les gabions nouvellement posés et dispersait les travailleurs et les gardes de tranchées. On voyait ces résultats de Bellevue, et l'ennemi se chargeait, du reste, de les confirmer par la violence du tir qu'il dirigeait sur la pièce. Il lui envoyait jusqu'à 5 et 6 obus à balles par minute à certaines heures. Mais dès que son tir paraissait se régler, on changeait la pièce de place, et, en somme, elle ne fut jamais atteinte et tira jusqu'au dernier jour, quoique presque usée par son tir et faisant déjà éclater prématurément nombre d'obus. »

ANNEXE N° 9.

Extrait du mémoire intitulé :

Projet des réfections les plus nécessaires aux fortifications des ville, citadelle et châteaux de Casal en 1681, par Vauban.

. . . .

« Ceux qui se sont trouvés à de longs siéges savent la différence
» qui se rencontre dans la façon d'obéir et de travailler des troupes
» quand elles sont fraîches au commencement du siége, et vers la fin
» quand elles n'en peuvent plus. Tous conviendront que les ouvrages
» entrepris en présence de l'ennemi qui nous presse vivement, n'al-
» longent jamais que fort peu, ou même point du tout, la durée des
» siéges. L'expérience nous fait voir que, malgré tout retranchement
» fait à la hâte, une demi-lune ouverte et attaquée vivement dure
» rarement deux jours sans être abandonnée par ceux qui la défen-
» dent, qui ne laissent pas d'être persuadés d'y avoir fait leur devoir.
» La raison en est qu'en pareil cas nature pâtit et ne s'expose pas
» volontiers au péril évident de ne pouvoir se retirer si l'on est forcé
» et battu. C'est encore pis au bastion. Quoique l'accès en soit plus
» difficile de toutes façons et la défense plus avantageuse, cependant,
» de vingt places attaquées, on n'en voit peut-être pas deux qui ne
» se rendent 24 heures après l'effet des premières mines. On peut
» dire même qu'il y en a beaucoup plus de celles qui n'attendent pas
» ce terme que de celles qui l'outrepassent; et quand il est arrivé fort
» rarement à quelqu'une de tenir un peu davantage, c'est que le ha-
» sard a voulu qu'il s'y rencontrât quelques restes de vieille enceinte
» qui passaient par les gorges des bastions et qui rassurèrent les
» assiégés, ou bien quelque bâtiment considérable encore entier qui

» fit le même effet et que l'assiégeant faible ou timide n'osa entre-
» prendre d'attaquer.

» Je sais que plusieurs autres causes contribuent encore à la perte
» des places, comme la consommation inutile des troupes en sorties
» mal concertées ; l'opiniâtreté mal fondée à garder certains points
» et chemins couverts, où on les fait écraser mal à propos ; la cour-
» tresse ou le gaspillage des poudres ; le manquement ou la mauvaise
» économie des autres munitions de toutes espèces ; les ouvrages
» coupés et pris par leurs gorges ; le défaut des communications néces-
« saires, dont on manque le plus souvent, et spécialement aux dehors
» à fossés pleins d'eau. Mais ce qui influe plus encore que tout cela,
» c'est le manque d'asiles assurés par le moyen desquels on puisse
» soutenir de près avec sûreté quelque grosse action ; la méfiance que
» l'on a sur la valeur des retranchements faits à la hate, mal figurés,
» toujours réellement imparfaits, le plus souvent inutiles, et quelque-
» fois pernicieux ; enfin l'ignorance totale du degré de force ou de
» faiblesse où l'on se trouve devant l'ennemi, faute d'autant plus dan-
» gereuse qu'elle est plus générale entre les commandants des garni-
» sons.

» Il n'y a, en effet, que les protections sûres et prochaines qui doivent
» donner aux hommes la hardiesse de demeurer sur une brèche, d'oser
» y tenir ferme, forts ou faibles, et même derrière une palissade ou
» méchante traverse, comme on l'a vu quelquefois, le tout par la
» confiance que l'on a en la proximité et sûreté des feux qui nous pro-
» tégent ; faute de quoi, il y aurait mille choses praticables auxquelles
» on n'ose songer et que l'on trouverait ridicule de proposer. Mais à
» la faveur des petits bastions ou des réduits de demi-lunes, il n'y a
» pas une toise de terrain, dans ces grands ouvrages, que l'on ne puisse
» disputer avec sûreté, pied à pied et de traverse en traverse, pen-
» dant fort longtemps, sans qu'il puisse jamais y arriver une affaire
» qui compromette la garnison. La raison en est qu'il n'y a là rien à
» faire par des actions de vigueur de l'assiégeant, qu'il est forcé de
» s'en tenir à la sape et aux effets bons ou mauvais de ses mines, de
» prendre tous ces retards en patience et de gagner du terrain tout
» doucement le mieux qu'il peut, les défenses et croisées de feux étant
» si proches qu'il lui est impossible de se montrer tant soit peu sans
» être aussitôt mouché. Il y a bien même encore dans cette disposi-

» tion quelque chose de plus excellent que tout cela. Il est très-certain
» qu'une garnison de mille hommes, fortifiée de pareils retranche-
» ments, je veux dire, par ces petits bastions et réduits de demi-lunes,
» avec les parties en avant bien contre-minées, défendra mieux sa
« place et en soutiendra plus longtemps le siége qu'une autre de
» deux mille hommes qui n'aurait les mêmes retranchements. Leurs
» avantages sont admirables et évidents, et cependant jamais jus-
» qu'ici recherchés par personne. »

. . . .

FIN.

TABLE DES PLANCHES ET DES FIGURES.

Planche I.

Fig. 1. . . T. I, p. 146.
Brèche n° 1. ⎫
— 3. ⎪
— 4. ⎬ T. I, p. 147 à 151.
— 5. ⎪
— 9. ⎭
Fig. 2. T. I, p. 166, 170.
— 3. T. I, p. 164.
— 4. T. I, p. 166, 167.
— 5. T. I, p. 157.
— 6. T. I, p. 293.
— 7. T. II, p. 4.
— 8. T. I, p. LXVIII.
— 9. T. I, p. LXIX, LXXV.
— 10. T. I, p. LXXVII.
— 11. T. II, p. 2.
— 12. T. I, p. LXXV.
— 13. T. II, p. 384.
— 14. T. II, p. 384.
— 15. T. I, p. 307.
— 16. T. II, p. 2.

Planche II.

Fig. 1. T. II, p. 51.
— 2. T. II, p. 50.
— 3. T. II, p. 51.
— 4. T. II, p. 51.
— 5. T. II, p. 53.
— 6. T. II, p. 40.
— 7. T. II, p. 44, 48, 49.

Planche III.

Fig. 1. T. I, p. 93.
— 2. T. I, p. 22.
— 3. T. I, p. 18, 107.
— 4. T. I, p. 22.

Planche IV.

Fig. 1. T. II, p. 52, 54.
— 2. T. II, p. 52.
— 3. T. II, p. 74.
— 4. T. II, p. 88.
— 5. T. I, p. 280.
— 6. T. I, p. 302.
— 7. T. II, p. 26.
— 8. T. II, p. 26.

Planche V.

Fig. 1. T. II, p. 73.
— 2. T. II, p. 73.
— 3. T. II, p. 71.

Fig. 4. T. II, p. 74
— 5. T. II, p. 71.
— 6. T. I, p. 186.
— 7. T. I, p. 186.

Planche VI.

Fig. 1. T. II, p. 75.
— 2. T. II, p. 76.
— 3. T. II, p. 79.
— 4. T. II, p. 80.
— 5. T. II, p. 80.
— 6. T. II, p. 78.

Planche VII.

Fig. 1. T. II, p. 84.
— 2. T. II, p. 84, 94.
— 3. T. II, p. 96.
— 4. T. I, p. 269, 270.
— 5. T. II, p. 85.
— 6. T. I, p. 217. T. II, p. 85.
— 7. T. II, p. 97.
— 8. T. II, p. 86.
— 9. T. II, p. 100.

Planche VIII.

Fig. 1. T. II, p. 60.
— 2. T. II, p. 92.
— 3. T. I, p. 219. T. II, p. 75.
— 4. T. II, p. 92.

Planche IX.

Fig. 1. T. II, p. 105.
— 2. T. II, p. 106.
— 3. T. II, p. 107.
— 4. T. II, p. 38.
— 5. T. II, p. 38.
— 6. T. II, p. 274.
— 7. T. II, p. 270.
— 8. T. II, p. 271.
— 9. T. II, p. 108.
— 10. T. II, p. 38.
— 11. T. II, p. 72.
— 12. T. II, p. 270.
— 13. T. II, p. 38.

Fig. 14. T. II, p. 38.
— 15. T. II, p. 171.
— 16. T. I, p. 281.
— 17. T. II, p. 274.
— 18. T. II, p. 38.
— 19. T. II, p. 38.

Planche X.

Fig. 1. T. II, p. 108.
— 2. T. II, p. 108.
— 3. T. II, p. 109.
— 4. T. II, p. 109.
— 5. T. II, p. 8.
— 6. Fort de camp retranché proposé par l'auteur du front fig. 7, pl. X, (même flanquement, mêmes détails.)
— 7. T. II, p. 7.
— 8. T. II, p. 109.
— 9. T. II, p. 111.
— 10. T. II, p. 7.

Planche XI.

Fig. 1. T. II, p. 147.
— 2. T. II, p. 151.
— 3. T. II, p. 152.

Planche XII.

Fig. 1. T. II, p. 134 et suivantes.
— 2. T. II, p. 119

Planche XIII.

Fig. 1. T. II, p. 143 et suivantes.
— 2. T. II, p. 137

Planche XIV.

Fig. 1. T. II, p. 159.
— 2. T. II, p. 163.
— 3. T. II, p. 168.
— 4. T. I, p. 289.
— 5. T. II, p. 166.

PLANCHE XV.

Fig. unique. T. II, p. 183.

PLANCHE XVI.

Fig. 1. T. II, p. 215.
— 2. T. II, p. 215.
— 3. T. II, p. 208.
— 4. T. II, p. 209.

PLANCHE XVII.

Fig. 1. ⎫
— 2. ⎬ T. II, p. 202 et suivantes
— 3. T. II, p. 210.

PLANCHE XVIII.

Fig. 1. T. I, p. 56.
— 2. T. I, p. 57. T. II, p. 236.
— 3. T. II, p. 241.
— 4. T. I, p. 57.

PLANCHE XIX.

Fig. 1. T. II, p. 230.
— 2. T. II, p. 227.
— 3. T. II, p. 222.
— 4. T. II, p. 233.

PLANCHE XX.

Fig. 1. T. I, p. 82.
— 2. T. II, p. 63.
— 3. T. II, p. 63.
— 4. T. II, p. 63.
— 5. T. II, p. 63.
— 6. T. II, p. 64, 263.
— 6 bis. T. II, p. 264.
— 7. T. II, p. 263.
— 8. T. II, p. 267.
— 9. T. II, p. 267.
— 10. T. II, p. 269.
— 11. T. II, p. 269.
— 12. T. II, p. 269.
— 13. T. II, p. 300.
— 14. T. I, p. 85.

Fig. 15. T. II, p. 304.
— 16. T. II, p. 304.
— 17. T. II, p. 337.
— 18. T. II, p. 335.
— 19. T. II, p. 339.

PLANCHE XXI.

Fig. 1. T. II, p. 116.
— 2. T. II, p. 10, 117.
— 3. T. II, p. 9, 117.
— 5. T. II, p. 313.
— 6. T. II, p. 312.
— 7. T. II, p. 310.
— 8. T. II, p. 14.
— 9. T. II, p. 44.
— 10. T. II, p. 44.
— 11. T. II, p. 52.
— 12. T. II, p. 44.
— 13. T. II, p. 49.
— 14. T. II, p. 311.

PLANCHE XXII.

Fig. unique. T. II, p. 112, 306.

PLANCHE XXIII.

Fig. unique. T. II, p. 297.

PLANCHE XXIV.

Fig. 1. T. II, p. 321.
— 2. T. II, p. 321.
— 3. T. II, p. 324.
— 4. T. II, p. 315.
— 5. T. II, p. 317.

PLANCHE XXV.

Fig. 1. T. II, p. 324.
— 2. T. II, p. 324.
— 3. T. II, p. 324.
— 4. T. II, p. 326.

PLANCHE XXVI.

Fig. 1. T. II, p. 256, 258.

Fig. 2. T. II, p. 256, 259.
— 3. T. II, p. 257.
— 4. T. II, p. 253.

PLANCHE XXVII.

Fig. 1. T. II, p. 281.
— 2. T. II, p. 282.
— 3. T. II, p. 285.
— 4. T. II, p. 291.
— 5. T. II, p. 291.
— 6. T. II, p. 292.
— 7. T. II, p. 292.
— 8. T. II, p. 287.
— 9. T. II, p. 260.
— 10. T. II, p. 261.

PLANCHE XXVIII.

Fig. 1. T. II, p. 272.
— 2. T. II, p. 272.
— 3. T. II, p. 241, 275.
— 4. T. II, p. 280.

PLANCHE XXIX.

Fig. 1. T. II, p. 250.
— 1 bis. T. II, p. 250.
— 2. T. II, p. 250.
— 3. T. II, p. 249.
— 4. T. II, p. 249.
— 5. T. II, p. 249.
— 6. T. II, p. 251.
— 7. T. I, p. 120 T. II, p. 157, 358.
— 8. T. II, p. 154.

Fig. 9. T. II, p. 157.
— 10. T. I, p. 221. T. II, p. 248.

PLANCHE XXX.

Fig. 1. T. II, p. 358.
— 2. T. II, p. 69, 223 et suiv.
— 4. T. I, p. 173.
— 5. T. I, p. 174.
— 6. T. I, p. 213.
— 7. T. I, p. 215.
— 8. T. I, p. 216. T. II, p. 56.
— 9. T. I, p. 215.
— 10. T. I, p. 215.
— 11. T. I, p. 175.
— 12. T. I, p. 175.
— 13. T. I, p. 175.
— 14. T. II, p. 223 et suiv.
— 15. T. II, p. 223 et —
— 16. T. II, p. 70, 350.
— 17. T. II, p. 69, 350.

PLANCHE XXXI.

Fig. 1. T. II, p. 364.
— 2. T. II, p. 371.
— 3. T. II, p. 372.
— 4. T. II, p. 372.
— 5. T. II, p. 373.
— 6. T. II, p. 343.
— 7. T. II, p. 49.
— 8. T. II, p. 373.
— 9. T. II, p. 72.
— 10. T. II, p. 372.

FIN DE LA TABLE DES PLANCHES ET DES FIGURES.

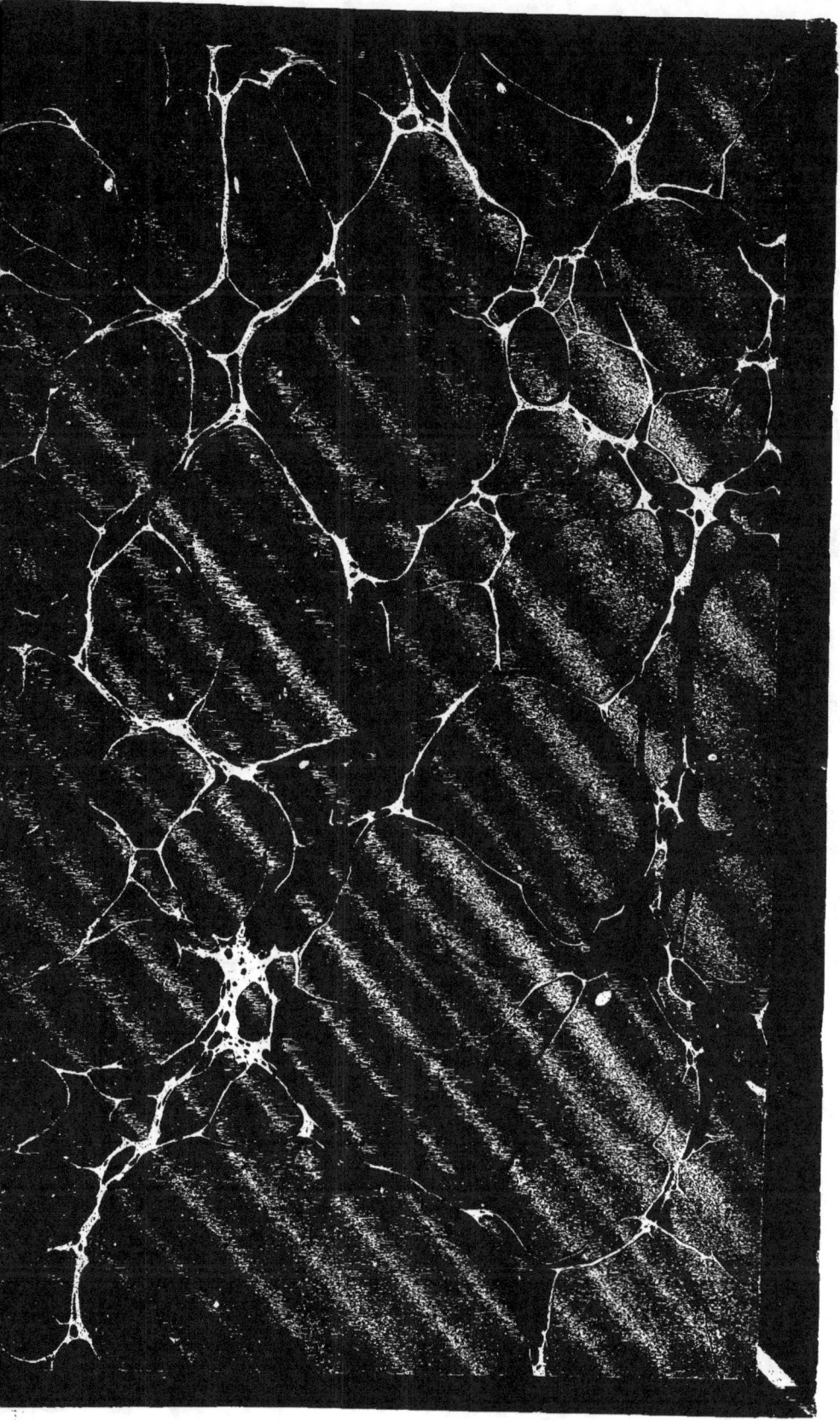

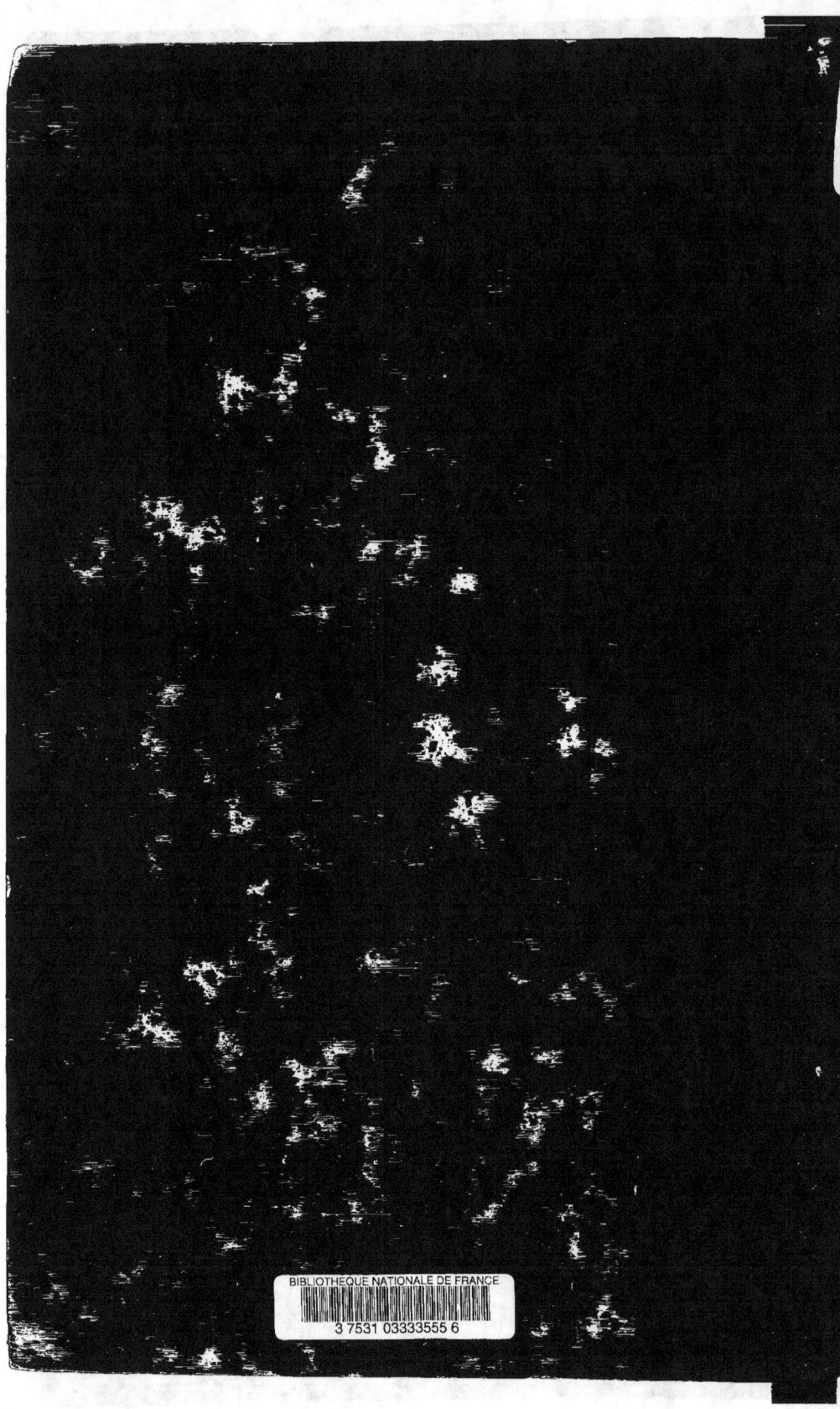

www.ingramcontent.com/pod-product-compliance
Lightning Source LLC
Chambersburg PA
CBHW070624230426
43670CB00010B/1636